노동시간과 일터의 정치

유연근무제와 페미니즘

국미애

노동시간과 일터의 정치

유연근무제와 페미니즘

초판 1쇄 인쇄 · 2018년 10월 10일
초판 1쇄 발행 · 2018년 10월 15일

지은이 · 국미애
펴낸이 · 한봉숙
펴낸곳 · 푸른사상사

주간 · 맹문재 | 편집 · 지순이 | 교정 · 김수란
등록 · 1999년 7월 8일 제2-2876호
주소 · 경기도 파주시 회동길 337-16 푸른사상사
대표전화 · 031) 955-9111(2) | 팩시밀리 · 031) 955-9114
이메일 · prun21c@hanmail.net / prunsasang@naver.com
홈페이지 · http://www.prun21c.com

ISBN 979-11-308-1374-5   93330
값 24,000원

이 도서의 국립중앙도서관 출판예정도서목록(CIP)은 서지정보유통지원시스템
홈페이지(http://seoji.nl.go.kr)와 국가자료공동목록시스템(http://www.nl.go.
kr/kolisnet)에서 이용하실 수 있습니다.(CIP제어번호 : CIP2018031829)

노동시간과 일터의 정치

유연근무제와
페미니즘

국미애

"워라밸 확산 위해 손잡은 정부와 재계"(문화일보)
"KAI, 워라밸 확 높인다… 휴가 활성화, 유연근무 정착"(뉴시스)
"호반건설, 임직원 '워라밸' 위한 유연근무제 시행"(매일경제)
"대전시에 부는 워라밸… 유연근무 · 남성 육아휴직 참여↑"(연합뉴스)

'워라밸'에 대한 관심이 뜨겁다. Work and Life Balance의 줄임말인 워라밸은 일과 개인생활의 조화로운 균형을 의미한다. 2018년 한국 사회를 전망한 책에서는 "개인생활보다 직장을 우선시하는 과거 세대와 달리, 일 때문에 자기 삶을 희생하지 않으며, 특히 나 자신, 여가, 성장을 희생할 수 없는 가치로 생각하는" 젊은 세대를 워라밸 세대(Generation 'Work-Life-Balance')라 칭하기도 하였다.[1]

우리에게 좀 더 익숙한 용어 '월화수목금금금'을 떠올려보자. 주말도 없이 평일처럼 일해야 하는 상황, 충분히 쉬지 못하고 일에 쫓겨야 하는 상황을 빗댄 말이다. 어쩌면 이 말이 우리의 현실을 더 정확하게 드러내고 있는지도 모른다. 잘 알려져 있다시피, 우리나라의 연간 평균 노동시간은 2,069시간이다(2016년 기준). OECD 회원국의

---

1 김난도 외, 『트렌드코리아 2018』, 미래의창, 2017.

연평균 노동시간은 1,764시간인데, 우리나라는 멕시코(2,255시간) 다음으로 길다. 1일 평균 8시간으로 계산하면, 우리나라 노동자는 1년에 38일이나 더 일하는 셈이다.

문제는 시간이다. 워라밸을 가능하게 하려면, 월화수목금금금을 벗어나려면, 무엇보다 노동시간이 줄어들어야 한다. 직장일에 쏟는 시간을 줄여야 가족을 돌보거나 나 자신을 위해 쓸 수 있는 시간이 확보된다.

그런데 누구의 어떤 시간이 줄어들어야 하는지는 찬찬히 따져볼 일이다. 워라밸을 가로막고 월화수목금금금을 강제하는 이른바 '장시간 노동'은 유급 노동(paid work) 중심의 삶을 표준으로 만들어온 '노동 중심 사회'(work-centered society)를 지속시켜왔다. 그리고 노동 중심 사회는 장시간 노동하는 사람과 그 가족의 일상적인 재생산을 '누군가' 도맡아 하고 있다고 전제한다. 그 누군가는 대개 여성이다.

우리나라 여성과 남성의 1일 유급 노동시간은 각각 273.3분, 421.9분이다. 여성에 비해 남성의 유급 노동시간이 1.5배 정도 더 길다. 그렇다면 무급 노동시간은 어떤가. 여성의 1일 무급 노동시간은 227.3분으로 남성의 45.0분에 비해 다섯 배 이상이다. 결과적으로 여성의 총 노동시간은 남성에 비해 길다. 시간의 절대적인 양에서 차이가 난다는 사실보다 중요한 것은, 어떤 성격의 시간에서 어느 정도의 차이가 나는지, 우리 사회가 어떤 시간에 더 중요한 가치를 부여하고 있는지를 짚어보는 일이다. 노동시간은 성별 관계가 평등한지 불평등한지를 다루는 핵심 주제이다. 한 국가의 노동시간이 얼마나 성평등한지를 가늠하기 위해서는 사회적으로 필요한 총 노동, 즉 유급 노동

유연근무제와 페미니즘

과 무급 노동이 여성과 남성에게 동등하게 공유되고 있는지 살펴보아야 한다.

이 책은 노동시간과 성평등의 관계에 대한 관심에서 출발하였다. 장시간 노동은 개선되어야 하지만, 그 방향은 단축에만 있지는 않다. 노동시간 단축의 중요성만큼 노동시간에 대한 노동자의 재량권을 높이는 것, 노동자의 상황과 요구에 맞출 수 있게 선택권을 보장하는 것도 시급하고 절실하다.

유연근무제(flexible work arrangements)는 어디에 강조점을 두는가에 따라 두 가지로 정의된다. 하나는 노동력 활용의 유연성을 높이는 방안으로, 다른 하나는 노동자의 재량권을 확대하는 방안으로 바라보는 것이다. 유연근무제는 1990년대 중반 민간기업에서 노동력을 유연하게 활용하기 위한 전략으로 도입했는데, 2000년대 들어 일과 가족생활의 양립을 지원하는 정책으로 정부 차원에서 관심을 갖기 시작하였다. 최근에는 워라밸을 실현하는 방법으로 다시 주목받고 있다. 이처럼 유연근무제는 무엇을 목적으로 정의되고 어떻게 활용되는가에 따라 매우 다른 의미의 제도가 될 수 있다. 이 책은 우리 사회가 유지되기 위해 필요한 총 노동의 성평등한 공유와 분배를 가능하게 하는 제도적 장치로서 유연근무제에 주목하였다.

유연근무제는 새로운 변화로 언론의 주목을 상당히 많이 받았다. 유연근무제를 도입한 기업은 '일하기 좋은 기업', '가족 친화 기업', '여성 친화 기업' 등의 수식어와 함께 모범적인 사례로 조명되었다. 유연근무제를 사용하면서 회사에 대한 애사심이 얼마나 높아졌는지, 가족들 간에 얼마나 화목해졌는지, 일과 가족 사이에서 동동거리지 않아도 돼 업무 성과가 얼마나 좋아졌는지를 강조하는 인터뷰가 실렸다. 유연근무제에 대한 긍정적 평가와 사회적 기대의 상승은 유연근무제 도입을 꺼리는 기업이나 유연근무제 사용을 기피하는 노동자들의 태도에 변화를 가져다줄 수 있다. 언론뿐 아니라 기존 연구에서도 특정 기업의 유연근무제를 우수사례로 소개하기도 하였다.

하지만 제도화는 그 자체로 대안이 되는 것은 아니다. 제도의 실행 과정은 많은 굴절과 변환, 때로는 왜곡에 의해 이해당사자들에게 각기 다르게 이해될 수 있다. 어떤 이들은 제도를 사용하도록 격려받지만, 다른 이들은 사용 자체가 막혀 있기도 하다. 최근에는 공무원의 유연근무제 사용이 뚝 떨어졌다는 언론 보도가 있었다. "상급자와 민원인의 눈치가 보여서", "대민 업무가 많아서", "서로 눈치만 보기 때문에" 유연근무제를 사용하기 어렵다는 것이다. 정부 정책과 언론을 통해 구성되는 유연근무제가 현실에서 어떻게 인식되고 통용되는지에 주목해야 한다. 유연근무제가 대안적인 제도로 구성되기 위해서는 무엇이 문제인지 드러나고 공유되고 토론하는 과정이 선행되어야 한다.

필자는 유연근무제가 일터에서 어떻게 이해되고 어떻게 활용되고 있는지를 드러내고, 유연근무제의 성평등한 재구성 조건을 탐구하기 위하여 노동자들을 만나 심층면접 조사를 실시하였다. 그 과정에서 정부 자료와 언론을 통해 부각된 긍정적 경험을 한 노동자를 만나기는 쉽지 않았다. 오히려 유연근무제 이용 경험이 있는 노동자들이 바로 그 경험을 이야기하기 꺼린다는 것을 절감하게 되었다. 일례로, 필자는 유연근무제가 활성화된 가족 친화 기업으로 언론에 소개

유연근무제와 페미니즘

되었던 국내 기업의 노동자를 소개받았다. 이 기업은 출퇴근 시간을 탄력적으로 조절할 수 있는 '시차출퇴근형'의 유연근무제를 실시하고 있다. 그런데 인터뷰 약속을 잡기 위해 연락이 오가는 과정에서 그가 유연근무제를 짧은 기간만 이용하고 중단했다는 것을 알게 되었다. 그 이유는 동료들의 시선 때문이었다. 그는 출퇴근 시간을 1시간씩 늦춰 오전 10시에 출근하고 저녁 7시에 퇴근했는데, 동료들은 그가 유연근무제를 이용한다는 걸 알면서도 '왜 맨날 지각하냐'는 눈빛을 보냈다고 한다.

인터뷰 참여자를 소개받기 위해 노동조합과 연락하면서도 유사한 일이 있었다. 언론이나 기존 연구를 통해 소개되는 기업과 정부기관 사례들은 대개 인사 담당 부서의 관점에서 유연근무제의 취지가 강조되거나 유연근무제를 이용하는 노동자의 긍정 일변도 소감이 주를 이룬다. 이에 필자는 보다 다양한 관점과 경험을 접하고 유연근무제 이용자 소개를 요청하기 위해 여러 노동조합에 연락을 취하였다. 그런데 노동조합 관계자들이 보인 반응은 필자의 예상을 완전히 벗어났다. '사용하는 사람이 많으면 노조에서도 관심을 보이겠지만 지금은 그런 상황이 아니다', '본사 스태프들만 사용하는 것이지 모든 직원이 사용할 수 있는 것은 아니다', '회사가 알아서 하는 거라 노조에서 입장을 표명할 문제가 아니다' 등의 대답을 들었다. 해당 기업들에 대한 언론 보도와 정책 사례에 비추어볼 때 전혀 뜻밖의 반응이었다.

이러한 과정을 겪으며 인터뷰 참여자 선정 계획은 변경되었다. 유연근무제를 이용하고 있거나 이용한 적이 있는 노동자뿐 아니라 직장에 유연근무제가 도입되어 있지만 이용하지 않는/못하는 사람도 포함시켰다. 또한 노동조합 등 공식적인 경로를 통해 유연근무제 유형이나 노동자의 특성에 다양하게 접근하려던 데서 지인들을 통해 알음알음(snow-ball sampling)으로 인터뷰 참여자를 소개받았다. 필자의 부탁을 받은 대부분의 지인들은 유연근무제가 '벌써' 유명무실해졌다거나, 어차피 출근 시간은 9시로 정해져 있다거나, 남자가 이용하는 건 거의 못 봤다거나, 공무원 말고 다른 데서는 이용하기 힘들 거라거나, 같은 부서에 유연근무제를 사용한 직원이 있어서 불편하고 힘들었다는 경험과 의견을 이야기해주었다. 이러한 과정은 유연근무제를 이용하지 않거나 이용하지 못하는 사람들이 유연근무제를 둘러싼 경험과 의미를 구성하는 데 매우 중요한 행위자임을 깨닫게 해주었다.

　유연근무제는 활용도 면에서는 아직 파급력이 큰 정책이라고 보기 어렵다. 5인 이상 사업체 대상으로 실시된 '일·가정 양립 실태조사'에 따르면, 2017년 기준으로 유연근무제를 도입하지 않고 있는 기업은 62.9%였다.[2] 하지만 같은 항목에 대한 응답이 전년도에 78.1%였음을 감안하면, 점차 확산되고 있음을 알 수 있다. 2017년 369개 기업을 대상으로 실시된 또 다른 조사에서는 유연근무제를 실시하지 않는다고 응답한 기업이 81%나 되었지만, 유연근무제를 실시하는 기업에서는 직원들의 만족도가 높다는 의견이 75.7%나 되었다.[3]

2　김영옥b 외, 『일·가정 양립 실태조사』, 고용노동부, 2017.
3　「기업 81% 유연근무제 실시 안 해… "협업 어렵고, 업무 많아 여력 없다"」, 『동아일보』, 2017.11.27.

　　　　　　　　　　　　　　　　유연근무제와 페미니즘

폭넓게 활용되지 않는다고 해서 의미가 없는 것은 아니다. 유연근무제의 도입 현황은 유연근무제가 한국 사회에서 어떤 위치에 놓여 있는지를 가늠하게 해주는 중요한 자료이다. 또한 숫자로 표현되는 현황이 유연근무제의 전부를 보여주는 것은 아니기에 숫자로 가시화되지 않는 현실을 분석할 필요가 있다.

이 책은 유연근무제가 기존 노동시간 제도의 변형을 전제로 한다는 점에 주목한다. 유연근무제의 성평등한 재구성 조건을 탐구하는 것은 유연근무제가 장시간 노동이라는 굳건한 뿌리를 흔들고 노동자들의 다양한 삶의 모습을 지지하면서, 동시에 유급 노동과 무급 노동의 평등한 공유와 분배를 지향하는 기획으로 작동하게 하려는 여성주의적 개입이다.

이 책은 다음과 같이 구성되어 있다. 1장에서는 유연근무제를 왜 페미니즘 관점에서 접근해야 하는지 다루었다. 유연근무제가 기혼여성의 일-가족 양립을 지원함으로써 성별 분업을 강화할 수 있다는 우려와, 기혼여성의 이중 부담을 줄여줌으로써 경력 단절을 예방하게 해준다는 기대를 살펴본다. 또한 인터뷰에 참여한 노동자들과 이들이 다니는 직장의 특성을 소개하였다.

2장에서는 우리 사회에서 장시간 노동 체제가 형성된 역사적 맥락을 파악하기 위하여 1970년대 노동자 수기(手記)와 정부 자료를 분석하였다. 한국은 정부가 강력한 의지를 가지고 경제성장을 주도해온 과정에서 장시간 노동 체제가 안착되었다. 국가 주도의 경제성장 과정이 어떤 논리를 통해 장시간 노동 체제를 만들어왔는지, 장시간 노동 문제가 노동운동의 차원에서 어떻게 다루어져왔는지, 이것이 현재의 유연근무제와 어떤 연관성을 갖는지 역사적 맥락을 들여다보았다.

3장에서는 유연근무제가 어떤 목적으로 표방되고 어떤 성격으로 제도화되었는지, 그 의미가 무엇인지에 관해 공공부문과 민간부문으로 나누어 검토하였다. 무엇을 문제로 규정하는가는 변화되어야 할 현실을 어떤 관점에서 바라보는지와 직결되어 있다. 이에 문제 설정의 성격을 분석하고 그 의미를 살펴보았다.

4장부터 7장은 유연근무제를 둘러싼 노동자들의 경험과 인식을 분석한 결과이다. 4장과 5장은 유연근무제가 일터에서 어떤 제도로 구체화되고 있는지, 어떻게 적용되고 인식되는지에 초점을 맞추었다. 유연근무제에 대한 노동자들의 인식과 해석은 일터에서 유연근무제가 운영되는 방식으로부터 영향을 받는다. 하지만 그것은 어느 한 방향으로만 나타나지는 않는다. 노동자들이 유연근무제를 어떤 제도로 이해하는지가 유연근무제의 운영 규범을 구성하는 주요 축이라는 점에 주목하였다.

6장과 7장에서는 유연근무제가 일터를 떠받치는 기존의 노동시간 구조와 어떤 관계를 맺으며 실행되고 있는지, 그 특성은 어떠한지 분석하였다. 일터에서 통용되는 시간의 구성에는 그 일터가 우위로 여기는 가치가 담겨 있게 마련이다. 유연근무제의 실행을 제어하는 데 어떤 시간 규범이 작동하는지, 일터를 지배하는 시간 규범이 직장 내의 성별 관계뿐 아니라 가정 내의 성별 관계와 어떤 관련을 맺고 있는지 분석하였다.

8장에는 유연근무제의 재구성 조건을 제시하였다. 이를 위해 심층면접 결과뿐 아니라 외국 사례를 참고하였다. 유연근무제는 탄력근무(flextime) 개념으로 1960년대에 독일에서 소개된 이후 여러 국가로 확산되어왔다. 외국의 유연근무제는 오랜 경험이 축적되어 있고 그 효과에 관한 논쟁이 여전히 지속되고 있다. 이런 점에서 유연근무제의 성평등한 재구성 조건을 탐구하는 데 유용하다.

 젠더와 시간에 대한 관심으로 시작된 이 글을 출판에 이르도록 격려해주신 조순경 선생님께 이 지면을 빌려 무한한 감사와 존경의 말씀을 드린다. 출판을 수락해주신 푸른사상사에 감사드리며, 인터뷰에 참여하여 자신의 소중한 시간과 통찰을 나누어주신 분들께 감사와 응원의 말씀을 전하고 싶다. 이 책은 여성학 공동체에 빚지고 있다. 나의 출처가 되어주심에 늘 감사하다.

2018년 10월
국미애

차례

유연근무제와 페미니즘

차례

제1장

유연근무제와 성평등

유연근무제와 성평등

1. 잊혀진 「로드맵」, 남겨진 시간제 일자리

우리 사회에 필요한 총 노동은 누구에 의해 얼마만큼의 시간을 들여 수행되고 있을까. 아래 그림을 살펴보자. 왼쪽은 한국의 평균 상황을, 오른쪽은 OECD[1] 회원국의 평균 상황을 나타낸 것이다. 우리나라 여성의 1일 무급 노동시간은 227.3분으로 남성의 무급 노동시간 45.0분에 비해 다섯 배 이상이다. 반면 유급 노동시간은 여성이

---

[1] 경제협력개발기구(Organization for Economic Cooperation and Development : OECD)는 1961년 경제발전과 세계무역 촉진을 위해 설립된 국제기구이다. 유럽경제협력기구를 확장 개편하여 마련됐으며, 1964년 아시아와 다른 지역에도 문호를 개방했다. 회원국의 경제성장과 고용을 제고하며 재정의 안정을 도모하는 것이 목적이다. 본부는 프랑스 파리에 있으며, 2016년 기준으로 35개 정회원국이 있다. 한국은 1996년 12월 29번째 정회원국이 되었다(출처 : 다음백과).

273.3분, 남성이 421.9분으로 1.5배 정도 차이가 난다. 결과적으로 1
일 총 노동시간은 여성 500.6분, 남성 466.9분으로 집계된다. OECD
회원국의 상황을 보자. 노동시간 분포 양상은 한국과 유사하다. 하지
만 무급 노동시간의 성별 격차가 한국처럼 크지는 않다.

[그림 1] 한국과 OECD 회원국의 1일 평균 성별 노동시간 분포[2]

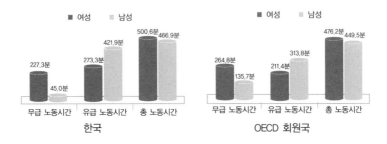

노동시간의 이와 같은 분포는 과연 공정한가. 50 대 50의 기계적
균형이 성평등을 보장하는 것이 아니듯, 하루에 30분 정도 더 일하는
것 자체를 불공평하다고 말하려는 것이 아니다. 시간의 절대적인 양
에서 얼마만큼 차이를 보이는가, 이것보다 중요한 것은 누구의 어떤
노동에 더 중요한 가치가 부여되고 있는가이다. 위와 같은 분배는 서
로 '다른' 영역의 책임을 여성과 남성 각각에게 부여함으로써 마치 평
등한 것처럼 보이기까지 한다. 하지만 화폐를 중심으로 경제력을 측
정하는 자본주의 제도 안에서 위와 같은 노동의 분배는 여성을 경제
적으로 의존적인 존재로 만드는 효력을 갖는다.

---

2 OECD, "Employment: Time spent in paid and unpaid work, by sex", 2018.

예를 들어보자. 사과와 귤을 두 사람에게 각각 하나씩 나누어주는 것이 그 자체로 불공평한 것은 아니다. 하지만 그 사회가 사과만 다른 것과 교환할 수 있도록 허락하는 곳이라면 이야기는 달라진다. 사과를 받은 사람은 사과를 다른 것과 교환함으로써 필요한 것을 얻을 수 있지만, 귤을 받은 사람은 다른 것을 가질 기회를 원천적으로 봉쇄당하는 것과 같기 때문이다(허라금, 2005).

여성과 남성이 무급 노동과 유급 노동에 사용하는 시간의 차이는 고용률과 연관시켜 살펴볼 필요가 있다.[3] 고용률은 만 15세 이상 인구 중 취업자가 차지하는 비율을 의미한다. 2017년 한국의 고용률은 60.8%이다. 남성은 71.2%, 여성은 50.8%이다. 2000년의 고용률은 58.5%, 남성과 여성의 고용률은 각각 70.8%, 47.0%였음을 고려하면,[4] 고용률을 높이는 것이 결코 쉽지 않은 과제임을 알 수 있다. 이러한 배경에서 국가 전체의 고용률을 높이기 위한 관심은 상대적으로 고용률이 낮은 여성에게 쏠리게 된다.

지난 정부에서 발표했던 「고용률 70% 로드맵」(이하 「로드맵」)을 떠올려보자. 「로드맵」은 "국민 행복 시대와 중산층 70% 달성"을 표방하

---

3 경제활동 참여 정도를 나타내는 주요 용어의 의미와 산식은 아래와 같다.

경제활동 참가율	· 만15세 이상 인구 중 경제활동인구(취업자+실업자)가 차지하는 비율 → 경제활동참가율(%) = (경제활동인구÷만15세 이상 인구)×100
고용률	· 만15세 이상 인구 중 취업자가 차지하는 비율 → 고용률(%) = (취업자÷만15세 이상 인구)×100
실업률	· 실업자가 경제활동인구(취업자+실업자)에서 차지하는 비율 → 실업률(%) = (실업자÷경제활동인구)×100

4 통계청, http://kosis.kr

였으며, 핵심 과제는 '여성 중심의 양질의 시간제 일자리 확대', 주요 과제는 '남성·전일제 중심의 장시간 근로 관행 개선'과 '유연근무 확산'으로 제시되었다(고용노동부 외, 2013). 당시 언론 보도는 '시간제 일자리 확대'에 초점을 맞추었다. "양질의 일자리? 또 다른 비정규직?", "고용률 70% 달성… '시간제 일자리' 목매는 정부", "경력 단절 여성 고용시장 유인… 양질의 파트타임 늘린다" 등 시간제 일자리에 대한 부정적 평가와 긍정적 전망이 공존하였다. 「로드맵」의 영향일까? 여성 임금근로자 중 비정규직 비중은 2012년 41.5%에서 2016년 41.0%로 약간 감소했지만, 비정규직 중 시간제노동자 비중은 같은 기간 동안 41.9%에서 50.1%로 증가하였다(통계청·여성가족부, 2017). 시간이 흐르고 정부가 바뀌면서 「로드맵」은 잊히고 사라졌지만, 그사이 시간제 일자리는 증가하여 임금노동자의 구성을 변화시키고 있다.[5]

여성의 노동 기회가 시간제 일자리 중심으로 확대되는 것은 무엇을 의미할까? 이른바 '1.5인 소득자 가족(one-and-a-half earner family) 모델'이 확대될 가능성을 높이게 된다.[6] '1.5인 소득자 가족'은 대

---

5 고용노동부는 「로드맵」의 일환으로 시간선택제 일자리 시행 기업을 지원했는데, 2014년 신규 채용자의 77.9%가 여성으로 집계되었다(윤자영, 2015).

6 「로드맵」 발표 당시 정부 관계자는 "시간제 일자리는 생계 유지형이 아니라 전일제 근로자가 있는 가정에 소득을 더하는 것"이라고 밝혔다. 「공무원부터 '시간제' 채용… 기업엔 稅 혜택 늘려 동참 유도」, 『파이낸셜뉴스』, 2013.6.4. 이러한 관점은 시간제 일자리 확대가 전일제 노동자가 있는 가정의 보조적 소득으로 구상되었음을 드러내준다.

유연근무제와 페미니즘

개 남성이 전일제로 일하며 생계 부양의 주된 책임자가 되고, 여성은 시간제로 일하며 생계 보조자이자 돌봄 전담자가 되는 것을 말한다(Motiejunaite and Kravchenko, 2008). 이 모델은 일–가족 갈등을 줄이는 현실적인 방안일 수 있다. 하지만 일–가족 양립의 책임이 여성에게 전가되는 경향이 강해 성차별적인 정책 형성의 산물로 평가되기도 한다(신경아, 2009). 「로드맵」은 사회서비스 일자리 확대, 육아휴직 대상자 확대, 국공립어린이집 확충 등을 통한 일과 가정의 양립지원을 '여성을 위한' 과제로 명시하였다(고용노동부 외, 2013). 돌봄의 책임을 일차적으로 여성의 과제로 전제할 뿐 아니라 여성의 임금노동 기회도 '여성적 일'로 제공하는 것을 합리적이라 여기는 관점이드러난다.

자, 사과와 귤의 분배를 다시 떠올려보자. 여성과 남성에게 서로다른 영역을 제공하고 서로 다른 역할을 하도록 하는 것이 과연 공정한가. 더 많은 여성이 노동시장에 참여하여 유급 노동을 할 수 있도록 지원하는 것은 성평등을 지향하는 중요한 방법이다. 사과를 받을수 있는 여성은 더 많아져야 한다. 하지만 사과의 수를 늘리는 것만으로는 충분하지 않다. 그렇다면 무엇을 어떻게 해야 할까.

2. 유연근무제, 어떤 변화로 만들 것인가

유연근무제는 한국 사회에서 일–가족 양립을 지원하는 정책으로부상하였다. 유연근무제는 어디에 강조점을 두는가에 따라 크게 두가지로 정의된다. 첫 번째는 유연성을 높이는 방안으로 바라보는 것이다. 이러한 관점에서 유연근무제는 "노동력의 시·공간적 배치를 유연하게 하여 노동력 활용을 확대하려는 제도"(김경희b 외, 2008; 하세정, 2006), "시간적 정형성과 공간적 정형성을 완화하여 노동의 유연성을 높이는 제도"(홍승아, 2010), "노동을 수행하는 기반인 일정한 시간, 일정한 장소를 변경하여 작업 구조를 다양화하는 방안"(Workplace Flexibility, 2010)으로 정의된다.

두 번째는 노동자의 재량권을 확대하는 방안으로 바라보는 것이다. 이 관점에서 유연근무제는 "노동자에게 주어진 역할을 충족시키는 범위에서 노동시간과 노동장소 등을 선택할 수 있게 재량권을 부여하는 제도"(Greenhaus and Powell, 2006; Hill et al., 2008), "노동의 시간적·공간적 범주를 노동자의 요구에 맞추도록 하는 대안적 노동제도"(Greenberg and Landry, 2011)로 정의된다.

유연근무제는 1990년대 중반 민간부문에서 노동 유연화 전략으로 도입되었다가 "일과 육아를 보듬는 경영", "가족 친화 경영"의 일환으로 재조명되었다.[7] 그러다가 「로드맵」의 주요 과제로 '남성·전일제 중심의 장시간 근로 관행 개선'과 '유연근무 확산'이 제시되면서 일-가족 양립 방안으로 다시 부각되었다. 2000년대 들어 정부 자료와 관련 논의들은 유연근무제를 통해 일-가족 양립을 지원함으로써 저출산 대응, 여성의 경력 단절 예방, 일자리 창출, 정부 경쟁력

---

7 「유한킴벌리… 지속 가능 경영의 새로운 길, 가족 친화와 스마트워크」, 『동아일보』, 2012.10.25; 「진화하는 홈퍼니(Home+Company) 가족 친화 경영이 생산성을 높인다」, 『이코노믹리뷰』, 2010.2.1; 「일·육아 보듬는 경영 : 육아휴직 뒤 '100% 복직'… '재택근무'의 놀라운 힘」, 『한겨레신문』, 2010.11.24.

강화, 국가 경쟁력 제고 등의 효과가 높을 것이라 강조하였다(김경희 b 외, 2008; 김태홍, 2010; 김태홍 외, 2009; 대통령실, 2009; 배귀희, 2010; 선한승, 2010; 여성가족부, 2010b; 진종순, 2010a, 2010b; 진종순·장용진, 2010; 행정안전부, 2010a, 2010c).

최근의 정부 자료를 살펴보면, 고용노동부는 유연근무제를 "근로자와 사용자가 근로시간이나 근로장소 등을 선택·조정하여 일과 생활을 조화롭게(work-life balance) 하고, 인력 활용의 효율성을 높일 수 있는 제도"로 정의하고(고용노동부, 2017), 통계청에서는 "근로자와 사업자가 근무 시간이나 장소를 선택·조정하여 일과 가정을 조화롭게 할 수 있도록 하는 제도"로 정의한다(통계청, 2017c).

유연근무제는 새로운 변화를 의미한다. 유연근무제의 구체적 유형은 자료에 따라 다소 차이가 있다. 여기서 중요한 것은, 노동시간과 노동장소에 대한 기존의 경직성이 해소되지 않은 상태에서는 일-가족 양립이 불가능하다는 인식이 있었기에 유연근무제의 제도화가 가능했다는 점이다. 또한 생산 기술 및 통신 기술의 발달은 노동을 언제 어디서나 가능한 것으로 만들고 있다. 노동시간과 노동장소의 유연성 증대는 이러한 맥락에서 노동자의 재량권을 높이는 주요 동력이다. 하지만 유연성을 높이는 정책은 역사적으로 고용 불안정 증대와 결부되어 왔고, '여성'은 역사적으로 '가장 유연한 노동력'으로 호명되어왔다.[8] 이러한 정책이 기업의 이해관계 중심으로 좌우되어온

---

8 '여성'은 역사적으로 기술 혁신 중심으로의 국제 경제 질서 재편, 국제화·개방화, '고용 없는 성장'과 산업 구조조정의 빠른 진행, 노동력 공급 구조 변화 등에

궤적을 돌이켜볼 때,[9] 기술 발달을 통한 유연성 제고와 노동자의 재량권 증대는 이를 둘러싼 역학(dynamics)에 의해 다른 모습을 띨 것이다. 문제는 새로운 기술 그 자체가 아니다. 누구의 관점에서 유연성이 말해지는가이다.

이 책이 유연근무제에 관심을 갖는 것은 유연근무제를 특정 성(性)이 더 많이 사용하거나 그로 인해 성차별을 겪을 가능성 때문만이 아니다. 유연근무제가 고용 불안정 증대와 결부된 유연성 추구 전략으로 자리매김한다면, 장시간 노동하는 구조와 조직문화의 변화가 매개되지 않는다면, 가족생활과 돌봄에 충실한 남성 또는 직업적 성취에 충실한 여성이 많아진다고 해도 유급 노동 중심의 '이상적 노동자(ideal worker)'[10]의 상(像)은 바꾸기 어렵다. 노동 중심 사회의 균열이 동반되지 않기 때문이다.

남성이 가족시간을 더 많이 갖고 노동시간을 더 짧게 줄일 수 있

대응할 수 있는 인력으로 '구성'되어왔으며, 파견근로제나 비정규직화 등 노동 유연화가 본격화된 시기마다 '유휴 인력', '가변 노동력'으로 부각되어왔다(박성준, 1993; 배성오, 2007; 어수봉, 1993).

9 유연성 제고는 1990년대 말 IMF 외환위기 이후 한국의 노동 정책 기조가 되어 왔다. 여기서 초점은 '수량적 유연성'의 확대에 맞춰졌다. '주변', '비핵심'이라 간 주되는 인력에 대한 구조조정과 비정규직화가 확대되었고, 특별한 '숙련'을 요 하는 것으로 여겨지지 않는 '여성의 일'은 이 과정에서 수량적 유연성을 높이기 위한 주 대상이 되어왔다(김재민, 2012; 이영자, 2004; 조순경, 2011).

10 '이상적 노동자'는 장시간 회사에 머물 수 있고, 장시간 회사 동료들과 함께하 며, 장시간 가족을 잊어도 되는 노동자, 즉 가정적 책임에서 면제된 노동자를 의미한다(Williams, 2000).

유연근무제와 페미니즘

도록 지원하는 것은 성평등 정책으로서 매우 유의미하다(EFILWC, 2006; Eurostat, 2009; Vandeweyer and Glorieux, 2008). 특히 남성의 돌봄 참여는 우리 사회에 대단히 절실하게 요청된다. 하지만 그러한 변화가 갖는 파급력은 임금노동 중심의 '남성적 삶'을 해체시킴으로써 온전히 구현될 수 있다. 그렇지 않을 경우, 유연근무제를 활용하며 일과 가족을 양립하고자 하는 노동자는 노동시장에서 문제적인 존재로 남을 수밖에 없을 것이다. 일-가족 양립은 돌볼 자녀가 있는 기혼자에게만 필요한 것이라는 인식이 바뀌지 않을 것이다.

유연근무제 이용자가 많아지고 제도가 정착되기까지는 상당한 기간이 필요할 것이다. 유연근무제가 성평등을 지향하는 제도로 구성되기 위해서는 유연근무제의 정착과 확대를 모색하는 과정에 대한 여성주의적 관점의 적극적인 개입이 필요하다. 이 책은 바로 이러한 개입을 위한 이론적 · 실천적 접근이다.

3. 유연근무제와 성별 분업

유연근무제는 1960년대 독일에서, 1970년대 미국에서 실시되기 시작하여(Golembiewski and Proehl, 1978; Rubin, 1979) 외국에서는 상당히 많은 연구가 이루어졌다. 유연근무제는 조직에 긍정적 효과를 가져다준다는 점에서 인사 관리의 혁신 방안으로 주목받았다(Rainey and Wolf, 1982). 때문에 유연근무제의 실행 효과를 검증하는 연구들이 주를 이룬다. 1980년대까지는 노동자의 생산성이나 결근율 및 이직률 등을 추적하고 검증하는 데 초점을 맞춘 연구들이 많았는

데,[11] 최근으로 올수록 일-가족 양립, 일-생활 균형 등의 효과를 검증하는 연구가 많다.[12]

유연근무제의 실행 효과를 분석한 결과는 일관되게 나타나지 않는다. 유연근무제의 실행은 노동자의 근무 태도나 생산성, 일-가족 문제에 별다른 변화를 가져오지 않는다고 평가되기도 하며, 가시적인 긍정적 효과를 가져오는 것으로 판명되기도 한다.[13] 이는 유연근무제의 제도화 그 자체만으로는 성과를 기대하기 어렵다는 것을 의미한다. 어떤 유형의 유연근무제가 도입되었는지, 일터의 특성이 어떠한지, 통제 변수가 무엇인지 등에 따라 유연근무제 실행의 결과는 달라질 수 있다. 예를 들어 노동자가 자신의 직장에서 물리적 현전(presence)을 중시한다고 인식하는 경우 유연근무제 이용은 적을 수밖에 없다(Shockley and Allen, 2010). 제시간에 출근하여 상사에게 눈도장 찍고 동료들과 부대끼며 일하는 것을 중요하게 여기는 직장에서

---

11 유연근무제의 실행 효과를 생산성, 결근율, 이직률 등의 양적 지표에 초점을 맞춰 분석한 연구로는 Dalton and Mesch(1990), Golembiewski et al.(1975), Gomez-Mejia et al.(1978), Orpen(1981), Schein et al.(1977), Steer and Rhodes(1978), Swart(1985) 등을 들 수 있다.

12 유연근무제를 일-가족 문제, 일-삶 균형 등과 연결시켜 실행 효과를 논의한 것으로는 Facer and Wadsworkth(2008), Hayman(2009), McNall et al.(2010), Possenriede and Plantenga(2011), Shockley and Allen(2010), Zeytinoglu et al.(2009) 등이 있다.

13 Golembiewski et al.(1975), Gomez-Mejia et al.(1978), McNall et al.(2010), Possenriede and Plantenga(2011), Steer and Rhodes(1978) 등은 유연근무제의 가시적 효과가 있다고 보지만, Dalton and Mesch(1990), Hayman(2009), Orpen(1981), Schein et al.(1977) 등은 상반된 결과를 보고한다.

유연근무제와 페미니즘

는 유연근무제 사용을 꺼릴 수 있다는 것이다.

국내의 유연근무제 연구는 유연근무제를 소개하고 필요성을 주장하거나 도입 실태를 파악하고 활성화 방안을 모색하는 논의가 주를 이룬다.[14] 제도의 효과를 파악하기 위해 이용자의 경험을 분석한 연구도 있다.[15] 이러한 연구 경향은 유연근무제가 정책적 관심의 대상으로 부각된 시기와 연관된다. 국내의 유연근무제 연구는 1990년대 중반 무렵 등장하기 시작하여 2010년을 전후한 시기에 급증하였다. 1990년대 중반은 민간부문에서 전통적인 노동시간 제도의 변화가 나타나기 시작한 시기이다. 공공부문에서는 2000년대 들어 정부 차원에서 유연근무제에 관심을 갖기 시작했고, 2009년 정부가 유연근무제 확대를 결정하면서 공청회가 개최되고 관련 규정이 정비되었으며 정책 연구가 활발히 이루어졌다.

유연근무제 확대의 목적을 무엇으로 삼는가는 정책 대상 선정, 구체적인 제도 설계 및 제도 운용에 영향을 미친다. 유연근무제가 확대되어야 한다고 주장하는 연구들은 여성인력 활용을 위한 방법으로 유연근무제를 본다. 여성인력 활용에 초점이 맞춰지면, 유연근무제의 구체적인 설계는 여성인력의 현실적인 필요를 고려하여 이루어지게 된다.

일례로 재택근무와 원격근무는 노동자에게 자율성이 주어지고 가

---

14 전자의 연구로는 김태홍(2010), 진종순(2010a), 최숙희(2010), 홍승아(2010) 등을, 후자의 연구로는 김경희b 외(2008), 김태홍 외(2010), 유계숙 외(2006) 등을 들 수 있다.

15 이러한 연구로는 박세정(2012), 양건모(2010), 이현아 외(2011) 등이 있다.

사·육아와 임금노동을 결합할 수 있다는 점에서 기혼여성에게 유용한 방안으로 부각되었다(김성국 외, 1999; 박명희·박미혜, 1997; 한인수·양인숙, 1998). 하지만 성별 분업이 지속될 것이라는 우려도 제기되었다. 가정에서 임금노동과 가사가 분리되지 않아 여성이 오히려 과중한 노동에 시달리고, 사업장 근무자에 비해 경력 개발 기회가 적으며, 사회적 고립감이 발생할 수 있다는 것이다(한인수·양인숙, 1998). 국외에서도 유사한 논의가 이루어졌다. 재택근무는 임금노동과 가사·육아 책임이 모두 집에서 이루어지기 때문에 일과 가족생활 간의 갈등을 줄이는 데 효과가 있다고 평가된다(Dooley, 1996; Hogarth et al., 2000). 하지만 오히려 여성의 이중 노동 부담이 커지고 남성의 가사노동 참여를 감소하게 하여 성차별을 지속시킨다고 지적된다(Haddon and Silverstone, 1993; Sullivan and Lewis, 2001). 이는 곧 성별화된 일-가족 양립(Smithson and Stokoe, 2005)의 문제를 드러낸다.

시간제 형태가 여성에게 적합하다고 강조되는 것도 같은 맥락이다. 기존 논의들은 여성이 남성에 비해 돌봄이나 가사에 대한 책임을 더 많이 지고 있고, 이로 인해 일-가족 양립에 어려움을 느껴 직장을 그만두거나 출산을 기피하는 방식으로 대응한다는 점을 공통으로 언급한다. 현재의 성별 분업 현실이 시간제 확대의 근거로 제시되는 것이다. 여성은 남성에 비해 가족 책임으로 인한 직업상 스트레스나 불이익을 더 많이 받는다는 점이 강조되며(김태홍, 2010), 노동시장에 진출하기 어려운 사회적 취약 집단으로 호명된다(강정석·신동면, 2000). 이분법적 성별 역할 구조는 여성의 경제활동 참가를 저해하는 걸림돌로 지목된다(김경희b 외, 2008). 시간제 일자리는 인구 구성 변화에 따라 여성 노동력이 갈수록 증대하는 상황에서 여성의 역할 갈등을 줄여준다고 평가된다(배귀희, 2010; 신동면·강정석, 2003; 최숙희, 2010).

제도 확대의 필요성을 주장하는 연구들은 성별화된 일과 가족을 '문제'로 등장시킨다. 그런데 그 '문제'로 인해 여성이 겪는 갈등과 부담은 여성의 임금노동을 줄임으로써 해소될 것으로 기대된다. 여성만 임금노동을 줄여 일과 가족을 양립하게 될 경우 "이분법적 성별역할 구조"에 어떤 영향을 미칠지는 질문의 대상이 되지 못한다. 현실의 이중 부담을 줄여준다는 점만이 강조된다. 이는 젠더 문제가 정책화되는 과정에서 성 불평등 현실에 대한 문제제기가 굴절되는 대표적 예이다.

성별 분업은 노동자 개인의 선택이라는 차원이 적극적으로 부각되기도 한다. 하킴(Hakim, 1995, 1996a, 1996b, 2000)은 가사와 직업의 이중 역할 부담과 갈등을 해소하는 방편으로 여성들이 시간제 노동을 선호한다고 본다. 그는 시간제 노동이 효율성과 상호 이익의 관점에서 선호되는 것이지 관습이나 가부장제에 의해 부과된 것이 아니라고 본다. 특히 30대와 40대의 연령층에게는 성별 분업이 이상(ideal)으로서 선호된다고 주장한다.

유연근무제가 성별 분업과 갖는 관계를 간과하거나 과소평가하거나 여성 개인의 선호 관점에서 판단하는 것에 대해 많은 논자들이 적극적으로 비판을 제기하였다. 여성의 노동시장 참여 증가가 성별 분업을 변화시키는 데 긍정적으로 작용하기는 하지만, 여성에게 특화된 방식이어서는 한계가 많다는 것이다. 여러 논자들은 시간제 노동이 여성과 결부될 경우 성별 분업을 더욱 강화하고 성역할 고정관념을 재생산하는 효과를 낸다고 비판한다.[16] 성별 간의 임금 격차가 완화되지 않는다면(Sirianni and Negrey, 2000), 전일제 노동이 규범으로 작동하는 상황이 달라지지 않는다면, 각종 연금 제도와 세제 혜택, 부가 급여 및 초과 근무에 대한 할증 지급 등 전일제 노동을 기준으로 구조화된 체계들이 바뀌지 않는다면, 노동시간의 성별화는 해체되기 어렵다(Visser, 2002).

노동 중심성(work centrality)[17]을 중심에 두고 '남성과 같은 방식'의 노동시장 참여를 표준이자 이상으로 여기는 상황에서 유연근무제의 구체적인 운용을 특정 성(性)과 부착시키는 논리는 성별 분업 문제를 더욱 심화시키게 된다.

---

16 이러한 관점에 선 논의로는 Broadbent(2003), Crompton and Lyonette(2005), Lewis and Campbell(2007), Rubery et al.(1998), Rutherford(2001), Stier and Lewin-Epstein(2000), Visser(2002), Visser and Hemerijck(2003) 등을 들 수 있다.

17 노동 중심성은 일이 개인의 삶에서 갖는 중요성을 말한다. 이는 임금노동의 비중과 가치가 여가, 교우관계, 가족시간 등 다른 활동에 비하여 가장 우위에 놓이는 것을 의미한다(Parboteeah and Cullen, 2003). 즉 노동 중심성의 강화는 기업이 개인에게서 많은 시간을 흡수해온 것과 연관된다. 따라서 시간 구성이 가장 많이 변화해야 할 것은 바로 기업이며(Hochschild, 1997), 유연근무제는 기업의 시간 구성 변화를 요구하는 대표적인 제도이다. 정부가 유연근무제 확대를 주장하며 '유연한 조직'으로 거듭나야 한다고 강조한 것(행정안전부, 2010b, 2010d)도 바로 노동 현장의 변화에 초점을 맞추었다는 점에서 전환적 의미로 해석될 수 있다.

유연근무제와 페미니즘

4. 일터의 역동(dynamics)에 주목하자

유연근무제를 사용하기 어려운 이유로는 여러 가지가 꼽힌다. 구체적인 집행 계획의 부재, 기관장 및 관리자의 낮은 의지와 부정적인 태도, 인사상 불이익 위험, 동료에게 업무가 전가될 우려, 보수 감소, 복무 관리의 어려움, 초과 근무 일상화 등을 들 수 있다.[18] 기업과 노동자의 필요 차이(선민정, 2009; 양인숙 외, 2011)가 그 이유로 지목되기도 하고, 비정규직화 가능성(김경희b 외, 2008; 양인숙 외 2011), 유연근무제 사용에 수반되는 낙인(양인숙 외, 2010; 이현아 외, 2011; Eaton, 2003), 업무 성격상 부적합(박세정, 2012; Valk and Srinivasan, 2011) 등이 지적되기도 하였다.

유연근무제는 단순히 기존 근무제도에 추가된 또 다른 근무 형태가 아니다. 유연근무제는 일하는 방식에 대한 체계적인 검토와 변경을 요구하는 변화 프로그램이다. 노동자에게 일정 부분 통제권을 위임하는 것이기에 경영진이나 상사의 저항이 있을 수 있다(Bailyn, 2006). 관리자가 유연근무제를 어떻게 인식하는가는 노동자의 유연근무제 사용에 막강한 영향을 미친다. 유연근무제 활용을 이유로 경력 개발에 필요한 중요 업무에서 배제될 가능성 때문이다(Keiller and Anderson, 2008). 남성 지배적인 직장에서는 마치 여성을 위한 복지

---

18 이러한 문제를 제기한 논의로는 권태희(2010), 배귀희·양건모(2011), 양건모 (2010), 장현주·최무현(2009), 진종순(2010a), 홍승아 외(2011), Bailyn(2006), Hayman(2009), Kelliher and Anderson(2008) 등을 들 수 있다.

제도로 여겨질 수도 있다. 눈앞에 보이지 않는 노동자의 충성도를 의심하는 조직문화에서는 유연근무제의 제도화와 실행 사이에 괴리가 발생하게 된다(Eaton, 2003). 따라서 유연근무제 사용이 공식적으로 보장된다고 하더라도 비공식적으로 그것을 사용하기 어렵게 하는 구조와 문화에 관심을 가져야 한다(Jacobs and Gerson, 2010). Hayman(2009)은 위계 개념이 강하고 승진 압박이나 경쟁이 심해 구성원 간의 경쟁 의식이 강한 조직, 그 결과 장시간 근무가 일상화되어 있는 조직에서는 유연근무제를 이용하려 하지 않을 것이라고 지적한다. 유연근무제 사용에 따른 불이익이 실제로 없다고 하더라도 불이익이 있을까 봐 두려워하는 분위기가 팽배하기 때문이다.

유연근무제 사용에 관한 논의는 주로 이용 현황 등의 양적 자료 분석이나 설문조사 방법을 사용하여 이루어졌다.[19] 주로 유연근무제 사용에 영향을 미치는 요인이나 제도 효과를 추출해내고 노동자의 개별적 특성에 따라 유연근무제 사용에서 나타나는 특징을 보여준다. 이들 연구는 유연근무제 사용의 현상적 측면을 파악하는 데 유용하다. 하지만 그러한 요인과 효과를 만들어내는 조직과 개인의 상호 작

---

19 유연근무제에 관한 여러 논의들은 국내외를 막론하고 양적 자료 분석에 집중되어 있다. 이러한 논의로는 권태희(2010), 김경희b 외(2008), 배귀희 · 양건모(2011), 양건모(2010), 양인숙 외(2011), 장현주 · 최무현(2009), Dalton and Mesch(1990), Eaton(2003), Facer and Wadsworth(2008), Golembiewski et al.(1975), Gomez-Mejia et al.(1978), Hayman(2009), Jacobs and Gerson(2010), McNall et al.(2010), Orpen(1981), Possenriede and Plantenga(2011), Schein et al.(1977), Shockley and Allen(2010), Steer and Rhodes(1984), Swart(1985), Zeytinoglu et al.(2009) 등이 있다.

용, 조직 구조와 문화, 요인들 간의 관계를 맥락적으로 보여주는 데 제약이 있다. 또한 노동자의 개별적 특성에 따른 차이가 어떤 배경에서 나타나는지에 초점을 맞추지 않는다.

질적 방법에 의해 결과를 도출하거나(박세정, 2012; 이현아 외, 2011; Valk and Srinivasan, 2011), 설문조사와 심층면접을 병행하여 실시된 연구도 있다(양인숙 외, 2010; 홍승아 외, 2011). 이들 연구는 양적 조사만으로 충분히 파악되기 어려운 부분을 드러내고 인사 담당자 등을 조사 대상으로 하여 유연근무제와 관련된 또 다른 관점의 정보를 제공한다는 점에서 의미가 있다. 출퇴근 문화의 보수성이나 정부의 강압에 의한 제도 도입으로 인해 자발성이 결여되어 있다는 점이 지적되기도 하였다. 하지만 유연근무제가 실행되는 노동 현장의 구체적인 역학이 드러나지는 않는다.

기존 논의에서 공통적으로 발견되는 것은 유연근무제의 주된 사용자를 여성으로 가정(assumption)하고 있다는 점이다. 관련 연구와 정부 발표 현황을 보면, 모든 자료에서 남성 이용자가 더 많다.[20] '여성의 경제활동 참여가 늘어남에 따라 출산율이 저하되었다'는 진단이 수사(修辭)인 것처럼, '유연근무제의 주 사용자가 여성들로 구성되어 있는 게 현실이다'는 인식 역시 수사적인 측면이 강하다. '여성의 경

---

20 일례로 통계청의 「경제활동인구조사 근로형태별 부가조사」 결과에 따르면, 임금근로자 중 유연근무제를 활용하는 경우는 102만 9천 명으로 전체의 5.2%이다. 이는 전년에 비해 1.0%p 상승한 것이다. 남성 임금근로자 중 유연근무제 사용 비중은 5.4%, 여성 임금근로자 중 유연근무제 사용 비중은 4.9%로 나타난다. 2016년에는 남성 4.3%, 여성 4.1%로 조사되었다(통계청, 2017c).

제활동 참여가 늘어남에 따라 출산율이 저하되었다'는 수사가 여성의 시간제 노동을 촉구하는 정책으로 이어지는 것처럼, '유연근무제의 주 사용자가 여성들로 구성되어 있는 게 현실'이라는 수사는 유연근무제를 여성에게 절실한 도구로 환원시키는 데 활용된다. 유연근무제를 '취업 부모', '부부 중심 핵가족'을 위한 것으로 전제하고 논의가 진행되는 것도 유연근무제의 가능성을 잠식하는 데 일조한다.

유연근무제가 여성 위주로 사용될 경우 성 불평등 현실을 심화시킬 수 있다는 우려는 정당하다. 하지만 유연근무제가 여성에 의해 주로 사용되므로 성평등 문제와 함께 고려해야 하는 것은 아니다. 유연근무제의 주 사용자가 남성이라 해도 그것이 어떤 조건에서, 어떤 방식으로, 어떤 규범에 의해, 어떤 효과를 낳으며 실행되는가에 따라 유연근무제는 성평등 문제와 결부되어 논의될 필요가 있다.

성별 분업이나 노동시장의 성별화 문제는 기존 논의에서 대개 완전히 간과되거나, 고려된다 해도 다른 목적에 의해 상쇄될 수 있는 것으로 격하된다. 혹은 '여성이 더 많이 사용한다', '여성에게 더 유용하다'는 점이 과잉(過剩) 가정된다. 유연근무제는 시장노동 중심의 '남성적 삶'을 표준으로 만들어온 시간표를 변화시킬 수 있는 정치적 기획이다. 따라서 성 중립적 제도일 수 없다.

정책이 성 중립적이지 않다는 통찰은 젠더 분석의 필요이자 결과이다. 유연근무제에 관한 기존 논의는 대부분 현실적 필요가 있으니 제도 확대가 정당하다는 입장과, 그렇게 될 경우 기존의 젠더 체계를 재생산하므로 신중하게 접근해야 한다는 입장으로 대별된다. 현실적 필요와 젠더 체계 재생산 모두 중요한 문제이다. 이를 양자택일이나 취사선택의 문제가 아니라 어느 한쪽 입장을 취하지 않을 수 없게 하는 근본적인 구조의 문제로 접근할 필요가 있다. 또한 삶의 여러 영역을 좌충우돌하며 살아내는 노동자들이 삶의 과정에서 어떤 선택과 협상을 하고 있는지, 어떤 좌절을 경험하는지, 노동자들의 인식과 선택은 구조적 맥락과 어떻게 연관되어 있는지 구체적으로 들여다보아야 한다.

필자는 유연근무제를 둘러싼 노동자들의 경험과 해석을 깊이 있게 듣고 그 의미를 해석하기 위해 심층면접(in-depth interview)을 실시하였다. 여성주의 질적 연구방법으로서 심층면접은 결론을 개방하는 (open-ended) 인터뷰로, 기존의 이론이 충분히 드러내지 못하는 현실에 대해 새로운 이론을 산출하고 인터뷰 참여자들의 경험뿐 아니라 해석에 접근할 수 있게 해준다(Reinharz, 1992).

심층면접은 인터뷰 참여자들의 경험을 확실성의 근거로 간주하거나 이들의 경험을 일반화하려는 것이 아니라 이들의 경험과 해석이 이루어지는 구조에 관심을 둔다. 인터뷰에 참여한 노동자들은 자신의 경험이 '전형적'이지 않다거나 '일반적'이지 않다거나 '의미 있는 사례가 아니'라고 방어한다. 이는 자신의 경험이 '대표성'을 가질 수 없다고 인식하는 데서 비롯된다. 질적 연구는 개별 사례의 대표성을 추구하기보다 그 '개별성' 자체가 사회 구조의 영향 속에서 구성된다고 본다(전희경, 2012). 심층면접에서 중요한 것은 이들이 자신의 경험을 어떻게 위치시키는지, 이러한 의미화 방식이 어떤 구조와 관련을 맺으며 구성되는지이다. 따라서 유연근무제를 이용하면서 일하는 방식과 직장 내 관계에 어떤 변화가 있는지, 조직 내에서 유연근무제가 어떻게 유통되고 있는지, 다른 노동자들과 '다른 시간표'로 일한다는 것이 무엇을 의미하는지 구체적으로 파악할 필요가 있다. 이 책에서는 유연근무제를 '노동시간과 장소에 관한 재량권을 노동자에게 부여함으로써 삶의 다양한 영역을 영위하도록 지원하는 대안적 제도'로 정의한다.

인터뷰 참여자들 가운데 일부는 자신의 신상에 관한 정보가 어떻게 다루어지는지에 관해 매우 민감하게 반응하였다. '익명 보장'을 반복적으로 확인하기도 하였다. 특히 공무원인 경우에는 개별 관공서에서 유연근무제를 이용하는 사람이 워낙 소수임을 강조하며 '연령'을 쓰지 말라고 주문하기도 하였다. 유연근무제 이용자가 워낙 소수이기 때문에 많은 인터뷰 참여자들이 소속기관이나 나이에 대한 정보만으로 추측 가능한 상태였다. 이러한 점은 유연근무자를 사용하는 게 얼마나 '드문' 일인지를 보여준다는 점에서 필자에게 중요한 정보를 준다. 하지만 이들의 경험을 분석하는 데 치명적인 제약이 되기도 한다. 직장 특성이나 업무 특성을 구체적으로 언급하기 어렵기 때문이다.

심층면접은 2011년 6월부터 2013년 3월까지 진행되었다. 면접조사는 크게 제도에 대한 인식, 이용 경험, 조직문화, 기업 및 정부의 역할 등을 중심으로 하여 비구조화된 질문 방식으로 진행되었고, 인터뷰 참여자의 직장이나 집, 혹은 식당, 커피숍 등의 장소에서 이루어졌다. 면접조사가 인터뷰 참여자의 '직장'에서 이루어진 경우는 크게 두 가지로 구분된다. 첫 번째는 다른 직원들이 모두 퇴근하고 난 후에 이루어진 것으로, 이는 주로 '공공부문'에 종사하는 노동자의 경

유연근무제와 페미니즘

우이다. 두 번째는 근무시간 내에 직장 안에 있는 회의실에서 인터뷰를 시작하여 퇴근 이후까지 이어지거나 혹은 점심시간으로 이어진 경우로, 주로 '외국계 기업'에 다니는 노동자들이 해당된다. 위의 두 가지 경우는 유연근무제에 관한 경험을 이야기하기를 꺼리는 분위기가 지배적인 가운데서도 각각의 노동자들이 속한 사업장의 특성과 노동자들에게 주어지는 시간 재량권의 차이를 일면 가늠할 수 있게 해준다.

심층면접 내용은 동의를 얻은 후 녹음하고 이후 녹취하여 분석하였다. 인터뷰 참여자 모두 녹음하는 것에 동의해주었으나, 이야기를 하던 도중 "이 부분은 오프 더 레코드"라고 요구하거나, 녹음기를 의식해 특정 부분을 소리 내지 않은 채 입 모양으로만 말하거나, 오히려 녹음기에 입을 바싹 대고 특정 부분을 힘주어 말하거나, "익명이라고 하니까 얘기하는 건데"라는 전제를 확인시키기도 하였다.

총 24명의 노동자들을 만났다.[21] 이들 중 2명은 외국계 기업[N]과 국내 기업[V]의 유연근무제 업무 담당자이다. 이들에게는 인터뷰 참

---

21 인터뷰 참여자는 다음과 같이 구성된다. 성별로는 여성 16명, 남성 8명이고, 결혼 여부별로는 기혼 16명, 비혼 8명이다. 연령별로는 20대 2명(여성 1명, 남성 1명), 30대 14명(여성 11명, 남성 3명), 40대 8명(여성 4명, 남성 4명)이다. 유연근무제를 이용하고 있거나 이용해본 적이 있는 경우는 16명인데, 성별로는 여성이 11명, 남성이 5명이며, 결혼 여부별로는 기혼자가 12명, 비혼자가 4명이다. 이용자의 연령대별 성별을 보면, 30대에서는 여성 8명, 남성 2명이고, 40대에서는 여성 3명, 남성 3명이다. 이용 경험이 있는 인터뷰 참여자 중 '어린 자녀가 있는 기혼 여성'은 7명이며, '어린 자녀가 있는 기혼 남성'은 3명이다. 기혼이지만 자녀가 없는 여성과 남성이 각각 1명씩 포함되었다.

여자 자신의 유연근무제 이용 혹은 미이용 경험뿐 아니라 해당 기업의 유연근무제 도입 배경, 유연근무제가 운영되는 조직 체계, 유연근무제 이용자의 특성 등에 관해서도 질문하였다.

인터뷰 참여자 중에는 여성이 남성보다 많고, 기혼자가 비혼자보다 많다. 필자는 지인들에게 인터뷰 참여자 소개를 부탁하면서 성별이나 결혼 여부 등을 특정하지 않았다. 하지만 인터뷰 참여자들이 주로 여성과 기혼자로 구성되었다는 점은 기존 논의에서 볼 수 있는 유연근무제에 대한 가정을 일면 반영하는 것으로 볼 수 있다.

총 24명 중 유연근무제를 이용하고 있거나 이용해본 적이 있는 노동자는 16명이다. 이들이 이용해본 유형은 '시차출퇴근형', '집약근무형', '재택근무형', '정규직 시간제', '스마트워크' 등이다. 이 중 12명이 '시차출퇴근형'을 이용하였고, 두 가지 유형의 사용 경험이 있는 노동자는 5명이다. 특정 유형으로 편중된 것은 유연근무제 이용자를 만나는 것 자체가 어렵던 상황에서 불가피하였다. 이는 주로 '시차출퇴근형'만 제도화되어 있기 때문이기도 하고, 다른 유형이 제도화되어 있어도 사용되기 어렵기 때문이기도 하였다.

구체적인 내용은 4장 이하에서 살펴보도록 하겠다. 인터뷰 참여자의 특성은 [표 1]과 같다.

[표 1] 인터뷰 참여자의 특성

유연근무제 사용 경험이 있는 인터뷰 참여자					
사례 (연령)	성별	직장(직위)**	결혼 여부 (자녀 수)	사용 유형	현재 사용 여부 (사용 중단 이유)
사례 1 (30대 후반)*	여	중앙행정기관	비혼	시차출퇴근형 스마트워크	X ("민원이 많은 업무를 맡게 돼서")[22]
사례 2 (40세)	여	중앙행정기관	기혼 (1명)	시차출퇴근형	X ("새로 옮긴 직장의 분위기상 사용하기 어려워서")[23]
사례 3 (40대 초반)	남	중앙행정기관	기혼 (3명)	시차출퇴근형	O
사례 4 (40대 초반)	여	지방자치단체 산하기관	기혼 (2명)	시차출퇴근형	O
사례 5 (42세)	남	민간기업 (이사)	기혼 (1명)	시차출퇴근형 재택근무형	X ("직업을 바꾸면서 시간을 재량껏 사용할 수 있게 돼서")[24]
사례 6 (31세)	여	민간기업 (대리)	비혼	시차출퇴근형	O
사례 7 (31세)	남	민간기업 (매니저)***	기혼 (-)	재택근무형	O
사례 8 (36세)	여	민간기업 (과장)	기혼 (1명)	정규직 시간제	O

---

22 [사례 1]은 유연근무제를 줄곧 사용하다가 '민원'이 많은 업무를 맡게 되면서 유연근무제 사용을 중단하였다.

23 [사례 2]는 관공서[D]에 근무할 때 유연근무제를 사용했었는데, 현재의 직장인 관공서[B]로 옮기면서 유연근무제 사용을 중단하였다.

24 [사례 5(남)]는 이른바 '헤드헌터'로서 프리랜서처럼 일하고 있어 시간을 유연하게 사용한다.

사례 9 (31세)	여	외국계 기업 (차장)	기혼 (-)	집약근무형	X ("불규칙적인 협업이 많아 시간 조정이 어려워서")
사례 10 (32세)	여	외국계 기업 (차장)	기혼 (1명)	집약근무형	O
사례 11 (30대 중반)	여	외국계 기업	기혼 (1명)	시차출퇴근형 재택근무형	O
사례 12 (40대 중반)	여	외국계 기업	기혼 (2명)	시차출퇴근형 재택근무형	O
사례 13 (30세)	남	민간단체(팀원)	비혼	시차출퇴근형	O
사례 14 (39세)	여	민간단체(팀원)	비혼	시차출퇴근형	O
사례 15 (42세)	남	민간단체(팀원)	기혼 (3명)	시차출퇴근형	O
사례 16 (34세)	여	외국계 기업 (차장)	기혼 (1명)	시차출퇴근형 재택근무형	O

유연근무제 사용 경험이 없는 인터뷰 참여자				
사례 (연령)	성별	직장(직위)	결혼 여부 (자녀 수)	유연근무제를 사용하지 않는/ 못하는 이유
사례 17 (30대 후반)	여	중앙행정기관	기혼 (1명)	"제도의 구체적 내용을 잘 몰라서"
사례 18 (40대 후반)	남	지방자치단체	기혼 (2명)	"아직은 시기상조라고 여겨서"
사례 19 (30대 후반)	여	지방자치단체 노동조합 활동가	기혼 (2명)	"담당 업무가 유연근무제를 사용하기 적합하지 않아서"
사례 20 (40대 초반)	여	지방자치단체 산하기관	비혼	"비혼이라 해당이 안 돼서"[25]
사례 21 (29세)	남	민간기업(주임)	비혼	"통근버스 시간이 안 맞아서"[26]

유연근무제와 페미니즘

사례 22 (29세)	여	민간기업	비혼	고용형태 비해당(비정규직)
사례 23 (30대 중반)	여	외국계 기업[N] (차장)	기혼 (1명)	고용형태 비해당(개인사업자)
사례 24 (30대 중반)	남	국내 기업****[V] (대리)	비혼	"사용할 필요성을 아직 느끼지 않아서"

주 * '연령대'를 제시한 것은 인터뷰 참여자가 직접 요청했거나, 인터뷰 참여자의 익명 보
　장을 위해 필요하다고 필자가 판단한 경우에 해당한다. '연령'은 심층면접이 이루어진
　시점을 기준으로 한다.

　** 인터뷰 참여자의 익명 보장을 위해 정확한 직급이나 직위는 공개하지 않고 그 분포
　를 제시한다. 이는 신상 공개 위험에 대해 특히 민감하게 여겼던 공공부문의 인터뷰
　참여자들과 외국계 기업의 일부 인터뷰 참여자에 한한다. 공무원 6명의 직급 분포는
　5급 1명, 6급 1명, 7급 2명, 8급 2명이다. 외국계 기업의 여섯 사례는 차장 4명, 과장 1
　명, 그리고 사내 직급 체계를 따르지 않는 '개인사업자' 1명이다.

　*** [사례 7]이 다니는 기업은 '대리→과장→차장→부장' 등의 체계로 된 기존의 직급 제
　도를 없애고 '매니저 제도'를 도입하여 '매니저→팀장→상무' 등의 체계로 바꾸었다.
　[사례 7]은 이를 "직급이 통일돼 있다"고 표현했다. 이렇게 변경된 이유는 '성과 중심
　조직으로의 개편' 차원이라고 하였다. 외국계 기업의 경우 관리자를 '매니저', '리더'
　등으로 표현하는데, [사례 7]이 다니는 국내 기업의 '매니저'는 관리자를 가리키는 것
　이 아니라 관리자 직급에 속하기 전의 모든 직원을 아우르는 용어이다.

　**** 기업 [V]는 한국 법인과 외국 법인이 함께 투자하여 설립한 합작 회사이다. 국내 법
　인이 대표이사 선임권과 경영권을 갖고 있어 국내 기업으로 분류한다.

---

25 [사례 20]의 직장인 지방자치단체 산하기관에서는 기혼인 직원의 육아를 위해
　서만 유연근무제 사용이 승인된다.

26 [사례 21(남)]은 통근버스 시간대가 유연근무제와 연동하여 바뀌게 된다면 유연
　근무제를 사용할 수도 있다고 생각한다. 하지만 그는 유연근무제를 자유롭게
　사용할 수 있는 문화가 형성될 수 있을지에 대해서는 회의적이다. 현재의 직장
　이 "직접 대면해서 보고하고 보고하고 보고하는 체계"로 짜여 있기 때문에 구성
　원에게 자율성이 얼마나 보장될지, 사무실 밖에서 업무를 하는 것이 허용될지
　의문이 들기 때문이다.

필자는 동일 직종, 동일 직장에서 두 명 이상의 노동자를 만나기도 하였다. 지인을 통해 인터뷰 참여자를 소개받고, 그렇게 만난 노동자를 통해 또 다른 노동자를 소개받기도 했기 때문이다. 이를 통해 동일 직종 혹은 동일 직장에 속한 이들의 경험이 어떤 맥락에서 다르게 나타나는지, 경험의 차이가 무엇을 의미하는지, 같은 직장에서 왜 어떤 노동자는 제도를 사용하도록 격려받고 어떤 노동자는 배제되는지 등을 구체적으로 볼 수 있었다.

[그림 2]는 인터뷰 참여자를 기관 특성과 직장별로 구분한 것이다.

[그림 2] 기관 특성 및 직장별 구분

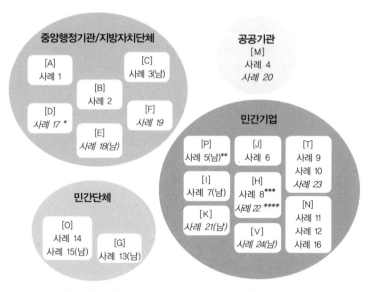

주 * 유연근무제를 사용한 경험이 없는 인터뷰 참여자는 이탤릭체로 표시하였다.
　** [사례 5(남)]는 외국계 기업[N]에 다녔을 때 유연근무제를 이용했던 경험이 있다. 그는
　　외국계 기업[N]에 다니다가 국내 기업[P]로 이직하였다. 현재는 국내 기업[P]를 그만

유연근무제와 페미니즘

두고 프리랜서처럼 일하고 있다. [사례 5(남)]와의 심층면접은 외국계 기업[N]과 국내 기업[P]에 다닐 때의 경험을 중심으로 이루어졌다.
*** [사례 8]은 오후에만 근무하는 정규직 시간제 노동자이다.
**** [사례 22]는 비정규직 시간제 노동자로, 같은 직장의 [사례 8]이 근무하지 않는 오전 시간을 위해 고용되었다.

유연근무제가 실행되는 모습은 조직 특성에 따라 일관된 경향을 보이지 않았다. 예컨대, 공공부문인가 민간부문인가, 국내 기업인가 외국계 기업인가, 여성 비율이 높은 곳인가 낮은 곳인가 등에 따라 구분되는 특이점이 포착되지 않는다. 이는 유연근무제의 실행이 특정한 요인과 인과 관계를 갖기보다는 겉으로 드러나지 않는 요인들, 일터에서 벌어지는 여러 복합적인 작용에 의해 더 큰 영향을 받는다는 것을 말해준다. [그림 3]은 유연근무제의 제도적 공식성과 실질적 이용 가능성을 중심으로 인터뷰 참여자의 직장을 구분한 것이다. 이러한 분류는 인터뷰 참여자들의 심층면접 내용과 그 외 문서로 수집된 정보에 근거한다.

유연근무제가 제도화되어 있다고 해서 그 자체로 이용 가능성이 보장되는 것은 아니다. 중앙행정기관과 지방자치단체의 경우 유연근무제의 공식성은 모두 높지만, 이용 가능성은 관리자에 따라 상당히 편차가 크다. 예를 들어 관공서[B]의 경우는 유연근무제 사용 신청이 암묵적으로 묵살되어 유야무야된 경우가 있어서 누구도 선뜻 나서지 않는 분위기가 지배적이다. 관공서[C]의 경우는 [사례 3(남)]이 여러 대가를 치르며 홀로 힘겹게 사용하고 있는 상황이다. 공공기관인 지방자치단체 산하기관[M]은 유연근무제의 이용 가능성이 가장 낮은 편이다. 이곳에서는 유연근무제 사용이 육아와 관련된 사유로만 승인된다.

[그림 3] 유연근무제의 공식성과 이용 가능성

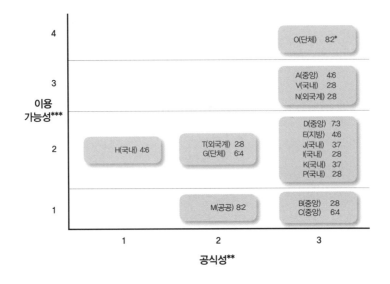

주 * 성비 → 여성 : 남성
　** 공식성　　　3 → 전사적(全社的)·공식적 공표
　　　　　　　　2 → 부분적·비공식적 공표
　　　　　　　　1 → 지정된 특정 개인에게만 해당
　*** 이용 가능성　4 → 제약 없음
　　　　　　　　3 → 가시적 제약이 없고 비교적 자유롭게 이용할 수 있음. 다만, 관
　　　　　　　　　　리자에 따른 약간의 편차가 있음
　　　　　　　　2 → 가시적 제약은 없으나 자유롭게 이용하기는 어려움. 관리자에
　　　　　　　　　　따른 편차가 큼
　　　　　　　　1 → 극소수만 이용함. 관리자에 따른 편차가 매우 큼

　유연근무제의 공식성과 이용 가능성이 가장 부합하는 곳은 민간단
체이다. 이곳은 여성과 남성의 비율이 8 대 2 정도로 여성이 압도적

　　　　　　　　　　　　　　　　　　유연근무제와 페미니즘

으로 많다. 하지만 여성의 비율이 높다고 해서 유연근무제의 이용 가능성이 자동으로 높아지는 것은 아니다. 지방자치단체 산하기관[M] 역시 여성과 남성의 비율이 8 대 2 정도로 여성이 많지만, [그림 3]에서 볼 수 있듯이 제도의 공식성과 이용 가능성 모두 낮다. 반면 여성과 남성의 비율이 2 대 8인 국내 기업[V]와 외국계 기업[N]은 유연근무제의 공식성과 이용 가능성 모두 높은 편으로 구분된다.

국내 기업의 경우 공식성의 측면에서 규모에 따른 차이가 발견된다. 대기업인 [J], [I], [K], [P]에서는 유연근무제가 회사 전체에 도입되어 시행 중이고, 특히 기업 [I], [K], [P]는 유연근무제 시행의 모범 사례로 언론에 소개되기도 하였다. 소기업인 [H]는 유연근무제의 공식성이 가장 낮다. 이곳에서는 [사례 8]이 오후에 정규직 시간제로 근무하고 [사례 22]가 오전에 비정규직 시간제로 근무하는데, 기업[H]는 [사례 8]에게 일시적으로 정규직 시간제를 허용하고 있다.

이용 가능성 측면에서는 규모에 따른 차이가 발견되지 않는다. 대개 유연근무제 이용에 대해 가시적인 제약은 없지만, 실제로는 이용하기가 쉽지 않고 관리자에 따라 편차가 크다는 공통점을 보인다. '가시적 제약'이 없다는 것은 제도화의 효과를 말해준다. 하지만 이는 '비가시적 제약'은 있다는 의미이기도 하며, '비가시적'이기 때문에 오히려 문제로 드러나기 어렵고 노동자들의 자발적 규율을 이끌어내는 배경으로 작용할 수 있음을 의미한다.

제2장

장시간 노동 체제의 형성

장시간 노동 체제의 형성

1. '근면'과 '협동'으로 포장된 장시간 노동

노동시간에 대한 노동자의 통제권·재량권은 국가의 제도적 환경, 기업 측과 노동자 측의 전략, 노동시장 조건 등에 의해 영향을 받는다. 정부가 주도하는 제도적 여건의 영향력이 강한 국가는 그 영향력이 약한 국가에 비해 노동자의 재량권과 선택권을 증대시키는 방향으로 노동시간 제도를 조정·관리해왔다(Berg et al., 2004; Rubery et al., 1998).[1] 산업화 이래 기업이 구매하는 것은 노동자의 결과물이 아니라 '노동자의 시간'이라고 말해질 만큼 노동시간에 대한 통제는 고용 계약의 핵심에 놓여 있다(Collins, 2004). 노동시간은 고용 관계의

---

[1] 정부 주도의 제도적 영향력이 큰 국가로는 스웨덴과 네덜란드, 약한 국가로는 호주와 미국이 꼽힌다(Berg et al., 2004).

질을 규정하는 주요 요소이다(권순원·윤기설, 2012). 노동운동의 역사가 노동시간 단축의 역사[2]라고 말해지는 것은 노동시간이 바로 권력 관계와 관련된 문제임을 드러내준다.

한국은 정부가 강력한 의지를 가지고 경제성장을 주도해온 과정에서 장시간 노동 체제가 형성되었다는 특징을 보인다. 장시간 노동 체제는 노동시간의 연장(延長)에 기반한다는 점에서 노동시간에 대한 노동자의 통제권·재량권을 제약할 가능성이 높다. 임금노동 중심으로 일상을 재편하게 하여 임금노동 이외의 삶의 다른 영역을 영위하기 어렵게 하는 것이다. 또한 장시간 노동은 노동자의 신체적·정신적 건강과 안전에 심각한 영향을 미친다(강연자, 2010; 안정환, 2012; 형성사편집부, 1984; Iwasaki et al., 2006; Sokejima and Kagami-mori, 1998).[3]

---

2 노동의 역사는 인류의 역사와 함께 시작되었으나 노동시간이 사회문제가 된 것은 비교적 최근의 일이다. 이는 산업혁명을 통한 자본주의 사회의 시작과 관련된다. 그 이전에는 농민과 수공업자들이 자신의 노동시간과 노동의 양을 조절할 수 있는 권한을 상당히 많이 갖고 있었지만, 상품의 유통이 활발해지면서 노동시간이 늘어나고 관련 규율이 많아지며 노동자 스스로 갖는 통제권이 약화되었다. 노동시간 문제가 자본주의의 발원지로 꼽히는 영국에서 가장 먼저 제기되었다는 점은 이러한 맥락을 보여준다. 산업혁명은 노동 생산성을 높이는 등 획기적인 진보를 가져왔지만, 이러한 진보는 임금 인하와 노동시간 연장을 통한 노동자의 희생을 기반으로 한다. 영국에서는 1792년부터 노동시간 문제에 대한 노동자들의 저항이 일어나기 시작했고, 1830년 '10시간 운동'이 생겨나며 노동시간이 본격적으로 문제화되었다(형성사편집부, 1984).

3 「죽도록 일하다간 정말 죽는다」는 표제하의 언론 보도(『서울신문』, 2013.6.7; 『연합뉴스』, 2013.6.6)는 핀란드의 한 연구 논문을 소개한 바 있다. 이 논문은 10년

한국의 장시간 노동은 익숙한 주제이다. 그럼에도 우리나라에서 노동시간 문제는 주44시간제와 주40시간제를 도입할 때를 제외하고는 중심적인 논의 주제에서 일정하게 벗어나 있었다(배규식 외, 2011). 유연근무제의 확대가 정부의 주도하에 시도되어왔지만 제도 이용이 활성화되지 않은 것은 이러한 역사적 맥락과 연관시켜 분석될 필요가 있다. 국가 주도의 경제성장 과정이 어떤 논리를 통해 장시간 노동 체제를 만들어왔는지, 장시간 노동 문제가 운동의 차원에서 어떻게 다루어져왔는지, 이것이 현재의 유연근무제 제도화 및 실행과 어떤 연관성을 갖는지 역사적 맥락을 들여다보자.

한국의 경제성장은 '정부 주도의 수출 지향적 공업화'에 기반한 것으로 집약된다(김대환 외, 1974; 김영옥a, 2003; 박찬일, 1983; 신경아, 1985; 이임하, 2004; 정미숙, 1993; 조순경, 1990a). 1960년대와 1970년대를 관통한 경제 개발 정책의 특징은 공업화를 통한 경제 발전, 경공업 주도에서 중화학공업으로의 이행, 투자 자본 부족과 기술 수준의 낙후를 보충하기 위한 외자(外資) 유치, 수출 증대를 통한 외화 획득, 정부 주도의 경제 발전, 분배보다 성장 우선 등으로 요약된다(Cho Soon, 1983; 이옥지, 2001에서 재인용).

이러한 특성의 경제성장 전략은 '저임금 기조'와 '노동시간 연장'을

10개월의 기간 동안 노동자들을 추적 · 관찰한 결과, 업무와 관련된 '소진(burn-out)'을 경험한 노동자의 사망률이 높다는 것을 밝혀냈다(Ahola et al., 2010). 이 논문 결과를 다룬 기사들은 에너지가 바닥날 때까지 죽도록 일하다가는 정말 일찍 죽을 수 있다는 점이 실증적으로 증명되었음을 강조하며, 우리나라의 연간 노동시간이 길다는 점을 언급하였다.

그 수단으로 삼는다. 값싸고 순응적인 노동력을 찾아 제3세계에 진출한 초국가적 자본과 초고속 산업화를 지향한 국가의 공조 체제는 여성 노동자들을 저임금 노동 현장으로 불러냈다(김영옥a, 2003; 신경아, 1985). 수출은 외자 의존형 경제 개발 과정에서 이자와 원금을 갚기 위한 주요 방법이었고, 수출 산업들이 이러한 부채 상환을 부담하며 살아남을 수 있는 길은 저임금으로 원가를 낮추는 것이었다. 또한 저임금으로도 노동자들이 먹고살 수 있게 하기 위해 저미가(低米價) 정책[4]이 실시되었다. 저미가 정책과 관련된 농촌의 피폐는 대규모의 이농민을 배출하여 도시에서의 임금을 떨어뜨리는 기능을 하였다(이옥지, 2001). 요컨대, 저임금 기조는 저미가 정책을 강화하게 하고, 저미가 정책은 다시 저임금 기조를 구조화시키는 기능을 하는 것이다.[5]

1971년, 1975년, 1979년 노동시간 집계 자료를 보면, 1일 평균 노동시간은 각각 8.9시간, 8.6시간, 8.9시간이다(노동청, 1971, 1975,

---

4 정부의 80kg짜리 쌀 한 포대의 수매가는 1975년에서 1977년에 이르는 동안 생산비에도 못 미쳤다. 예컨대, 일반미의 경우 1975년 정부 수매가는 19,500원이지만 생산비는 23,292원으로 순이익은 −3,792원이다. 통일미도 19,500원 대비 20,220원으로 순이익이 −720원이다. 이런 상황은 1977년에 더욱 심해졌다. 일반미는 26,000원 대비 35,030원으로 순이익이 −9,030원으로 줄어들고, 통일미는 26,000원 대비 32,484원으로 순이익이 −6,484원으로 줄어든다(이태호, 1984).

5 어린 자녀들은 도시의 공장으로 돈 벌러 나가고, 부모는 "값싼 농산물"로 자녀의 "값싼 노임"을 뒷받침하는 형국에 대해서는 당시 농민이 쓴 글(홍영표, 1977)에서도 잘 드러난다.

유연근무제와 페미니즘

1979). 정부의 공식 통계를 기준으로 보면 1970년대를 장시간 노동 시기라고 말하기 어렵다. 하지만 1970년대의 노동시간은 공식 통계와 달리 매우 길었던 것으로 보고된다(김형기, 1985; 박현채, 1985; 배규식 외, 2011; 신광영·김현희, 1996; 이옥지, 2001; 이태호, 1984; 정미숙, 1993; 조영래, 1991). 이옥지(2001)는 한국 정부가 국제노동기구(ILO)에 보고한 노동시간과 조사 연구를 통해 밝혀진 노동시간 간에 차이가 있음을 밝혔다.[6] 대다수 노동자들은 공식적으로 집계된 노동시간보다 훨씬 긴 시간의 노동에 혹사당했다는 것이다.

국가는 이 과정에서 막연한 인내만을 강요하지 않았다. 당시는 수출 신장을 중심으로 한 경제 발전이 곧 자주 국방과 통일 기반 조성에 직결된다는 논리 아래 임금이 적더라도 결코 불만을 표출해서는 안 된다는 분위기가 지배적이었다. 하지만 지금의 어려움은 미래에 반드시 보상될 것이라는 믿음 역시 부여되었다.[7] 단결과 협동, 근면

---

6 예를 들어 ILO에 보고된 1976년 한국 제조업 노동자의 주당 평균 노동시간은 52.5시간이지만, 당시 경인 지역 220개 업체를 대상으로 한 조사(배무기, 「노동자의 행위 및 소득: 한국의 제조업 노동자 연구」, 서울대학교 경제연구소, 1977)에서는 주당 평균 노동시간이 60.7시간에 달하는 것으로 나타났다. 또한 ILO에 보고된 바에 따르면, 한국의 노동시간은 1960년대 중후반에 주당 평균 57~58시간이었지만, 1970년대 중반 이후에는 51~52시간으로 상당히 감소하였다. 하지만 한국노동조합총연맹의 「사업보고」 자료에 따르면, 1970년대 한국의 노동시간은 1960년대보다 줄어들지 않았고, 1970년대 중반 이후 오히려 길어져 59시간에 달한다(이옥지, 2001).

7 1970년대에 YH무역에서 일했던 한 여성 노동자는 '대망의 80년대'가 강조되었다는 점을 다음과 같이 언급하였다. "'대망의 80년대'라는 말을 참 많이 썼어요. 80년이 되면 노동자들이 잘 살게 될 거라고 조회 시간에도 그러고 희망을 참 많

과 검소가 중요한 가치로 부각되고 밝은 미래를 위해 현재를 견딜 것이 강조되었다(정미숙, 1993).

70년대 중반에 가면, 우리 근로자들은 지금까지 경제 건설에 쏟은 '피와 땀'에 대한 대가를 그 누구보다도 알차게 지불받게 된다는 것을 나는 전국의 근로자 여러분에게 다짐해두는 바입니다. 정녕 70년대 후반기에는 우리나라 근로자들이 지난 60년대를 통하여 바친 땀과 노력의 대가를 그 누구보다도 알차게 돌려받는 '혜택과 보상'의 시기가 된다는 것을 나는 확신해마지 않습니다. 이러한 밝은 전망과 벅찬 희망이 있기 때문에 우리는 오늘을 좀 더 참자는 것이고 좀 더 부지런하게 일하자는 것이며, 우리의 정신과 땀을 경제 건설에 바치자는 겁니다(박정희, 1971).

조국 근대화의 최전선에서 땀 흘려 일하시는 전국의 근로자 여러분! … 80년대 초의 100억 불 수출과 1,000불의 국민 소득이라는 새 목표를 설정했습니다. … 그것은 우리가 이상하는 근로자의 완전 복지를 중심으로 하는 복지 국가를 이룩함에 있어 반드시 정복하고 넘어서야 할 중간 고지인 것입니다. … 다만 우리가 미래에 누릴 수 있는 풍요를 담보로 하여 오늘 그것을 앞당겨 누리려는 성급함을 억제해야 한다는 것을 말씀드리고 싶은 것입니다(태완선, 1973).[8]

이 줬어요. … 대망의 80년을 향해서 손가락이 짤려도, 졸음을 참으면서 80년대에는 이런 게 모두 벗겨지고 우리가 잘 살 수 있을 거다, 이렇게 생각을 했어요. … 대망의 80년대가 되면 긴 시간 일하지 않아도 될 거라고 생각을 했죠."(정미숙, 1993)

8 태완선은 당시 부총리 겸 경제기획원 장관으로서 위와 같은 내용으로 제15회

유연근무제와 페미니즘

'성장 우선'을 기조로 한 산업화의 진전은 장시간 노동을 정당화하였다. 장시간 노동은 '근검'이나 '절약'과 같이 사회적 규범의 위치를 차지하는 집합 의식(collective mind)으로 형성된다(신경아, 2011). 정부에 의해 주도된 '공장 새마을 운동'은 바로 '근면, 자조, 협동'을 행동 강령으로 하여 산업 현장을 효과적으로 통제하기 위한 수단으로 창안되었다. '공장 새마을 운동'은 빈곤을 태만과 무지의 결과라고 강조하였다. 이는 노동자들로 하여금 정부의 정책을 비판하기보다는 계속적인 근면으로 빈곤을 타개하는 길을 노동자 스스로 개척해야 한다고 가르쳤고, 노동자와 자본가의 '협동'을 요구하였다(이태호, 1984). 하지만 1976년 당시 한국 제조업의 노동시간은 주당 평균 52.6시간으로 세계에서 가장 길었다.[9] 이는 공식 통계인데, 노동자들에 의해 드러난 장시간 노동은 이보다 훨씬 심각하였다.

> 우리는 하루 12시간을 노동하는데, 일주일은 밤 12시간을 하고 다음 일주일은 낮 12시간을 일하고 있습니다. 그리고 지금까지 일요일에는 17시간에서 19시간씩 노동할 때가 있습니다. 그러니까 일주일에 72시간에서 90시간을 일하는 셈입니다(손점순, 1984).

> 연이틀 연장과 철야를 했다. 32시간의 노동. 노동이라야 우리 생각하는 노동도 아닌 기업주의 이익을 위해 졸면서 매수를 빼야 하는

근로자의 날을 치하하였다.
9 ILO에 따르면, 1976년 다른 국가의 주당 평균 노동시간은 한국에 비해 훨씬 짧다. 예를 들어, 프랑스 41.8시간, 서독 41.3시간, 미국 40.4시간, 뉴질랜드 39.1시간, 캐나다 38.5시간 등이다(이태호, 1984).

철야. … 밤은 인간에게 중요하다. 자야 할 시간에 일을 해야 한다는 것. 철야는 정말 잔인하다는 생각을 했다(이선영 · 김은숙, 1985).

회사는 일요일도 쉴 날이 없었다. 회사에서는 일요일날 특근을 하지 않으면 이유서를 제출하라고 하고 1주일간 청소 당번을 시켰다. … 여름이 되니 회사는 더욱 바빠지기만 하였다. 토요일마다 철야 작업을 하거나 일요일에 특근 작업을 하면 일요일에 제대로 쉴 수 있는 날은 하루도 없었다. 평일에도 밤 9시 30분까지 잔업을 했기 때문에 어떤 때는 한 달 시간 외 근무가 130시간이 넘는 때도 있었다. 시간 외 일을 하지 않으려고 하면 회사 간부들은 야단을 치고 이유를 대라고 했다(송효순, 1982).

노동시간의 길이가 근면함 혹은 생산성과 정비례 관계를 갖는지 여부와 무관하게, 이처럼 긴 시간 일하는 노동자들에게 근면할 것을 요구하는 것은 이데올로기적 통제의 효과를 갖는다. 이는 국가의 경제성장이라는 목표를 위해 노동자들의 인내와 희생을 정당화하는 논리로 연결된다. 노동자들의 수기는 당시 노동자들에게 임금노동 이외에 다른 활동을 할 물리적인 시간이 사실상 거의 주어지지 않았음을 드러내준다. 또한 건강에 위협이 될 정도의 노동 조건이 묵인되었음을 보여준다. 국가의 이러한 정책 기조는 노동자에 대한 사업주의 일방적 통제로 구체화된다.

3~4일 계속 철야 작업을 시키는 일이 빈번하였으며, 30~40도를 오르내리는 현장에서 3~4일씩 곱빼기 철야 작업을 하고 나면 대여섯 명이 집단으로 몸져누울 수밖에 없었다. 아침에 출근하면 하

유연근무제와 페미니즘

루 작업 목표량이 주어지는데, 그것을 달성하지 못하면 밤 11~12시까지 연장을 하지만 그에 대한 수당은 지급되지 않으며, 결근자가 있어도 전체 작업 목표량을 줄여주지 않는다. 몸이 아파 출근하지 않으면 일이 바쁘다고 기숙사나 집으로 데리러 보내서까지 일을 시킨다. 그리고 하루를 결근하면 7일치의 일당이 빠지는데, 결근한 그날치, 주휴수당 4일치, 월차·생리수당 모두 빠지게 되며, 일요일 특근을 해도 특근 수당은 지급되지 않으면서 결근하면 평일과 마찬가지로 6일치 수당이 빠진다(김경숙 외, 1986).

첫 출근을 했다. 가는 곳마다 악덕 기업주가 우리들을 부려먹는 것 같다. 이번에 간 곳도 여지없이 웃기는 곳이다. 사장이 30분 동안 취업 규칙을 읊어대는데 너무 기가 차서 적어보려고 한다. (1) 월급 책정은 입사자들의 경력이나 기술에 관계없이 당 회사의 기술자 수준으로 한 달 동안 관찰한 후에 책정한다. (2) 조퇴·지각·결근 등을 합해서 3번 이상이면 하루 결근으로 친다. (3) 토·월요일 결근은 일요일도 결근한 것으로 간주한다. (4) 추석·휴가·구정 때 첫 출근 날 결근하면 모든 휴가일도 결근으로 친다. (5) 야근·잔업을 거부하면 월급의 5%를 공제한다. (6) 9시 이후의 지각 3번은 월급의 20%를 공제한다. (7) 무단결근을 3일 하면 자동 퇴사가 되며, 무단 퇴사로 인정해서 월급은 3개월 후에 지급한다. (8) 회사일로(출고 날짜가 급할 때 생산량 미달 혹은 회사에서 작업이 달려) 잔업·야근을 할 때에는 수당 없이 회사가 원하는 대로 작업을 해야 한다, 등(이선영·김은숙, 1985)

이 시기 경제의 양적 성장은 여러 지표와 논의를 통해 확인된다. 1971년부터 1979년까지 연평균 국민총생산(GNP) 성장률은 9.8%를 유지하였으며, 광공업 부문의 생산 실적은 같은 기간 동안 17%라는 높은 성장률을 기록하였다. 1962년 총 수출액은 5,480만 달러였는데, 1971년에 10억 6,760만 달러로 증가했고, 1979년에는 약 150억에 이르렀다(한국은행, 1972, 1981). 총 수출 중 공산품 수출의 비중은 1962년 27%에서 1979년 90%로 증가하였다(이옥지, 2001). 그렇다면 경제성장의 이러한 성과가 노동자들의 실질 임금을 높이는 데얼마나 영향을 미쳤을까? 한 자료에 따르면, 당시 외국 자본이 운영한 어느 전자업체의 경우 수출 실적, 노동 강도, 물가 상승률을 고려할 때 실질 임금 인상률은 36%로 나타난다. 하지만 노동 생산성과 비교하면 임금이 오히려 약 27% 떨어진 셈이며, 이는 외국 자본이 운영하는 전자업체들에서 공통적으로 발견되는 현상이었다(이태호, 1984).

이른바 '한국 경제의 기적'을 말하는 모든 논평가들이 동의하는 두 가지 사실이 있다. 하나는 성장이 매우 빠른 속도로, 지속적으로 이루어졌다는 것이다. 다른 하나는 남한 경제의 폭발적인 성공에서 수출이 중요한 역할을 했다는 것이다. 전순옥(2004)은 이러한 두 가지에 하나를 덧붙인다. 바로 국가의 부(富)와 노동자들이 얻은 보상 사이의 비인도적 불균형, 이것이 '한국 경제 기적'의 또 다른 출처임을 강조한다. "대망의 80년대"에 풍요를 누리기 위해 "오늘을 좀 더 참고 좀 더 부지런하게 일하자"는 이데올로기적 통제는 장시간 일하더라도 저임금 상황을 벗어나기 어려운 구조를 정당화하였다.

2. 시대를 관통하는 성별 임금 격차

공업화 중심의 경제성장 과정에서 고용 구조도 변화되었다. 제조업 부문의 고용 인구 비율은 1963년 7.9%에 불과했으나 1979년에는 22.8%로 증가한다. 이에 비해 농림어업 종사자의 구성비는 1963년 63.0%에서 1979년 35.8%로 감소하였다.[10] 즉 노동 집약적 경공업 중심으로 추진된 급격한 공업화는 노동력 수요를 급증시켰고, 이는 소생산농민층의 다수를 임금노동자가 되도록 견인하였다(김형기, 1985). 여성의 고용률은 바로 제조업 분야에서 크게 증가하였다. 여성의 고용률은 1963년 34.3%에서 1979년 42.3%로 증가하는데, 제조업에서는 같은 기간 동안 6.8%에서 23.4%로 증가한다.[11] 제조업 부문은 노동 집약적 산업에 기반한 공업화 과정에서 여성 노동력을 빠른 속도로 흡수하였다.

노동시간을 늘리는 것은 저임금을 보완하기 위한 불가피한 방법으로 인식되기도 하였다. 노동자들은 가족 부양에 대한 책임과 형제들의 학업 지원을 위한 방편으로 철야나 야근을 받아들였고, 자신과 가족의 빈곤 상황을 탈피하기 위한 수단으로 장시간 노동을 적극적으로 수용하기도 한다.

　　반장이 오더니 일이 바빠서 오늘은 철야를 하고 내일부터는 야

---

10 통계청, http://kosis.kr
11 통계청, http://kosis.kr

간일을 한다고 말했다. "철야를 어떻게 하는 건가요?" 하고 내가 물었다. "밤에 일을 하고 아침에 퇴근하는 거야" 반장이 대답했다. 나는 옆에 있는 사람에게 철야하면 월급이 어떻게 되느냐고 물었다. 그 아가씨는 철야를 하면 야간 수당과 잔업 수당이라는 게 나와서 월급이 더 많아진다고 대답해주었다. 그럼 나도 야근을 하겠다고 마음을 굳게 먹었다. 어차피 돈을 벌려고 공장에 들어왔으니까 무엇이든지 해서 돈을 벌고 싶었다. … 작은언니가 결혼하기 위해 회사를 그만두었다. 언니가 사표를 내자 시골에 있는 가족의 생활비와 동생 수업료를 나 혼자 걱정해야 했다(송효순, 1982).

가난! 가난이 원수다. 이렇게 저주하며 원망을 하면서 나 하나 희생하여 전 가족이 행복해질 수만 있다면 힘든 일이야 무엇인들 못하랴. 돈을 벌자! 돈을 벌자! 열심히 벌어서 내가 못 다한 공부를 동생들에게만은 남부럽지 않게 배우도록 해주자(윤명분, 1978).

하지만 장시간 노동은 저임금을 보완하는 방법이 되지 못하였다. 그것을 기대하기에는 당시의 임금이 지나치게 낮았고 개선될 여지가 적었다. 정부는 외국 자본을 끌어들이기 위해 해외에 배포하는 책자에 "한국은 생산성을 가진 풍부한 노동력을 갖고 있다. 한국의 평균 임금은 미국의 10분의 1, 유럽의 8분의 1, 일본의 5분의 1에도 미치지 않는다"고 선전하였다. 송효순(1982)에 의하면, 1976년 당시 많은 노동자들의 하루 일당은 460원이었는데,[12] 냉면 한 그릇이 470원이었

---

12 송효순은 1973년 대일화학공업주식회사에 입사하였다. 당시 첫 월급을 받아 계산해보니 일당이 188원이었다(송효순, 1982).

유연근무제와 페미니즘

다고 한다. 당시 인건비로는 노동자 자신의 생활을 꾸려가기에도 벅
찼다. 여성 노동자들은 월급을 받아도 다시 쪼들릴 수밖에 없는 상황
을 토로하였다. 노동자들의 경제적 어려움은 개인의 근면이나 절약
으로 해결될 수 없을 정도로 심각했고, 장시간 노동을 한다고 해도
생활수준이 나아지기 어려웠다.

> 월급을 탔다. 2만 5천 원? 2만 3천 원? 그러나 웬걸 2만 7천 5백
> 원. 예상보다 훨씬 많았다. '이 많은 돈을 다 어디에 쓸까' 하고 생
> 각할 새도 없이 한 시간 내에 돈은 다 나가고 천 원 남았다. 벌기
> 위해서는 한 달이나 걸리는데, 한 시간에 다 써버리다니. 빚도 삼
> 만 원에서 만 원밖에 못 갚았다. 양장점에 천 원 갚고 가겟집에 4
> 천 5백 원, 부식비 3천 원, 그리고는 뭐 특별히 쓴 데도 없는데. …
> 월급을 타러 갔다. 2만 5천 원이 나왔다. 집에 와서 방값 내고 쌀을
> 사고 나니 1만 원이 남는다. 이걸로 이불 사고 2천 원 꾼 돈을 갚고
> 나면 뭐가 남나. 앞으로 몇 번이나 더 월급이 이런 식으로 없어질
> 것인가(석정남, 1976).

> 휴무는 첫째 셋째 일요일뿐 달력에 칠해진 빨간색의 글씨는 우
> 리에게는 아무런 의미도 주지 않는다. 법에 정해져 있는 월차·생
> 리·연차 휴가는 꿈도 꿀 수 없는 현실이고, 1년에 두 번 있는 명절
> 에는 3~4일 정도씩 쉬는데, 그러면 그달 월급은 평소 때보다 반이
> 줄어든다. … 1974년 당시 나는 16~18시간 일해도 한 달에 7,400
> 원밖에 못 받았다(김경숙 외, 1986).

이처럼 구조적 제약이 심각했던 상황은 성별 임금 격차에 의해 더

욱 심화되었다. 1970년대의 월평균 노동시간 및 월평균 임금[13]을 살펴보면, 여성 노동자의 월평균 총 노동시간은 남성보다 더 길다. 하지만 여성 노동자의 임금은 남성에 비해 상당히, 지속적으로 적다.

1976년 2월 기준으로 노동자의 월평균 임금은 48,917원인데, 남성의 임금은 월 61,635원, 여성의 임금은 월 28,913원이다(노동청, 1976). 여성 노동자의 임금은 남성 임금의 절반에도 미치지 못하였다. 당시 초과 노동시간을 포함한 남녀 노동자의 월평균 노동시간은 각각 208.2시간, 214.5시간으로 집계되었다. 여성 노동자가 다수 종사하고 있던 제조업의 상황도 유사하였다. 제조업 노동자의 월평균 임금은 40,734원이며, 남녀 노동자의 임금은 각각 월 54,044원, 월 26,008원으로 여성 노동자의 임금은 남성 노동자의 48.1%에 그친다. 제조업에 종사하는 남성 노동자와 여성 노동자의 총 노동시간은 각각 214.0시간, 216.3시간이다(노동청, 1976).

성별 임금 격차와 노동시간 차이 간에 발견되는 모순은 여성 노동력의 확대가 한국의 수출 지향적 공업화를 통한 자본 축적 과정에서 어떤 의미였는지 드러내준다. 여성의 노동력 참여와 이들의 저임금은 경제성장의 밑바탕을 이루며 핵심적인 역할을 수행해왔다. 이는 이 시기 한국 경제의 재생산 구조가 갖는 본질적인 메커니즘이기도 하였다. 한국은 당시 국제적 분업 질서에 조응하여 수출을 통한 경제성장을 도모하였다. 중심부 자본의 이윤 극대화 정책은 가장 낮은 임금으로 일하고 높은 노동 강도를 견뎌낼 정도로 생산적인 노동자를

---

13 월평균 임금은 정액 급여와 초과 급여를 포함한 액수이다.

유연근무제와 페미니즘

선호하였다. 이에 다국적 기업의 고용 구조는 노동자의 다수가 여성이며 16~25세 연령에 집중되어 있다는 특징을 보인다.[14]

장시간 노동과 저임금은 국내 상황을 철저하게 제어하여 정치적 안정을 꾀하려는 주요 동력으로도 활용되었다. 1970년의 '외국인 투자 기업의 노동조합 및 노동쟁의 조정에 관한 임시 특례법'이나 1971년의 '국가 보위에 관한 특별 조치법' 등 법률적 조치들은 외국의 투자를 유치하기 위한 것이기도 하지만, 당시 국내의 정치적 상황과 밀접하게 연동하여 강압적 노동 조건을 수용하도록 강제하고 노동자의 기본권을 제한하는 적극적 기능을 하였다.[15] 이러한 조치들은 노사

---

14 신국제분업론(New International Division of Labour)은 주변부 자본주의 국가의 외자 의존적인 수출 지향적 공업화를 중심부 자본의 논리로 설명한다. 이 이론에 따르면, 1960년대 이후 시작된 주변부 국가의 수출 지향적 공업화는 개별 국가나 기업에 의해 선택된 발전 전략이 아니라 세계 경제 체제의 변화에 대응하여 가치 증식과 축적을 지속하기 위한 중심부 자본의 제도적 혁신의 산물이다. 중심부 자본은 전 세계적 기반 위에서 제조 과정 중 노동 집약적인 부분을 주변부로 이전함으로써 생산 과정을 초국가적으로 재조직한다(Fröbel et al., 1980; 신경아, 1985에서 재인용). 한국은 주변부 국가로서 생산 과정의 초국가적 재조직 과정에서 값싼 노동력의 공급처였음이 분명하다. 하지만 한국의 공업화가 여성 노동자들을 저임금의 단기 노동력으로 활용하면서 '근면'으로 표상되는 장시간 노동을 구조화시킨 것을 중심부 국가의 일방적인 이윤 극대화 정책으로만 설명하기에는 한계가 있다.

15 한국 정부는 1970년 '외국인 투자 기업의 노동조합 및 노동쟁의에 관한 임시 특례법'을 공포하여 노동조합 설립 자체를 규제하고 노동쟁의권을 봉쇄하였다. 이 법에는 외국인 투자 기업에서 노동조합을 설립할 경우 신고서에 규약을 첨부하여 노동청장에게 제출하도록 규정되었고(제4조), 이들 기업에서 노동쟁의가 발생한 때에는 노동쟁의 신고서에 노사 협의 경위서를 첨부하여 노동청장에게 신

관계에 있어 기업 측의 입장을 유리하게 만드는 결과를 낳는다.

국가의 가부장적 통제는 이러한 맥락에서 강조되어야 한다. 정부는 자본가와 노동자의 '협동'을 강조하며 '가족적 노사 관계'를 내세웠다. 하지만 정부가 강조한 가족적 노사 관계는 자본가가 노동자의 노동을 일방적으로 통제·관리하고 무리한 장시간 노동을 감내하게 하며, 임금노동 외의 무보수 노동까지 강제하는 데 활용되었다. 많은 기업은 정부가 주도하는 '공장 새마을 운동'의 명목으로 노동자들을 출퇴근 시간 전후에 무보수로 동원하여 힘든 작업을 하게 하였다.[16] 또한 노동법 위반으로 고발당한 기업 대표는 여성 노동자들에게 "누가 아버지를 고발하느냐"는 언설로 대응하였다(송효순, 1982). 기업은 "수출 업체는 업체가 원하는 대로 작업을 시키고 임금은 얼마를 주든 상관없다고 상부에서 지시가 있었다"(이태호, 1984)며, 노동자

고하도록 규정되었다(제5조). 또한 이듬해 공포한 '국가 보위에 관한 특별 조치법'을 통해 노동조합의 단체교섭권과 단체행동권을 완전히 규제하였다. 이 법에는 비상사태하에서 근로자의 단체교섭권 또는 단체행동권 행사는 미리 관청에 조정을 신청해야 하고 그 조정 결정에 따라야 하며(제9조 1항), 대통령은 안보를 해하거나 국가 동원에 지장을 주는 근로자의 단체행동권을 규제하기 위해 특별한 조치를 취할 수 있다(제9조 2항)고 명시되었다.

16 예컨대, 하천 제방 조성(신성화학), 300m에 달하는 구내 도로 신설(쌍용시멘트), 2500m의 구내 도로 보수(연합철강), 배수로 공사(대전생사), 22,000평의 녹지대 공사(한국나일론), 코스모스 꽃길 가꾸기(제일합성) 등을 들 수 있다. 추가 잔업도 '공장 새마을 운동'을 명분으로 정당화되었다. 당시 방림방적주식회사 여성 노동자들은 '공장 새마을 운동'을 앞세워 노동자들에게 강제 노동을 시키면서 수십억 원이 넘는 잔업 수당을 지불하지 않은 것 등을 문제 제기하며 투쟁을 전개하였다(이태호, 1984).

유연근무제와 페미니즘

의 장시간 노동과 저임금을 정당화하였다. 이에 문제를 제기하거나 저항하는 여성 노동자들에 대해서는 '벌'을 주는 의미로 폭력이 행사되기도 하였다.[17] 정부에 의해 강조된 '가족적 노사 관계'는 노동자에 대한 기업의 훈육과 감시를 정당화하는 가부장적 통제의 전형을 보여준다.

노동청은 당시 성별 임금 격차의 이유로 임금 결정 기준이 동일 노동 동일 임금 원칙에 입각한 직무급 제도가 아니라 성별·학력별·연령별, 그 외 근속년수에 따르는 연공서열식의 능력급 제도라는 점을 들었다(노동청, 1972). 하지만 노동청의 이러한 설명은 그다지 설득력이 없다. 제조업 생산직 노동자의 임금을 기업 규모별로 나누어 살펴보면, 여성의 임금은 기업 규모에 따라 별다른 차이를 보이지 않지만, 성별 격차는 기업 규모가 커질수록 확대된다. 이는 대기업의 경우 독과점에 의한 이윤 극대화의 과실(果實)이 제한적이나마 남성에게만 돌아가고 있음을 의미한다. 1970년대 대기업의 증대는 여성 노동력 활용에 기반하여 남성과 여성 간의 격차를 더욱 확대시켰다(신경아, 1985).

성차별적인 직급 구조 또한 성별 임금 격차를 야기하는 데 영향을 미친 것으로 보인다. 남성은 여성과 마찬가지로 생산직으로 입사

---

17 지각하거나 일요일 특근에 나오지 않은 노동자를 쇠파이프나 각목, 혹은 주먹으로 때리거나 "무릎을 꿇려놓는다든가 두 손을 들고 서 있게 한 일"도 보고된다. 한 회사에서는 간부가 일요일에 결근한 여성 노동자들의 손바닥을 각목으로 때리면서 "분하면 노동청에 보고하라"고 오히려 큰소리를 치기도 하였다(이태호, 1984).

를 한 경우에도 더 높은 직급까지 승진이 보장되었지만, 여성이 승진할 수 있는 최고 직급은 제한되어 아무리 근속년수가 길어도 그 이상의 승진은 불가능하였다.[18] 이는 남성은 주로 작업의 지시자, 평가자, 감독자로 역할을 하고, 여성은 직접 생산자로서 명령과 감시의 대상으로 구조화됨을 의미한다. 평균 100 대 48 정도의 성별 임금 격차는 이러한 성차별적 직급 구조에서 기인하는 바가 클 것이다.

이러한 가부장적 통제의 맥락에서 볼 때 1970년대의 노동운동이 여성 노동자들에 의해 주도되었다는 점에 주목할 필요가 있다. 여성 노동자들은 법률적 장치를 통해 단체행동이 금지되었던 상황에서도 열악한 노동 조건의 개선을 요구하며 파업을 전개하는 등 노동운동을 주도하였다(이임하, 2004; 이태호, 1984; 전순옥, 2004; 정미숙, 1993; 조순경, 1990a). 특히 '8시간 노동제'를 주장한 해태제과[19] 여성 노동자들의 투쟁은 정부와 기업뿐 아니라 노동조합의 직간접적인 방해와 억압 속에서도 장시간 노동과 저임금의 문제를 국내외적으로

---

18 이 사업장의 직급은 '지도공-부반장-반장-담임-주임-계장-과장-부장-공장장' 순으로 높아지는데, 여성이 승진할 수 있는 최고 직급은 '반장'이다. 생산직 남성 노동자들에게는 '담임'부터 '과장'까지 승진할 수 있는 길이 열려 있었다(정미숙, 1993).

19 해태제과는 '곱빼기 작업'과 '7부제'를 통해 장시간 노동을 구조화시키고 노동자들의 임금노동뿐 아니라 이들의 일상을 통제하였다. '곱빼기 작업'은 18시간 연속으로 작업하는 것을 말하며, '7부제'는 휴일을 정하지 않은 채 일주일 중에 하루를 쉬는 것을 말한다(손점순, 1984). 이처럼 휴일을 정하지 않은 '7부제'는 작업량에 따라 얼마든지 휴일을 반납하고 작업하도록 하는 방식으로 작동하여 노동시간을 늘리는 역할을 한 것으로 보인다.

알린 역사적 사건으로 평가될 수 있다. 1976년 2월 16일 International Herald Tribune에는 해태제과 여성 노동자들의 상황이 다음과 같이 보도되었다.

> 해태제과 공장 여공은 주 7일 근무, 1일 12시간 교대로 일하고, 시간당 22센트의 임금을 받는다. 더러는 매일 14시간, 일요일에는 18시간 근무도 한다. 지난 15년간 한국의 현저한 발전은 근로자에 대한 착취로 이루어진 것이다. 근로자의 생활수준, 근로조건은 개선되지 않았다. 스트라이크는 금지되고 있으며, 노동조합은 정부에 의해 통제되고 있으며, 단체교섭은 단지 명목상으로만 존재한다. 근로자 권익 보호법은 정부의 묵인하에 사용자들에 의해 조롱당하고 있다. 미스 김은 월 40,000원(82달러)을 받는데, 일주는 저녁 8시부터 아침 8시까지 작업하고 연간 15일 쉰다. 여공들은 힘을 얻기 위해 과자를 훔쳐 먹는다. 노사 공동으로 많은 수익을 올렸으나 수익을 근로자에게 분배하지 않는다.

여성 노동자들의 요구는 '근로기준법'에 명시된 1일 8시간 노동 기준을 준수하라는 것이었다. 1979년 9월 12일 『동아일보』는 1면 톱기사로 "8시간 노동제를 중심으로 한 근로기준법 준수 문제가 노사 간에 새로운 쟁점으로 등장하고 있다"고 보도하였다(손점순, 1984).

하지만 노동조합은 회사가 노동자에게 부당하게 노동을 강제하는 상황을 묵인했을 뿐만 아니라 "나라에는 나라법이 있듯이 회사에는 회사법이 있다"는 말로 여성 노동자들의 요구를 적극적으로 억제하고 나서기도 하였다.[20] 또한 노동조합의 남성 간부와 남성 노동자들은 "너희들은 처자식이 없으니까 8시간만 일해도 살 수 있지만 우리는 살 수 없다", "너희들이 우리 생활을 보장하라"는 등의 위협을 가하며 물리적인 폭력을 행사하기도 하였다(손점순, 1984). 이러한 상황은 다른 기업에서도 유사하게 발생하였다. 남성들은 "암탉이 울면 집안이 망한다"고 여성 노동자들을 야단치거나 여성들의 투쟁을 비웃었다(송효순, 1982). 이는 여성을 가족 부양의 의무에서 면제된 자로 전제하는 성별 분업 시각을 전제한 것이다. 하지만 당시 여성 노동자들이 농촌에 가족을 두고 단신으로 이동하여 가족의 생계를 부양하는 역할을 했다는 점은 여러 자료를 통해 확인된다(정미숙, 1993).[21] 여성에게 값싼 대가를 지불하며 장시간 노동을 유도하고 이

---

20 5·16 이후 재편성된 전국적 노동자 조직인 한국노동조합총연맹과 산업별노동조합연맹은 노동자들을 효율적으로 조직하고 동원하여 그들의 사회경제적 지위를 개선시킨다는 노동조합 본래의 사명을 다하지 못하고 본질적으로 어용화되었다. 노동운동의 최대한의 봉쇄가 기조였던 60년대 이후 국가의 노동 정책 하에서 각급 수준의 합법적 노동조합 대부분은 사실상 총자본 및 개별 자본의 노동 통제 기구로서 기층 노동자들의 자발적 운동을 통제하는 역할을 하는 적극적 어용노동조합으로 전락했거나, 그렇지 않으면 유명무실화되어 소극적 어용노동조합으로 변질되어갔다. 이러한 경향은 특히 70년대 들어 1971년 '국가보위에 관한 특별 조치법'에 의한 노동 3권의 사실상 전면 부정, 1972년 이후 성립한 유신 체제하의 노동운동에 대한 전면적인 국가 권력적 억압이라는 경직적 정치 상황 속에서 강화되어갔다(김형기, 1985).

21 여성 노동자가 가족 부양의 의무에서 제외되고 결혼이라는 도피처가 있기 때문에 투쟁에 나설 수 있었다는 관점(신인령, 1985; 이태호, 1984)은 여성 노동자들을 계급 의식 확보의 근본적 한계를 지닌 존재로 취급하는 태도로 연결될 위험

를 통해 성별 임금 격차를 재생산하는 일련의 악순환은 국가의 가부
장적 통제와 '남성'을 생계 부양자로 보는 성차별적 시각에 의해 심화
되었다.

여성들은 이러한 구조적 제약 속에서 대개 결혼과 함께 공장을 떠
났다. 여기에는 여성들의 보수적인 여성관·결혼관 또한 영향을 미
쳤다고 평가된다(정현백, 1991). 1970년대 여성 노동운동은 임금 및
노동 조건, 노조의 어용성 등에 대해 치열하게 문제를 제기하였다.
하지만 결혼 퇴직이나 임신·출산 퇴직, 임금노동과 가사노동의 이
중 노동 문제, 모성 보호, 차별 임금 등 노동자들이 여성으로서 가지
는 문제에 대해서는 거의 관심을 기울이지 않았다. 노조의 조직력이
있더라도 평생 노동권에 대한 인식이 없다면, 여성이기 때문에 겪는
고용 불안정에 대한 철저한 인식과 문제 제기는 불가능하다(조순경,
1990a). 여성이 저임금의 단기 노동력으로 고착된 데는 자본의 관점
뿐 아니라 여성들의 인식 또한 중요한 영향을 미쳤다.

이에 대한 평가는 한국의 유교적 가부장제 맥락을 고려하여 이루
어질 필요가 있다. 당시 노동청(1973)의 조사에 따르면, 고향을 떠나
공장에 취업한 여성 노동자의 출신지는 서울 등 5대 도시 및 도청 소
재지인 경우가 28.7%, 군소 도시 및 농촌인 경우가 63.8%로 나타난
다. 여성이 결혼 전에 집을 떠나는 것은 유교 질서가 팽배한 상황을

이 크다. 이러한 관점은 1980년대 이후 남성 노동자들의 투쟁이 동일한 관점에
서 평가되지 않는다는 점에서 성차별적이다. 중공업 중심의 기존 남성 노동자
들의 노동운동 참여는 가족 생계에 대한 부담이 적기 때문이라고 결코 평가되
지 않는다(정미숙, 1993).

근본적으로 이탈하고 있음을 의미한다(전순옥, 2004). 그러한 '이탈'을 '일시적'인 것으로 구조화하는 데는 여러 가지 사회적 압력이 작용한다. 이른바 결혼 적령기에 결혼하지 못한 여성에 대한 가부장적 시선은 여성의 결혼관 형성에 지대한 영향을 미친다.[22] 또한 노동 조건의 극심한 열악함은 여성들로 하여금 결혼을 도피처로 여기게 한 것으로 보인다. 여성의 노동시장 이탈은 여성 개인의 의지와 인식뿐 아니라 이러한 선택의 배경을 이루는 구조적 맥락을 고려하여 분석되어야 한다.

유연근무제의 대부분 유형은 '소정 근로시간'을 지키는 범위 내에서 설계된다. 소정 근로시간은 법정 근로시간(주 40시간) 내에서 노사 간에 정한 근로시간을 말한다. 따라서 장시간 노동 체제는 유연근무제의 실행을 원천적으로 봉쇄한다. 장시간 노동 체제가 유지되는 기본 원리는 노동시간의 연장을 전제하여 임금노동 중심으로 시간을 구성하도록 하는 것이기 때문이다. 유연근무제 확대를 위해 장시간 노동 체제를 개혁해야 할 이유가 바로 여기에 있다. 유연근무제를 확산시키기 위해서는 유연근무제 자체를 제도화하는 것만으로 충분하지 않다. 소정 근로시간 준수를 보장하는 법과 제도의 보완, 이에 대한 관리·감독이 뒷받침되어야 한다. 한편으로는 유연근무제가 장려되고 다른 한편으로는 장시간 노동이 지속된다면 정부 정책에 대한

---

22 전순옥(2004)은 당시 26세까지 미혼으로 남아 있는 여성은 떨거지로 간주되었고, 나이가 든 미혼 여성이 직장에 계속 다니려면 고용주와 남성 노동자들의 모욕을 감내해야 했던 상황을 적고 있다.

유연근무제와 페미니즘

불신을 야기할 수밖에 없다.

3. '노동시간 단축'과 '초과 근무'의 공존

우리나라의 노동시간 제도는 공장제 근로자를 염두에 두고 설계되어 1953년 제정된 '근로기준법'에 규정되었다.[23] 이는 법정 근로시간을 정한 후 당사자의 합의를 요건으로 일정한 한도 내에서만 연장 근로를 할 수 있도록 하고, 휴일 및 야간 근로를 제한하는 것을 특징으로 한다(하갑래, 2010). 주당 노동시간은 현행 '근로기준법'에 40시간으로 규정되어 있으며, 주당 12시간 한도 내에서 연장 근무가 가능하다. 하지만 고용노동부의 행정 해석에 따라 휴일 근로가 연장 근무에 포함되지 않아 실제로는 주당 68시간까지의 노동이 허용되었다. 2018년 2월 근로기준법 개정에 의해 연장 근무를 포함한 주당 노동시간은 52시간을 넘지 못하게 되었고, 7월부터 단계적으로 시행되기 시작하였다.[24]

노동시간 체제(working time regime)는 노동시간 관행(practice)에 영향을 미치는 일련의 법적·자발적·관습적 규제를 의미한다(Rubery

---

23 제정 '근로기준법'에는 "근로시간은 휴게시간을 제외하고 1일 8시간, 1주 48시간을 기준으로 한다"고 명시되었다.

24 2018년 2월 말 국회에서는 주당 노동시간을 연장 근무를 포함하여 52시간을 넘지 못하도록 하는 근로기준법 개정안이 통과되었다. 올해 7월부터 300인 이상 사업장에 적용된다. 특례업종을 제외한 5인 이상 모든 사업장에 적용되는 시점은 2021년 7월이다.

et al., 1998). 법적 규제만이 아니라 노동시간에 관한 사회적 규범, 남성 외벌이 모델 등의 가족 구조, 그리고 노동시간에 대한 단체교섭 등에 의해 형성되는 것이다(Fudge, 2011). 이는 한국의 장시간 노동 체제가 형성·유지되는 과정에서 노동조합을 대표로 하는 노동운동 세력이 어떠한 역할을 했는지 분석되어야 함을 의미한다. 앞에서 보았듯이, 1970년대는 법적 강제를 통해 노동조합의 단체교섭권과 단체행동권이 완전히 규제된 시기이다. 하지만 여성 노동자들은 장시간 노동의 문제와 함께 저임금의 심각성, 그리고 노조의 어용화 등을 의제로 하여 노동운동을 주도하였다. 당시 노동조합 남성 간부들과 남성 노동자들은 '8시간 노동제'의 실현을 요구하는 여성 노동자들에게 가족 부양 책임을 언급하며 성차별적 시각을 표출하기도 하였다. 이러한 역사적 맥락은 여성주의적 관점에서 노동운동을 문제화할 필요를 드러내준다.

장시간 노동 체제를 개혁해야 할 필요성은 한국 사회에서 지속적으로, 강력하게 제기되지 못해왔다. 1987년 이래 강력한 현장 장악력을 갖고 등장했던 노동운동이 노동시간 단축 운동을 거의 하지 않은 것은 매우 특이한 것으로, 이는 한국 노동조합 운동의 중요한 특징으로 평가된다. 기업뿐 아니라 정부, 학자, 심지어 노동운동을 하는 사람들도 장시간 노동을 불가피한 것으로 인식하는 경향이 있다(배규식 외, 2011).

장시간 노동 현실의 개선은 법정 노동시간 단축을 중심에 둔 법 개정 활동에 의해 주도되어왔다. '근로기준법'에 규정된 법정 노동시간은 주 48시간에서 1989년 주 44시간으로, 2003년 주 40시간으로 줄

유연근무제와 페미니즘

어들었다. 하지만 이러한 법정 노동시간의 단축은 실 노동시간 단축으로 이어지지 못했다. 민주노총은 2000년부터 연간 노동시간을 2,000시간으로 제한하고 초과 근로를 1일 2시간, 주당 7시간으로 제한하는 것을 목표로 세웠다. 하지만 민주노총은 1년, 1개월 단위의 초과 근로시간 상한선을 구체적으로 정하지 않았을 뿐 아니라 사용자의 초과 근로 유인을 줄인다는 명목하에 초과 근로에 부과하는 할증률 인하를 일관되게 반대하였다. 결국 초과 근로시간은 기존처럼 주당 12시간을 유지하되 3년간은 16시간까지 허용되어 오히려 초과 근로 범위가 확대되고 할증률이 유지되는 결과를 낳기도 하였다. 결국 노동운동 세력이 관철시킨 것은 초과 근로에 대한 할증률 유지뿐이며, '근로기준법'은 노동자들의 초과 근로를 유인하는 가장 좋은 모양새로 개정되었다고 비판되었다. 이처럼 초과 근로 제한에 초점을 맞추지 않는 기조는 지속되어 법정 노동시간이 주 40시간제로 변경된 이후에도 실 노동시간은 줄어들지 않았다고 평가되었다(강연자, 2010).

저임금에 기반한 경제성장 과정은 장시간 노동이 불가피하다는 것에 대한 사회적 동의를 획득해왔다. 이는 장시간 노동을 강제하는 주요 원인을 기본급이 낮은 임금 체계와 낮은 수준의 최저 임금에서 찾아야 하는 이유를 제공한다.[25] 장시간 노동 문제를 해결하기 위해서

---

25 2011년 대표적인 노동쟁의 사업장이며 자동차 부품 제조 업체인 유성기업의 경우, 입사 9년차 노동자의 월 기본급은 1,234,316원으로, 시급으로 환산했을 때 약 5,900원 정도. 유성기업 노동자들은 낮은 기본급을 보충하기 위해 월평균 30시간의 연장 노동, 80시간의 야간 노동, 37시간의 주말 특근을 수행하였다.

는 임금 문제에 대한 관심 또한 요구된다. 그런데 임금 문제에 대한 노동운동의 관심이 초과 근로 할증률에 초점이 맞춰져 온 것은 핵심을 비켜 간 것으로, 장시간 노동과 임금 문제의 악순환을 심화시키는 결과를 낳았다. 주당 60시간 노동을 감수하면서 '할증률 인하 반대'와 같이 장시간 노동을 전제하는 투쟁에 열중하는 것은 법정 노동시간의 단축을 초과 근로를 늘리는 수단으로, 그리하여 임금을 인상하는 수단으로 삼는 결과로 나타났다(강연자, 2010). 법정 노동시간의 단축이 실 노동시간의 단축 수단이라기보다는 '임금 인상의 우회로'로 바뀌고 만 것이다(박태주, 2012).

여러 논자들은 장시간 노동 체제가 지속되는 배경의 하나로 노사 간의 담합 구조를 꼽았다. 노조와 기업은 '장시간 노동 체제를 위한 관행적 공범 관계'(강수돌, 2011), 임금과 노동시간을 교환하며 장시간 노동을 관행화하는 관계(권순원 · 윤기설, 2012)로 평가되었다. 이상호(2011)는 '근로기준법'이 수많은 예외 조항과 편법 적용을 통해 노동시간 규제 장치로서 제 기능을 하지 못한다고 지적하였다. 하지만 그는 장시간 노동 체제가 재생산되는 보다 근본적인 원인을 '초과 노동의 이익을 노사가 나누어 먹는 담합 구조'에서 찾는다. 그는 '고혈 노동―과로 사회'에 대한 사회적 경각심이 매우 약할 뿐 아니라 이해 당사자들 간의 편의적인 담합 구조가 시간이 지날수록 더욱 공고

이러한 장시간 노동 및 야간 노동은 1년 6개월 동안 4명의 노동자가 자살하거나 뇌출혈, 급성패혈증 등으로 돌연사하도록 하는 비참한 결과를 낳았다. 이러한 삶의 위기는 유성기업 노조로 하여금 현대자동차 노조와 마찬가지로 심야 노동을 없애는 주간 연속 2교대제를 제안하게 재촉하였다(강수돌, 2011).

유연근무제와 페미니즘

해지고 있다고 비판하였다. 권순원·윤기설(2012)은 노사 간의 임금과 노동시간 교환을 노동자들의 '고임금 추구'와 사용자들의 '시간을 통한 노동력 조절 전략' 간의 이해가 일치한 결과로 본다. 이러한 교환이 양측 모두에게 최적의 이익을 제공하는 메커니즘으로 기능한다는 것이다.

현재 대부분의 근로자들은 절대 임금의 양보를 전제로 하는 노동시간 감축에 동의하지 않는다. 기업은 전환 비용 및 시간 조정의 추가 비용으로 인해 노동시간 감축에 소극적이다. 요컨대, 많은 핵심 제조업의 대부분 노동자들은 삶의 질을 향상시키고 타인의 고용 가능성을 확대할 수 있는 노동시간 감축을 선호하기보다는 '현금의 양'을 극대화하고자 한다. 노동자들에 의한 장시간 노동의 자발적 수용은 기업에게는 최소의 비용으로 경제적 부가 가치를 확대할 수 있는 기회가 되고 있다(권순원·윤기설, 2012). 장시간 노동 체제는 규제의 진공 상태(regulatory vacuum)(Kodz et al., 2003)에서 노사가 담합한 산물로 규정된다(박태주, 2012).

여기서 자본의 담합 상대는 바로 남성 중심적 노동조합이다. 장시간 노동이 전제하는 노동의 불평등한 분배, 오랫동안 지속되고 구조화되어온 성별 임금 격차는 노동조합을 중심으로 한 노동운동에서 주요 의제로 다루어지지 않았다. 장시간 노동은 단지 임금노동 현장의 문제만이 아니다. 장시간 노동은 유급 노동과 무급 노동의 편중을 심화시키고, 임금노동 참여에 더 많은 기회와 보상을 부여함으로써 이를 규범화하며, 장시간 노동을 뒷받침하는 재생산 노동을 전제한다. 이러한 구조에서 노동시간은 '과잉 노동(overwork)'과 '실업

(unemployment)'/'불완전 고용(underemployment)'으로 양극화된다. 장시간 노동은 돌봄 노동의 재분배를 가로막음으로써 '생계 부양자로서의 남성 가장'이라는 관념을 떠받치는 유·무형의 토대를 이루고 있다. 즉 장시간 노동은 생산 노동과 재생산 노동의 성평등한 공유와 분배를 가로막는 강력한 구조로 작동한다.

노동운동이 장시간 노동을 문제화하는 데 중점을 두지 않은 것은 저임금에 기반한 경제 성장이라는 역사적 맥락에서 불가피한 측면이 있다. 또한 장시간 노동은 기업 측의 최소 인력 사용 전략(배규식, 2012), 상시적 고용 불안에 시달리는 비정규직의 임금 감소 문제, 교육 및 주거비 등 가계 지출 구조의 문제(강연자, 2010), 사회 보장의 미비, 경쟁/노동의 내면화, 일-가족 양립 구호를 사치로 만드는 화폐 의존도 심화(강수돌, 2011), 사회 안전망의 부재(박태주, 2011) 등 해결하기 어려운 복잡한 문제들과 얽혀 있다.

그런데 여기서 직시해야 할 것은 우리가 처해 있는 대부분의 문제들이 더 많은 임금으로 결코 해결될 수 없다는 점이다. 특히 초과 노동에 의존하는 구조를 중심으로 임금 인상이 이루어질 때, 나아가 임금이 보전되지 않으면 노동시간을 단축할 수 없다는 주장으로 이어질 때, 장시간 노동 문제의 해결은 더욱 요원해질 수밖에 없다. 더구나 대기업 노동조합이 저임금을 이유로 장시간 노동 문제를 외면하는 것은 더 이상 설득력을 갖기 어렵다.

1970년대 여성 노동자들의 '8시간 노동제' 주장에 대해 남성 노동자들은 '처자식'에 대한 생계 부양 책임을 앞세워 여성 노동자들을 억압하였다. 노동조합 남성 간부들도 "그렇게 하면 살 수가 없다, 너희

유연근무제와 페미니즘

들이 책임지겠냐"고 여성 노동자들을 압박하였다. 여성 노동자들은 노동청에 제출한 탄원서에서 "8시간 노동으로 살 수 없다면 살 수 있도록 임금을 인상해야 하는 것 아니겠느냐"고 질문을 던진다.

> 노동청장님, 우리는 잔업 수당을 받지 않고 좀 더 가난하게 살지 언정 12시간 철야 노동을 하지 않기로 결심했습니다. 가난한 사람들이 좀 더 일해서 좀 더 벌어야 한다고 걱정하실지 모르지만, 그런 사정을 모르는 바는 아니지만, 몸이 너무 지쳐서 더 이상 할 수 없음을 이해해주시기 바랍니다. ⋯ 8시간 노동으로 살 수 없다면 살 수 있도록 임금을 인상하는 방향으로 조정되어야지 노동시간을 연장해서 잔업하지 않고는 살 수 없도록 하는 것은 우리 근로자들뿐만 아니라 국가 전체에도 불행한 일이 아니겠습니까?(손점순, 1984)

국민의 장시간 노동과 저임금에 기반한 경제 성장의 성과는 지금까지도 '한강의 기적'으로 추켜세워진다. 성별 임금 격차를 비롯한 노동시장의 차별뿐 아니라 '진보'운동 세력 내의 성별 분업 구조, 가부장적인 조직문화는 남성중심적 노동운동에서 중요한 문제로 제기되지 못하였다(김혜숙·조순경, 1995). 남성·정규직 중심의 노동조합은 여성을 임시/가변 노동력으로 만드는 구조적 요인의 하나로 지목된다(강현아, 2003; 전기택, 2005; 최성애, 2000). 노동조합은 여성을 우선 해고하고 여성 직종을 우선 파견 직종으로 정하는 노사 합의의 당사자이기도 하였다(조순경, 2000). 노동운동이 장시간 노동을 주요 의제로 다루지 않은 것은 임금노동 이외의 삶을 방기하거나 이를 도맡아주는 조력자가 있기에 가능하다.[26] 이러한 역사의 배경을 이루는 노동조합의 남성중심성, 노동운동 세력의 성별 분업 시각에 대한 성찰이 요구된다.

유연근무제는 장시간 노동 관행을 해소하고 실 노동시간 단축을 추구하는 유용한 정책 수단이 될 수 있다. 물론 누구의 입장에서 무엇을 위해 확대되고 운영되는가에 따라 그 결과는 달라질 것이다. 유연근무제가 기업의 일방적 이해에 기반한 유연화 전략으로 활용되지 않기 위해서는 노동조합을 비롯한 노동운동 세력이 유연근무제에 관심을 갖고 대안을 모색하는 적극적 태도를 보일 필요가 있다. '유연성 제고'는 한국 사회에서 불안정성 제고와 동의어로 이해되기에 충분한 역사적 맥락을 가지고 있다. 하지만 이러한 역사적 맥락에 갇혀 '반대'하는 것만으로는 장시간 노동을 비롯하여 많은 노동 문제를 해결하기 어렵다. 유연성의 동의어가 재량권/자율성임을, 유연성의 반의어는 (안정성이 아니라) 경직성임을 사회적으로 환기시켜야 한다. 유연근무제를 노동의 재량권을 높이는 제도로 위치시키기 위해서는 현재의 경직된 장시간 노동 체제에 대한 도전이 주요 의제로 설정되어야 한다.

---

26 현대자동차 조합원을 대상으로 한 설문조사에 따르면, 배우자의 취업률이나 남편의 가사분담률은 우리나라 평균에 비해 낮다. 남편의 과잉 노동을 배우자의 가사노동으로 뒷받침하는 탓이다(박태주, 2011).

유연근무제와 페미니즘

제3장

'제도화된' 유연근무제,
무엇을 지향하는가

'제도화된' 유연근무제, 무엇을 지향하는가

1. 공공부문 : 일-가족 양립과 일자리 창출

정책은 특정한 사회문제를 해결하기 위해 공공기관이 여러 수단을 동원하여 행하는 계획적 행동이다(Lasswell, 1970). 무엇을 문제로 규정하는가는 변화되어야 할 현실을 어떤 관점에서 바라보는지와 직결된다. 정부가 유연근무제를 추진한 것은 어떤 문제를 해결하기 위해서일까. 유연근무제 확대를 정당화하는 주장은 무엇에 초점을 맞추어 현실을 진단해왔는가.

유연근무제를 도입하고 그 범위를 넓히려는 정부의 시도는 2000년대 들어 지속되어왔다. 참여정부에서는 2007년 주5일 근무제, 탄력근무제, 재택·원격근무제 등을 '가족 친화적 근무제도'로 규정하고 확대를 시도하였다. 주5일 근무제와 탄력근무제는 참여정부 이전인 2002년 7월과 2001년 1월에 각각 시범 실시되기도 하였다(정부혁신

지방분권위원회, 2008). 시간제 근무제도는 2002년 계약직 공무원을 대상으로 도입되었다가 2007년 그 대상이 전체 공무원으로 확대되었다. 하지만 오랜 기간에 걸쳐 확대가 시도되었음에도 제대로 정착되지 못했다고 평가된 바 있다(양건모, 2010; 장현주 · 최무현, 2009).

2010년 전후로는 유연근무제 확대를 위한 제도적 기반이 정비되었다. 국가(지방)공무원법, (지방)공무원임용령, 국가(지방)공무원복무규정 등 관계 규정이 개정되었고, 특히 2011년 7월 국가공무원복무규정에 '유연근무'라는 용어가 처음으로 명시되었다. 유연근무를 신청한 공무원의 보수, 승진 및 근무 성적 평정 등에 불이익을 금지하는 규정 또한 신설되었다(행정안전부, 2011b).[1]

정부는 유연근무제가 확대되어야 하는 배경으로 소수가 장시간 근로하는 관행으로 인한 단시간 근로의 낮은 비중, 이에 따른 여성의 노동시장 이탈과 고령자의 은퇴, 여성의 낮은 고용률 등을 제시하였다(관계부처합동, 2010). 여기서 '문제'는 '소수가 장시간 근로하는 관행'에서 출발한다. 또 다른 정부 문서는 여성 공무원 및 맞벌이 공무원의 증가와 기혼 공무원의 평균 자녀수 감소를 유연근무제 확대 배

---

1 '국가공무원복무규정' 제10조(근무시간의 변경 등) 3항에서는 공무원이 유연근무를 신청한 경우 소속 행정 기관의 장은 공무 수행에 특별한 지장이 없으면 이를 허가하여야 하며, 유연근무를 이유로 그 공무원의 보수 · 승진 및 근무 성적 평정 등에서 부당한 불이익을 주어서는 아니된다고 규정하고 있다. 또한 '공무원임용규칙'에는 시간선택제 근무에 관한 사항이 별도의 장으로 제시되어 있다. 제12장 시간선택제 근무(제93조~제99조)에는 시간선택제 근무 지정 원칙을 비롯하여 근무기간 및 근무시간, 현원 관리, 대체 임용, 퇴직금 지급, 지정 해제 등에 관한 내용이 담겨 있다.

경으로 제시한다(행정안전부, 2010h). 낮은 노동 생산성과 낮은 출산율도 등장한다. "현재 우리나라는 연평균 근로시간이 OECD 평균보다 34%나 많음에도 불구하고 노동 생산성은 미국의 43%에 불과하며, 출산율도 세계에서 가장 낮은 수준에 처해 있는 상황"이라며, "생산성 향상, 일자리 창출, 저출산 대응 등 국가적 현안을 풀 수 있는 열쇠로 유연근무제가 좋은 방안의 하나"(행정안전부, 2010e)라고 제시된다.

정부의 여러 자료를 통해 볼 때 유연근무제를 통해 해결하고자 하는 문제는 장시간 근로 관행, 여성의 낮은 고용률, 낮은 생산성, 낮은 출산율, 일자리 부족 등으로 볼 수 있다. 현실에 대한 이러한 진단은 유연근무제의 성격을 구성하는 데 영향을 미친다.

공공부문의 유연근무제를 크게 '중앙행정기관 및 지방자치단체'와 '공공기관(공기업, 준 정부기관, 기타 공공기관)'[2]으로 구분하여 살펴보자. 중앙행정기관과 지방자치단체의 유연근무제는 '일−가족 양립'을 표방하며 도입되었다. 이는 여성만을 정책 대상으로 한정하지 않

---

2 공공기관은 정부의 투자·출자 또는 정부의 재정 지원 등으로 설립·운영되는 기관으로서 '공공기관의 운영에 관한 법률'에 근거하여 기획재정부 장관이 지정한 기관을 말한다. 공공기관은 공기업, 준 정부기관, 기타 공공기관으로 구분된다. '공기업'은 직원 정원이 50인 이상이고 자체 수입액이 총 수입액의 2분의 1 이상인 공공기관 중에서 기획재정부 장관이 지정한 기관을 말한다. '준 정부기관'은 직원 정원이 50인 이상이고 공기업이 아닌 공공기관 중에서 기획재정부 장관이 지정한 기관을 말한다. '기타 공공기관'은 공기업이나 준 정부기관이 아닌 공공기관을 말한다. 2018년 현재 공기업 35개, 준 정부기관 93개, 기타 공공기관 210개로 총 338개이다(출처 : 기획재정부 홈페이지, http://www.mosf.go.kr).

는다. 하지만 당시 여성부[3]를 비롯하여 정부는 유연근무제가 "여성 인력의 효과적 활용을 위한 방안"임을 강조하였고, 가장 중점을 둔 구체적 과제는 여성 공무원들에게 시간제로 전환하여 일할 수 있는 기회를 제공하는 것이었다.

유연근무제 확대를 위한 공식적인 조치는 여성부가 2009년 '퍼플 잡'[4] 도입을 발표하면서 본격적으로 마련되었다. 당시 여성부 장관은 "여성들은 월급은 적게 받지만 단시간 일할 수 있는 안정적인 직업을 원하고 있다"면서 자신이 원하는 시간에 탄력적으로 근무할 수 있는 직종을 '퍼플 컬러'라 이름 붙였다. '퍼플'은 "빨강과 파랑이 섞여 만들어진 색처럼 여성과 남성이 가정과 직장 일을 양성평등의 자세로 균형 있게 할 수 있는 것을 의미한다"고 강조되었다.[5] 여성부는 동년 11월 KT와 '여성 친화 기업 문화 확산 협약식'을 가지며 퍼플 잡 도입 및 활성화를 위해 기업과 협력하겠다는 의지를 천명하였고(여성부,

---

3 현재의 여성가족부는 2001년 '여성부'로 출범하였다. 2005년 가족 및 영유아 보육 업무를 이관 받으면서 '여성가족부'가 되었고, 2008년 이명박정부 들어서서 폐지가 쟁점이 되었다가 축소하는 방향으로 조직이 개편되어 가족 및 보육 업무를 분리시키고 다시 '여성부'로 변경되었다. 그러다가 2010년 3월 다시 '여성가족부'로 출범하였다. 이는 보건복지가족부의 청소년 및 가족 업무를 여성가족부로 이관하는 내용의 정부조직법이 개정(2010.1.18)된 데 따른 것이다.

4 여성부는 '퍼플 잡'이 "근로자가 여건에 따라 근무시간과 형태를 조절할 수 있는 근무 제도로, 자녀 양육의 책임을 갖는 남녀 근로자가 일과 가정 생활의 조화와 균형을 유지할 수 있도록 유연하고 탄력적인 근무 형태를 유지하면서, 자녀의 보육·양육 부담을 완화할 수 있도록 보육 및 휴가 지원 체계를 효율적으로 활용할 수 있는 일자리"라고 소개하였다(여성부, 2009c).

5 「백희영 장관 "여성 탄력 근무 '퍼플 컬러' 직종 확산"」, 『뉴시스』, 2009.10.14.

2009a), 중소기업 CEO 초청 포럼을 개최하여 여성 인력의 효과적 활용을 위한 방안으로 퍼플 잡을 제시하였다(여성부, 2009b). 여성부는 2010년 업무보고에서 시간제 공무원 제도를 시범 실시하고 행정안전부 등과 협조해 공공부문으로 확산시켜 나갈 계획이라고 밝혔다.[6]

이로써 정부가 유연근무제를 선도하는 것이 공식화되었고, 제도 추진의 주체는 여성부와 행정안전부가 되었다. 행정안전부는 2010년 들어 유연근무제 확산을 빠르게 주도해나갔다.[7] 행정안전부는 유연근무제를 "정형화된 근무 형태에서 탈피하여 출퇴근 시간, 근무 장소, 근무 형태 등을 다양화함으로써 생산성을 제고하려는 조직 관리 전략(행정안전부, 2010b)"이라 정의하고, 총 5개 분야 9개 유형을 도

---

6 「육아 등 유연근무 지원 '퍼플 잡' 도입」, 『헤럴드경제』, 2009.12.14.

7 행정안전부는 2010년 상반기 동안 '유연근무제 활성화 기본 계획' 수립, 관계부처합동 제2차 국가 고용 전략 회의에서 '유연근무제 확산 방안' 확정(이상 2월), 유연근무제 활성화 공청회 개최, 20개 시범 실시 기관과 업무 협약(MOU) 체결(이상 3월), 적합 직무 발굴 및 예비 수요 조사 실시(3~4월), 시범 실시 및 평가(5~7월)까지 추진하였고, 동년 7월 중순 '유연근무제 활성화 워크샵'을 개최하였다. 이 자리에는 중앙행정기관의 인사 복무 관계관 200여 명이 참석하였다. 그리고 그로부터 10여 일 후 행정안전부는 '유연근무제 운영 지침'을 발표하였다(박은희 외, 2010; 행정안전부, 2010a). 업무 협약(MOU)은 여성가족부, 국무총리실, 행정안전부가 기획재정부, 보건복지부, 노동부, 부산광역시, 경기도 등 총 20개 기관과 체결하였다. 여성가족부는 현장 사례 조사와 바람직한 시간제 근무 모델을 발굴·보급하고, 행정안전부는 관련 법과 제도 정비, 시범 실시 기관에 대한 행정적 지원을 하며, 국무총리실은 추진 상황 등을 총괄하여 점검하는 것으로 역할이 나뉘었다(여성가족부, 2010a; 행정안전부, 2010g).

입하였으며, 2011년 7월 '7개 세부 형태'로 수정하였다.[8] 관계 규정의
정비도 수반되었다.

7개 유형 중 정부가 강력한 추진 의지를 꾸준히 표명했던 것은 '시
간제 근무'이다. 정부는 별도의 T/F팀을 운영하고 이의 확산을 위한
연구 용역을 발주하는 등 '시간제 근무'를 중심으로 유연근무제를 확
산시키는 데 주력하였다. '시간제 근무'는 주당 15시간 이상 35시간
이하로 근무하는 방식을 말한다. 임용 방법은 크게 두 가지로 제시
되었다. 첫째, 전일제로 근무하던 공무원이 '시간제 근무'로 전환하
는 것이다. 이 경우 '시간제 근무'로 전환한 공무원의 정규직 지위는
그대로 유지된다. 전일제 근무자가 '시간제 근무'로 전환하면서 남는
근무시간은 시간제 계약직을 채용하거나 '시간제 근무'로 전환한 또
다른 공무원을 해당 직위로 전보하여 채운다. 이러한 '대체'는 '시간
제 근무'로 전환한 공무원의 주당 근무시간이 25시간 이하인 경우에
만 가능하며, 대체 인력의 근무시간과 '시간제 근무'로 전환한 공무원
의 근무시간을 합하여 주 40시간을 초과할 수 없다. 둘째, 시간제 계
약직 공무원을 신규 채용하는 것이다. 전문 기술이 요구되거나 일정
기간 및 특정 시간대에만 필요한 업무에 행정 수요가 발생할 경우 이
방법을 통해 해결한다(행정안전부, 2011c).

제도 정비는 유연근무제 확대를 위해 반드시 필요한 조치이다. 하

---

8 애초의 5개 분야 9개 유형은 ① 시간제 근무 ② 시차출퇴근제 ③ 근무시간 선택
제 ④ 집약근무제 ⑤ 재량근무제 ⑥ 재택근무제 ⑦ 원격근무제 ⑧ 집중근무제
⑨ 유연 복장제이다. 행정안전부는 2011년 7월 9개의 기존 유형에서 '집중근무
제'와 '유연 복장제'를 제외하였다(행정안전부, 2010a, 2011b).

지만 제도적 보완이 그 자체로 제도의 가치 구현을 보장해주는 것은 아니다. 2009년 이후 유연근무제를 확대하려는 정부의 시도는 유연근무제 사용에 따른 불이익 금지의 차원을 넘어 형평성 논란을 불러일으킬 수 있는 조치로 나타나기도 하였다. 예를 들어 정규직의 전일제 공무원이 '시간제 근무'로 전환할 경우 1년 이내의 기간에 대해 근무연수와 호봉을 100% 인정받을 수 있도록 하였다(행정안전부, 2010a, 2011c). 하루에 3시간만 근무를 해도 8시간 근무한 것으로 간주되는 것이다. 이는 '시간제 근무'로의 전환을 유도하기 위한 조치이다. 또한 별도의 T/F팀을 운영하고 확대 방안 마련을 위한 연구 용역을 발주하는 등 '시간제 근무'를 중심으로 유연근무제를 확산시키는 데 주력하였다. 하지만 '시간제 근무' 이용자는 그다지 늘어나지 않았다.

제도 이용자 현황을 파악하기 위해 당시 정보공개청구를 통해 파악한 자료에 따르면, 중앙행정기관의 경우 유연근무제 이용자 수는 2010년 5,447명, 2011년 8,607명, 2012년 12,404명으로 늘어났다. 하지만 '시간제 근무' 이용자는 각 년도에 43명, 58명, 41명으로 일정한 수에 머물렀다. 지방자치단체의 경우 '시간제 근무' 이용자는 2010년 43명, 2011년 53명이다가 2012년에 1,408명(행정안전부, 2011a, 2012a, 2013a, 2013b)으로 급증하였다. 2012년의 급증은 유연근무제 이용 실적이 부서장 평가 지표에 포함된 것과 일정 부분 맞물린다(행정안전부, 2013b). 이러한 자료는 유연근무제를 확대하려는 제도적 시도가 꾸준히 이어져왔으나, 제도의 의미와 취지에 대한 인식 확대가 함께 이루어지지 않았음을 보여준다.

공공기관의 유연근무제는 '일자리 창출'을 표방하며 추진되었다. 기획재정부는 2010년 4월부터 6개월간 "전일제 근무가 어려운 여성, 고령자 등의 일자리 창출"을 위해 단시간 근로 중심의 유연근무제를 시범 실시하였다. 시범 실시 기간 동안 단시간 근로의 근무시간은 주당 15시간 이상 25시간 이하로 정해졌다(기획재정부, 2010). 이러한 근무시간은 중앙행정기관 및 지방자치단체의 '시간제 근무'가 주당 15시간 이상 35시간 이하인 것에 비해 적은 것이다. 기획재정부는 2011년 1월 유연근무제를 전체 공기업과 준 정부기관으로 확대한다고 밝혔고, 신규 채용 인원의 10% 이상을 단시간 근로자로 채용할 것을 권고하였다. 단시간 근로자의 근무 최대 시간은 이때 주당 35시간으로 상향 조정되었다(기획재정부, 2011a). 2012년부터는 '기타 공공기관'도 유연근무제 실시 기관에 포함되었고, 유연근무제 활용 실적 및 활성화 노력을 경영 평가 지표에 반영하기로 하였다(기획재정부, 2011b). 이러한 조치의 효과가 어떻게 나타나는지를 파악하기 위해 당시 공공기관의 유연근무제 이용 현황을 살펴보면 아래 [표 2]와 같다.

유연근무제를 도입한 기관에서 가장 많이 이용되는 유형은 '시차출퇴근형'이다. '시간제 근무'의 경우 정규직의 전일제 근무자가 시간제로 전환한 인원에 비해 비정규직으로 신규 채용된 인원이 훨씬 많다. 2/4분기에 '시간제 근무'로 채용된 누적 인원 5,949명은 바로 비정규직이다. 비정규직 인원까지 유연근무제 이용자로 포함할 경우 시간제로 근무하는 인원의 비율은 24.8%에 달한다. 그런데 정규직의 전일제 근무자가 '시간제 근무'로 전환한 경우는 222명으로 유연근무제 이용자 전체에서 0.9%에 불과하다. 이는 공공기관의 유연근무제 이용자 증가가 비정규직의 단시간 근로자 증가에 의해 견인되고 있음을 의미한다.

[표 2] 공공기관 유연근무제 이용 현황(2012년 상반기)[9]

기간	구분	전체	시간제 근무*		탄력 근무제				원격근무제	
			채용	전환	시차 출퇴근형	근무시간 선택형	집약 근무형	재량 근무형	재택 근무형	스마트워크 근무형
1/4 분기	기관 수**(개)	183	100	37	142	27	7	1	9	8
	인원 수(명)	16,874	2,252	161	12,352	876	48	8	560	617
	%	100.0	13.3	1.0	73.2	5.2	0.3	0.0	3.3	3.7
	%	100.0	–	1.1	84.5	6.0	0.3	0.0	3.8	4.2
2/4 분기	기관 수*** (개)	199	111	48	160	29	7	1	11	10
	인원 수(명)	23,978	5,949	222	15,277	1,031	54	8	571	866
	%	100.0	24.8	0.9	63.7	4.3	0.2	0.0	3.2	4.8
	%****	100.0	–	1.2	84.7	5.7	0.3	0.0	3.2	4.8

주 *해당 기간에 단시간 근로로 채용되거나 전환한 인원 및 해당 기간 이전에 단시간 근로로 채용되거나 전환하여 2012년 상반기까지 단시간 근로를 유지한 인원을 모두 포함함.
** 1/4분기는 286개 공공기관 기준임.
*** 2/4분기는 288개 공공기관 기준임.
**** 시간제 근무자 중 단시간 근로로 채용된 비정규직 인원을 제외한 상태에서 유형별 이용 비율을 다시 계산한 결과로, 필자가 추가한 것임.

---

9 기획재정부, 「12년 1/4분기 공공기관 유연 근무제 추진 현황」, 2012a; 기획재정부, 「공공기관 유연 근무제 추진 실적」 2012b 자료를 기초로 작성함.

[표 2]에서 비정규직인 시간제 근무자를 제외하고 유형별 이용 비중을 다시 들여다보자. 2/4분기를 기준으로 보면, 유연근무제 이용자는 23,978명에서 비정규직 단시간 근로자 5,949명을 뺀 18,029명으로 줄어든다. 그렇게 되면 '시간제 근무'로 전환한 비중은 1.2%로 나타나며 '시차출퇴근형'의 이용 비중은 63.7%에서 84.7%로 높아진다. 이러한 현황은 비정규직의 단시간 근로자를 포함시킬 경우 공공기관에서 '시간제 근무'가 상당히 많이 이용되는 것으로 오인하게 할 수 있음을 보여준다. 또한 유연근무제 이용자가 늘어나고 있지만, 이용 유형은 다양하지 않다. 1/4분기와 2/4분기를 비교하면, 비정규직의 단시간 근로를 포함한 '시간제 근무'와 '시차출퇴근형' 이용자가 각각 3,000명가량 증가했고, 이는 전체 증가 인원의 대부분을 차지한다.

공공기관의 경우는 일자리 창출을 전면에 내세우며 단시간 근로의 확대를 추진하였고 '여성'과 '고령자'가 주요 정책 대상으로 설정되었다. 비정규직으로라도 고용을 지속할 수 있는 것은 다행이지만, 상시적·지속적으로 필요한 업무를 비정규직 채용으로 충당하는 것은 공공부문이 비정규직 확대에 앞장서고 있다는 비판을 면하기 어렵게 한다. 더구나 비정규직 신규 채용을 유연근무제 이용 현황에 포함시키는 것은 유연근무제의 취지를 훼손시킨다. 한국 사회의 비정규직 노동자가 노동시간에 대한 재량권과 자율성이 보장되는 의미로 유연근무제를 사용한다고 보기에는 무리가 있다. 재량권과 자율성의 증대는 고용 불안 상황에서 온전한 의미를 갖기 어렵다. 이때의 재량권·자율성은 불안정성과 유사한 의미로 고착될 위험이 크다.

'시차출퇴근형'은 다른 유형에 비해 근무 방식의 변경이 가장 적기

유연근무제와 페미니즘

에 가장 안전한 유형으로 받아들여지고 있다. 물론 공공부문의 경우 행정안전부가 유연근무제 이용 실적을 지방자치단체 평가 지표에 포함하겠다고 하여 기관별로 할당이 부과되거나, 사용하겠다고 신청을 했지만 실제로는 제대로 이용하지 못하는 등의 '허수'가 포함되어 실적이 부풀려졌을 수 있다. 당시 언론 보도에서는 '시차출퇴근형'을 신청하여 다른 공무원들보다 1시간 일찍 출근하지만 1시간 일찍 퇴근하지는 못하는 사례, "실·국별로 2명 이상 신청하라는 배당이 있다"는 사례, 1년 동안 제도 이용자로 명단에 올라 있었지만 실제 사용한 건 다섯 번밖에 되지 않는다는 사례 등이 보고되기도 하였다.[10]

여기서 '시차출퇴근형'의 온전한 사용을 위한 전제가 바로 '정시 출근, 정시 퇴근' 보장이라는 점에 주목할 필요가 있다. 이는 제한적이나마 장시간 노동 관행에 도전하는 유의미성을 갖는다. 그렇다면 중요한 것은 '정시 출근, 정시 퇴근'이 실제로 보장되고 있는가이다. 유연근무제 이용이 왜 '시차출퇴근형' 중심으로 이루어지는지, 정시 출근과 정시 퇴근이 보장되고 있는지에 관해서는 6장에서 구체적으로 살펴보도록 하겠다.

2. 민간부문 : 인력 활용과 가족 친화 경영

유연근무제는 전통적인 노동시간 제도의 변경을 전제할 때 실행

---

10 「지방공무원도 '유연근무제' 꺼린다」, 『서울신문』, 2011.9.15; 「퍼플 잡, 피플 잡으로 나아가길 기대한다」, 여성가족부 플러그, 2010.6.24.

가능하다. 이러한 시도는 공공부문보다 민간부문에서 1990년대 중반 먼저 나타났다. 당시는 토요 격주 휴무제, 주 5일 근무제, 조기 출퇴근제 등이 민간기업 중심으로 도입되면서 새로운 현상으로 주목받은 반면, 공공부문에서는 정부 차원의 계획 단계에 머무는 수준이었다 (강정애, 1996; 이상윤·박홍식, 1995).

민간부문의 유연근무제는 1996년 '근로기준법' 개정 시 법제화되었다. 그 근거로는 산업 구조의 변화와 업종별 특성에 따른 업무량 변화가 제시되었고, '탄력적 근로시간제', '선택적 근로시간제', '사업장 밖 근로시간제', '재량 근로제', '보상 휴가제' 등 5개 유형에 관한 법 규정이 신설되었다.[11] 최근 정부에서 발간한 유연근무제 매뉴얼에서

---

[11] 고용노동부에서 2010년 발간한 「유연한 근로시간제 도입 매뉴얼」에서는 민간 부분의 유연근무제를 아래 5개 유형으로 소개하였다.

탄력적 근로시간제 : 특정 일의 근로시간을 연장시키는 대신 다른 날의 근로시간을 단축시킴으로써 일정 기간의 평균 근로시간을 법정 기준 근로시간 내로 맞추는 근로시간제(근로자 입장에서는 실 근로시간 단축, 출퇴근 일수 감소 및 휴일 증가로 여가 활용이 손쉬워짐. 사용자 입장에서는 수주량 변화 및 계절적 업무 등 경영 여건에 따라 근로시간의 탄력적 운용이 가능하며 연장 근로 수당의 지급 감소에 따른 인건비 절감이 가능함).

선택적 근로시간제 : 1개월 이내 정산 기간의 총 근로시간만 정하고 각일, 각주의 근로시간과 각일의 시작 및 종료 시각을 근로자의 자유에 맡기는 제도(근로자 스스로 가장 효율적으로 업무를 수행하고 성과를 높일 수 있는 업무 시간을 선택하여 생산성을 높임으로써 노사 모두에게 유익함).

사업장 밖 근로시간제 : 근로자가 출장 등 그 밖의 사유로 근로시간의 전부 또는 일부를 사업장 밖에서 근로하여 근로시간을 실제적으로 산정하기 어려운 경우에 있어서 근로시간을 인정하는 제도(서비스 산업의 발달과 자동화의 진전 등으로 사업장 밖에서 근로하는 사례가 증가하고 있는 현실을 반영하여 근로시간

유연근무제와 페미니즘

는 유연근무제를 "근로자와 사용자가 근로시간이나 근로장소 등을 선택·조정하여 일과 생활을 조화롭게(work-life balance) 하고, 인력 활용의 효율성을 높일 수 있는 제도"로 정의하였고, '시차출퇴근제', '선택근무제', '재량근무제', '원격근무제', '재택근무제' 등 5개 유형을 소개하였다(고용노동부, 2017).

[표 3] 유연근무제 5개 유형[12]

시차 출퇴근제	주 5일, 1일 8시간, 주당 40시간 근무를 준수하면서 출퇴근 시간을 조정하는 제도
선택 근무제	1일 8시간에 구애받지 않고 주 40시간 범위 내에서 1일 근무시간을 자율적으로 조정할 수 있음. 출퇴근 시간을 근로자가 자유롭게 선택할 수 있는 근무제도(근로기준법 제52조 선택적 근로시간제)

을 보다 합리적으로 정하는 것임).

재량 근로제 : 업무의 성질에 비추어 업무 수행 방법을 근로자의 재량에 위임할 필요가 있는 업무로서 사용자가 근로자 대표와 서면 합의로 정한 근로시간을 소정 근로시간으로 인정하는 제도(산업 전반에서 기술 혁신, 정보화, 서비스업 비중 증가, 지식 노동 증가 등에 따라 일하는 방식에서 근로자의 재량 여지가 많고, 보수도 근로시간의 양보다 근로의 질(성과)에 따라 결정되는 것이 적합한 전문적 업무가 증가하고 있음. 사용자의 구체적 지시에 따라 업무를 수행케 하는 것보다 근로자의 재량에 맡기는 것이 노사 쌍방을 위하여 바람직함).

보상 휴가제 : 연장 근로·야간 근로 및 휴일 근로를 함으로써 발생한 임금을 지급하는 대신 유급으로 휴가를 부여하는 제도(임금과 휴가에 대한 선택 폭을 넓혀 근로시간 운영의 탄력성을 높일 수 있음).

12 고용노동부, 「체계적인 유연근무제 도입·운영을 위한 매뉴얼 : 궁금함이 쏙쏙 풀리는 유연근무제 Q & A」, 2017.

재량 근무제	업무 특성상 업무 수행 방법을 근로자의 재량에 따라 결정하고 사용자와 근로자가 합의한 시간을 근로시간으로 보는 제도(연구개발, IT, 방송 등 법에서 정한 업종에 도입 가능) (근로기준법 제58조 제3항 근로시간 계산의 특례)
원격 근무제	주거지, 출장지 등과 가까운 원격근무용 사무실에 출근해서 일하거나, 사무실이 아닌 장소에서 모바일 기기를 이용하여 근무하는 제도(주 1일 이상 주거지와 근거리의 원격근무 센터 근무) (근로기준법 제58조 제1항 및 제2항 사업장 밖 간주 근로시간제)
재택 근무제	근로자가 정보통신 기기 등을 활용하여 사업장이 아닌 주거지에서 업무 공간을 마련하여 근무하는 제도(주 1일 이상 근로자의 주거지에서 주어진 업무를 수행하는 근무 방식)

정부 문서는 유연근무제를 모든 이해 관계자를 위한 '상생(win-win)' 전략으로 제시하기도 한다. 유연근무제는 청년에게는 일과 학업의 병행을 가능하게 하고, 자녀를 둔 노동자에게는 일과 가정의 양립을 가능하게 하며, 고령자에게는 순조로운 은퇴 준비를 가능하게 하고, 사업주에게는 노동 생산성 제고 및 경기 순환에 탄력적으로 대응할 수 있게 하는 제도로 제시된다(관계부처합동, 2010). 유연근무제가 '상생'의 의미로 구현되기 위해서는 시간에 대한 노동자의 재량권과 자율성이 충분히 보장될 수 있는 방안 또한 모색되어야 한다. 하지만 탄력적 대응을 통한 발전의 추구는 역사적으로 수량적 유연성 제고에 초점을 둔 고용 불안정성 증대와 결부되어왔다. 유연근무제가 모두에게 유용할 수 있다는 정부의 구상과 달리, 이는 기업에 의한 인력 조정의 직접적인 수단이 될 수 있다.

민간부문의 유연근무제는 생산성과 연계된 노동시간 제도 변화의 연장선상에 있다. 20세기 말 많은 기업들은 21세기의 국제화·개

유연근무제와 페미니즘

방화에 대비한 경쟁력 확보를 위해 기술 혁신에 중점을 두었다. 이런 가운데 인사 분야가 매우 중요한 요소가 될 것이라는 전망과 함께 '인사 파괴'라는 이름 아래 새로운 근무제도가 주목받았다. 대표적인 것이 조기 출퇴근제와 주5일 근무제이다(강정애, 1996). 또한 법정 노동시간 단축이 점진적으로 추진되어왔다. 하지만 법정 노동시간의 단축과 주5일 근무제의 시행 등으로 노동시간이 양적으로 감소하였음에도 불구하고, 연장 근무의 일상화, 휴가 사용 저조 등으로 장시간 노동 현실의 개선은 더디다. 이마저도 업종이나 직종에 따라 불균등하게 진행되어왔다(김형민, 2008; 배규식·이상민·권현지, 2011).

민간부문의 유연근무제는 '기업의 재량권' 의미로 강조된다. 유연근무제는 노동시간 단축이 모든 업종과 직종에 일률적으로 적용되기 현실적으로 어려운 상황에서 업종 특성에 맞게 도입될 수 있는 것으로 여겨진다. 즉 유연근무제는 노동시간 단축에 따라 노동자 보호 정책이 안정화되어가는 것의 반작용으로 제기된 유연화 결과로 평가되기도 한다. 유연근무제의 도입은 다양한 근로시간제도의 운용이라기보다는 잔업 수당을 지불하지 않고도 연장 근무를 가능하게 하는 임금 축소 의도에서 나온 발상으로 평가되었다(류승호, 1992; 하갑래, 2010). 이에 유연근무제는 변화하는 환경에 적응하려는 기업의 노력에 부응한다는 취지에서 긍정적인 측면이 있지만, 노동자의 생체 리듬을 깨뜨릴 수 있다는 차원을 신중히 고려해야 한다고 진단된다(오문완, 2007).

유연근무제는 기업의 입장에서 업무량과 경영 여건에 따라 유연성을 극대화시킬 수 있는 장점이 있다. 하지만 유연근무제가 이러한 관점의 유연성 제고 전략으로만 인식되고 사용될 경우 노동자는 유연근무제 활용의 적극적 주체이기보다 객체로 대상화될 가능성이 크다. 이에 민간부문의 유연근무제가 가족 친화와 일-가족 양립 지원을 위한 효과적 방안으로 재조명되었다는 것은 주목할 만하다.[13] 언론은 이 과정에서 대단히 중요한 역할을 해왔다. 하지만 대부분의 경우 가족 친화는 '경영 전략'이라는 이름 아래 생산성 제고의 관점에서 접근되며, 유연근무제는 이를 돕는 방안으로 부각되었다.[14]

정부는 공공부문에서 유연근무제를 확대하여 민간부문에서의 활성화를 꾀한다는 계획을 추진한 바 있다. 하지만 공공부문과 민간부문 각각에서 유연근무제가 부각되는 논리는 다소 다르다. 민간부문은 유연근무제가 생산성 제고와 결부되지 않을 경우 이를 확대하려 하지 않을 가능성이 높다. 업무량 변동에 따른 인력의 탄력적 운용과 생산성 제고라는 기업의 목적 역시 유연근무제의 확대 과정에서 고

---

13 여성가족부는 가정과 직장을 양립할 수 있는 가족 친화적 사회 환경 조성을 목표로 2006년 가족 친화 지수(Family Friendliness Index: FFI)를 개발, 발표한 바 있다(여성가족부, 2006). 가족 친화 제도 측정 대상은 국가 행정기관, 지방자치단체, 공기업, 상장 기업, 대학 등이며, 조사 항목은 탄력적 근무 제도, 자녀 출산·양육 및 교육 지원 제도, 부양 가족 지원 제도, 근로자 지원 제도, 가족 친화 프로그램 운영 실태 등 5개 범주로 구성되어 있다.

14 「가족 친화 기업이 는다… '家和萬事成 기업' 경쟁력도 높다」, 『매경이코노미』 1642호, 2012.2.6; 「진화하는 홈퍼니(Home+Company) 가족 친화 경영이 생산성을 높인다」, 『이코노믹리뷰』, 2010.2.1; 「가족 친화 기업들 생산성도 쑥쑥」, 『한겨레신문』, 2012.4.18 등.

유연근무제와 페미니즘

려될 필요가 있다. 하지만 이것만이 우선시된다면 유연근무제는 그간 추진되어왔던 '노동 유연화 전략'과 그다지 다를 바 없는 정책에 머물게 될 것이다.

민간부문의 유연근무제는 최근 들어 일-가족 양립과 가족 친화로 점차 수렴되고 있다. 이는 노동자의 가족생활 지원에 대한 기업의 관심과 책임을 촉구한다는 점에서 유의미하다. 그런데 여기에는 '경영 전략'이라는 관점이 강조된다. 유연근무제는 일과 가족의 양립을 실현하는 정책 수단으로 가족 친화 '경영'을 위한 전략적 차원에서 그 필요성이 부각된다. 또한 유연근무제의 여성 친화성이 강조됨으로써 일-가족 양립은 여성에게 더 시급하고 적합한 과제로 간주된다. 여성 노동자는 기업의 입장에서 가족 친화적 전략을 통해 유인하기 용이한 집단으로 여겨지기도 하지만, 동시에 노동력으로서는 부차적 존재로 여겨지기도 한다. '경영 전략'으로서의 일-가족 양립과 가족 친화 정책은 '경영상의 이유'로 후퇴될 수 있다.

유연근무제의 확대는 유연근무제의 필요와 목적을 어떤 가치로 판단할 것인지, 유연근무제를 운용하기 위해 구체적으로 무엇이 고려되어야 하는지, 전제되어야 할 것, 변화되어야 할 것은 무엇인지 등과 관련된 많은 과제를 안고 있다.

제4장

유연근무제의
선별적 · 배타적 적용

유연근무제의 선별적 · 배타적 적용

1. 기혼자의 육아 지원, 0순위!

유연근무제는 일터의 시간 구성이 변화되는 것을 의미한다. 유연근무제가 조직의 시간표 변화가 아니라 이른바 일-가족 갈등을 경험하는 노동자 개인의 시간표 조절로 인식될 경우에는 조직이 개인에게 편의를 제공하고 혜택을 베푸는 차원으로 의미가 좁아진다. 유연근무제를 사용할 수 있는 개인과 사용할 만한 개인, 그리고 그렇지 않은 개인을 분절시키는 결과를 낳는다.

유연근무제에 관한 기존 연구는 대부분 어린 자녀가 있는 맞벌이 부부에 초점을 맞추고 있다. 유연근무제는 '취업 부모의 일-가정 양립 지원책'(홍승아 외, 2011), '부부 중심 핵가족의 양육 책임 공유 여건'(이경묵 외, 2010) 등으로 접근된다. 어린 자녀를 둔 맞벌이 부부는 현실적으로 유연근무제를 가장 절실하게 필요로 할 수 있다. 맞벌이 가족뿐 아니라 한부모 가족의 증가는 무급의 돌봄 제공자가 온종일 자녀를 돌보고 가사를 전담할 것이라는 기대가 더 이상 통용되지 못함을 내포한다(Jacobs and Gerson, 2010). 그런데 이러한 현실을 고려하는 방식이 자녀가 있는 기혼자에게 유연근무제를 우선 허용하는 것으로 구체화될 경우 노동 현장에서는 어떤 일이 벌어질까? 기혼자의 유연근무제 사용은 '특혜'로 비춰지고, 비혼자의 유연근무제 사용은 '예외'로 인식된다.

이러한 배타적 분절의 결과 기혼자의 유연근무제 사용은 상반된 두 가지 모습으로 구체화된다. 하나는 유연근무제 사용이 동료들의 호의에 기대어 이루어지는 것이다. 이 경우 노동시간 배치가 다른 동료들 간에 자리가 비는 서로의 시간을 메워주는 식의 보완과 협력이 가능하다. 다른 하나는 유연근무제를 사용함으로 인해 동료들의 소리 없는 원성(怨聲)의 대상이 되는 것이다. 이 경우 관리자의 승인과 보호 아래 유연근무제를 사용할 수는 있다. 하지만 동료들 간에 협조가 이루어지기보다는 유연근무제 사용자가 배척되는 효과가 나타날 수 있다. 유연근무제는 노동 현장에서 기혼자의 육아 문제 해결을 돕는 제도로 통용되고, 유연근무제를 사용하는 기혼자의 자기 인식 또한 권리가 아니라 수혜의 관점을 중심으로 형성된다.

기혼자 중심의 유연근무제 실행은 인터뷰 참여자들의 경험에서 뚜렷하게 발견된다. 이러한 경향은 특히 공공부문에서 강하게 나타난다. 민간부문의 경우는 유연근무제가 기혼자에 의해 주로 사용되더라도 육아 문제에만 초점이 맞춰지지는 않는다. 유연근무제의 제도적 공식성과 이용 가능성 모두 높은 국내 기업[V]와 외국계 기업[N]

의 경우 유연근무제는 육아기에 있는 기혼자에 의해 실제로 더 많이 이용되고 있다. 하지만 그렇다고 해서 비혼자의 유연근무제 사용이 '예외'로 읽히거나 유연근무제 사용자가 배척되는 직·간접적 경험은 거의 발견되지 않았다. 하지만 공공부문에서는 그러한 경험이 여러 곳에서 발견되었다. 이는 공공부문의 유연근무제가 일-가족 양립, 저출산 해결 등과 결부되면서 '여성 친화성'이 부각된 데서 일정 부분 기인한 것으로 보인다.

지방자치단체 산하기관[M]에는 '시차출퇴근형'의 유연근무제가 도입되어 있는데, 육아로 인한 경우에만 사용 가능하다. [사례 4]는 이곳에서 유연근무제를 이용하는 유일한 직원이다. [사례 4]는 유연근무제 사용이 육아라는 이유로만 승인된다는 점에 대해 직장 내에 '비공식 여론'이 들끓고 있다는 것을 잘 알고 있고, 그러한 시선에 불편해하고 괴로워한다.

> 저희 원장님 같은 경우는 특히 애한테 관련된 것은 승인을 해주신다고 하더라고요. 다른 건에 관해서는 승인을 안 해주시고요. (…) 그런데 사실상은 자기 개인 계발이나 자기 그런 것에 관련된 그런 것도 인정을 해줘야 한다고 봐요. 그게 없이 그냥 무조건 육아용으로만 하면은 그건 너무나 비현실적인 거 같고, 그렇기 때문에 더 눈총을 받는 거 같아요. 그런 사람들한테만 특혜를 주는 걸로만 보이니까, 미혼자나 결혼했지만 애 없는 사람들한테는 마냥 불평등으로도 느껴지는 거죠. 기혼자한테 이만큼 주어졌으면 그분들한테도 뭔가 주어지고 이렇게 해줘야 하는데, 지금은 저출산이니까 기혼자들한테만, 애 있는 사람들한테만 이거 지원해줘~ 그래가지고 기혼자들이 뭐 할 때마다 "쟤네들 왜 저래!" 그리고 "너

때문에 내가 일이 이렇게 늘어나!" 이렇게 되는 원리라고 보여요.

[사례 4] 기혼, 지방자치단체 산하기관

[사례 4]는 '배려'와 '눈총'이라는 단어를 반복적으로 사용하며 자신의 상황을 설명하였다. 어린 자녀가 있는 기혼자에 대한 '배려', 자신이 배려받음으로 인해 비혼자 혹은 자녀가 없는 기혼자로부터 느껴지는 '눈총'은 그녀가 유연근무제를 사용하지 않을 수도, 마음 편하게 사용할 수도 없는 상황을 응축시킨 표현으로 보인다.

유연근무제가 육아 문제로만 승인되는 것은 현상적으로 기혼자의 필요가 고려되고 배려받는 양상으로 나타난다. 하지만 이러한 양상이 반복되고 누적되면 오히려 기혼자에게 불리한 결과를 초래할 수 있다. 유연근무제의 실행이 조직의 시간 구성을 변화시키지 않은 채 개인의 특정한 필요에 부응하는 방식에 집중되는 것은 그 개인을 다른 노동자와 분절시키며 개인들의 필요가 발생하는 사회적 맥락을 비가시화시킨다. 그러한 필요를 지닌 개인들은 임금노동 중심으로 짜인 노동시간 체제에서 선호되기 어려운 노동력으로 구성된다.

결혼 여부나 자녀 유무는 공식적 기준으로 통용되는 경우도 있지만, 암묵적으로 인식되는 경우가 더 많다. 유연근무제가 실시되어도 업무 조정이 거의 이루어지지 않아 유연근무제 사용에 따라 발생하는 여러 문제점은 오롯이 개인들의 몫으로 남겨진다. 이에 누군가가 유연근무제를 사용하면 다른 누군가는 사용하기 어려운 상황이 된다. 이 경우 어린 자녀가 있는 기혼자에게 비공식적으로 우선권이 주어지게 되면, 비혼자가 제도적 공식성을 들어 "나도 좀 쓰자"라고 하기는 매우 어렵다. 이러한 상황은 유연근무제가 특정 사유를 가진 개인의 필요로 인식되고 있음을 보여주며, 유연근무제 사용이 제한되는 배경을 드러내준다.

> 제가 아는 다른 분도 보니까 자기도 쓰고 싶은데 어떤 여자분이 아줌만데 계~속 쓰니까 이분이 눈치 보면서 "나도 좀 쓰자"라고 말을 못 해가지고, 지금 못 쓰고 있다고. 왜냐하면 그분은 결혼 안 한 여자분이었거든요. 그니까 결혼한 아줌마에 비하면 어떻게 보면 사유가 쪼끔 그렇잖아요. 물론 그 사람이 결혼을 안 해도 (유연근무제가) 필요 없는 건 아니잖아요. 그 사람은 당연히 본인이 공부를 한다든지 활용을 하기 위해서 쓸 수가 있는데, 쫌 미안해서 말을 못 하고 있어요.   [사례 2] 기혼, 중앙행정기관

유연근무제가 기혼자에게 더 필요할 거라는 인식은 비혼자에게서도 발견된다. 비혼인 일부 인터뷰 참여자들은 '나는 유연근무제 사용자로서 그다지 의미가 없다'(사례 1)거나 '나는 기혼 여성도 아닌데, 내가 뭐 해줄 말이 있을까. 직장의 다른 기혼 여성을 소개시켜주면 안 되나'(사례 14) 등의 반응을 보였다. 이들의 표현에는 '유연근무제의 의미 있는 사용자가 누구인지'를 보여주는 인식이 함축되어 있다.

비혼 및 1인 가구의 증가[1]는 생계와 돌봄을 전적으로 책임져야 하

---

1   2016년 인구주택총조사 전수집계 결과에 나타난 1인 가구 비율은 27.9%로 2000년의 15.5%에 비해 상당히 증가하였다. 1990년 이후 가장 주된 유형의 가구는 4인 가구였으나, 2010년에는 2인 가구, 2015년 이후로는 1인 가구이다. 1인 가구 중 여성의 비중은 50.4%로 나타난다(통계청, 2017b). 혼인 건수는 꾸준

는 노동자가 많아지고 있음을 의미한다. 하지만 이들은 기혼자 중심으로 짜인 제도적 지원 속에서 정책 대상으로 주목받기 어렵다.[2] 유연근무제가 기혼자의 육아와 결부되어 통용되는 상황에서 비혼자의 유연근무제 사용 이유는 내세울 만한 것, 인정받을 만한 것으로 인식되지 못한다. '집이 너무 멀어서', '9시까지 출근하는 게 너무 복잡해서' 유연근무제를 사용하는 것은 당사자들에게 매우 중요한 이유이다. 하지만 정작 당사자들도 그러한 이유로 유연근무제를 사용하는 것에 다소 방어적인 태도를 보인다. 여기에는 이들이 그간 비혼자가 "왜" 유연근무제를 사용하는지에 대해 질문받고 설명해야 했던 경험이 영향을 미친다. 이들은 유연근무제 사용을 으레 '육아 문제 때문이려니' 하고 짐작하는 일반적 인식을 마주해왔다. 때문에 본인을 유연근무제 사용자로서 '의미 있는 케이스는 아니'라고 방어한다.

> 저는 사실 결혼도 안 했고 지금 혼자 살아요. 그래서 남들이 보기에는 유연근무제를 왜 하는지… 한번은 인사과에서도 전화가 와가지구 물어보는 게 "육아 때문에 하세요?" 그니까 나이도 그렇고 여자니까 '육아 때문에 하는가 부다' 이렇게 생각해서 육아 때문에

한 감소세를 보이다가 2010년과 2011년에 다소 증가하였으나 2012년 이후 감소 추세를 유지하고 있다(통계청, 2017a). 이러한 자료들은 비혼 및 1인 가구의 증가 경향을 드러내준다.

2 통계청의 유연근무제 이용 실태 조사는 유연근무제 이용에 있어 결혼 여부에 의한 차이가 크지 않음을 보여준다. 이 조사 결과 비혼자 중 13.9%, 기혼자 중 13.2%가 유연근무제를 이용하는 것으로 나타났다(통계청, 2012). 이는 유연근무제가 기혼자 위주로 사용될 것이라는 통념과는 다른 결과이다.

　　　　　　　　　　　　유연근무제와 페미니즘

하시냐고 대뜸 물어보데요. (웃음) 그래서 "아니요" (웃음) 그 다음에는 묻는 게 "자기 계발 때문인가요?" 이렇게 물어보시더라고. "아니요" (웃음) 그 틀이 있는 거 같애요.

[사례 1] 비혼, 30대, 중앙행정기관

[사례 1]은 정부 부문에 유연근무제가 도입된 이후 '시차출퇴근형'을 간헐적으로 이용해왔다.[3] [사례 1]은 휴식이나 휴가에 워낙 관심이 많아 관련 공문이나 규정을 열심히 찾아보고 적극적으로 활용하는 편이라고 한다. 하지만 그녀는 본인이 그러한 가치관을 갖고 있음에도 불구하고, 본인의 유연근무제 사용을 의미 있게 주장하지 못한다. 비혼자인 [사례 14]는 유연근무제가 기혼자 중심으로 사용되어서는 안 된다는 입장을 확고히 표현하였다. 그렇게 될 경우 "쓰는 기혼자한테도 문제"가 될 것이기 때문이다. 그녀는 유연근무제가 기혼자에게만 필요한 제도가 되면 당장 육아 등의 문제가 해결되는 측면이 있지만, "결혼한 여자, 애 있는 여자들 안 돼"라는 말에 대항하는 논리가 자꾸 줄어들 수밖에 없다고 지적하였다. 하지만 그녀 역시 유연근무제 사용자로서 심층면접을 요청받았을 때 '나는 기혼 여성도 아닌데'라고 생각했다고 한다.

---

3 '시차출퇴근형'의 유연근무제가 정부 부문에 처음 도입된 것은 2001년이다. 당시 명칭은 '탄력근무제'였다. '시차출퇴근형'의 유연근무제가 본격적으로 추진된 것은 참여정부가 들어선 이후이지만, [사례 1]은 공무원이 된 2000년대 초반부터 이 제도를 간헐적으로 꾸준히 이용해왔다.

왜냐면 유연근무제 논의가 기혼 여성들 얘기를 되게 많이 하잖아. 사실 나는 30분을 늦췄는데, 내 이유는 9시에 출근하는 게 너무 복잡하다는 거거든. 근데 이게 나로 하여금 삶의 되게 중요한 이유이고 지치지 않게 일할 수 있는 부분이라고 생각하면서도, 하도 많이들 그런 논의가 기혼이나 이런 쪽으로 얘기가 되니까 "내가 뭐 해줄 말이 있을까" 이런 생각이 들었던 거지. 그래서 "다른 기혼 여성을 소개시켜주면 안 돼?" 내가 막 그랬어. (웃음)

[사례 14] 비혼, 민간단체

유연근무제가 비혼자에 의해 사용되고 있음에도 불구하고 기혼자의 필요에 부응하는 제도로 인식되는 것은 현실적으로 육아 문제를 해결할 수 있는 적절한 지원과 자원이 부족하기 때문이다. 기혼자들은 아이를 맡길 수 있는 '믿을 만한 사람이나 기관'을 찾기가 얼마나 어려운지 토로한다. 유연근무제는 이러한 맥락에서 기혼자의 육아 지원에 유용하게 쓰일 수 있다.

그런데 육아 문제 해결이 어려운 보다 근본적인 문제는 노동시간의 구성에서 비롯된다. 현재의 노동시간 모델은 임금노동자를 뒷받침해주는 가사·돌봄 전담자를 전제하고 있다. 유연근무제의 제도화는 일터 중심으로 짜인 시간 구조를 변화시켜 노동 이외의 삶의 영역을 영위할 수 있도록 지원하는 의미가 있다. 이러한 변화는 기혼자만이 아니라 일터의 모든 구성원에게 영향을 미친다. 하지만 유연근무제의 운영은 조직의 노동시간 구성을 변화시키는 방식으로 이루어지지 않고 있다. 일―가족 양립을 기혼자의 육아 문제에 부착시키면서 기혼자의 필요를 특수화하고, 비혼자의 필요를 사소화한다. 이는 유연근무제가 직장 내에서 기혼자와 비혼자, 어린 자녀가 있는 기혼자와 없는 기혼자의 시간표를 이원화하는 데 보다 효과적으로 작동하게 됨을 의미한다. 이 경우 유연근무제는 조직의 시간표를 변화시키는 구조적 개입이기보다는 '현실적 필요'에 대한 개별적 대응 수단으로 협소화될 위험이 크다.

유연근무제가 기혼자 중심의 제도로 사고되는 데는 일–가족 양립을 기혼자의 문제로 보는 시선이 깔려 있다. 그리고 보다 근본적으로는 '일과 가족'이라는 구도 자체가 맞벌이를 하는 기혼자의 삶을 집약한 것으로 이해될 수밖에 없는 맥락이 존재한다. '일'은 임금노동, '가족'은 "굳이 대놓고 들이대지 않아도 결혼을 한 부부"(김영옥a, 2011)로 통용되기 때문이다. 비혼자는 양립할 가족이 없는 존재로 인식되기에 비혼자의 유연근무제 사용은 '예외'적인 것으로 읽히며, 비혼자들은 유연근무제를 "왜" 사용하는지에 대한 대답을 준비해야 한다. [사례 1]은 동료들에게 자신의 집이 얼마나 먼지를 설명하고 동료들이 "아, 거기!" 하며 수긍하는 것에서 안도감을 느낀다. 그녀는 결혼도 하지 않고 자녀도 없는 상황에서 직장과 집이 가깝기까지 하다면 유연근무제를 사용할 수는 없을 것 같다고 이야기한다. 현재의 '직주(職住) 거리'가 비혼인 자신의 유연근무제 사용을 정당화해준다고 여기고 있다.

이러한 양상이 비단 유연근무제에서만 발견되는 것은 아니다. 비혼자는 야근이나 업무 분담 등에서 일을 더 많이 해도 괜찮다는 식으로 말해지기도 한다. [사례 14]는 이전 직장에서 기혼 여성들이 비혼 여성들에게 "넌 그래도 가정을 책임져야 되는 건 아니잖아"라거나

"너는 애가 없으니까 늦게 가도 되잖아" 등의 이야기를 했던 사례를 든다. 그녀는 육아휴직 같은 제도는 기혼자 중심으로 실행되는 게 당연하지만, 그 외의 다른 것들에 대해 결혼 여부나 자녀 유무를 기준으로 가르는 방식은 적절하지 않다고 주장한다. 그녀는 "나도 양립해야 될 가족이 있다"고 강조한다. 하지만 이러한 입장은 설득력 있게 전달되지 못한다. 일-가족 문제가 기혼자의 삶의 문제로 이해되는 맥락에서 비혼자의 일-가족 양립은 선뜻 상상되지 않는다. 그렇기에 비혼자의 유연근무제 사용은 "왜?"라는 질문을 유발한다.

외국계 기업[T]는 2009년 유연근무제를 도입하였다. 당시 유연근무제는 '육아 지원'을 이유로 도입되어 '10세 이하의 자녀가 있는 임직원'에게만 출퇴근 시간 30분 단위 조정을 허용하는 방식이었다. 가족관계증명서 등의 증빙 서류를 제출하고 팀장 및 담당 임원의 검토와 승인을 거쳐야 사용할 수 있었다(외국계 기업[T] 내부 자료). 그러다가 2011년 유연근무제 유형이 네 가지로 늘어나고 사유를 제한하지 않는 방식으로 확대되었다.[4] 인사부서에 근무하는 [사례 9]는 유연근무제 사용이 원칙적으로 모든 사유에 열려 있어야 한다고 보지만, 우선순위는 정할 필요가 있다고 여긴다. 그녀는 우선순위의 예로 '육아'를 꼽으며, 그 근거로는 기업의 규모를 든다. "인원이 많은 회사일수록 다양한 게 많기 때문에" 일정한 기준이 필요하다는 것이다. 외국계 기업[T]는 총 인원이 약 2만 명에 이르는 대기업인데, 유연근무

4　네 가지는 '시차출퇴근형(flextime)', '재택/원격근무형(teleworking)', '집약근무형(compressed work)', '시간제(reduced work/part-time)'이다(사례 9, 사례 10).

제는 사무직(6,000여 명)만을 대상으로 한다.

육아는 유연근무제 사용 여부를 판단하는 자격 목록의 상위에 놓일 가능성이 높다. 하지만 그 이전에 우선순위를 판단하는 기준으로 무엇이 적절한지, 유연근무제를 사용하는 데 육아 이외에 다른 어떤 이유가 있을 수 있는지, 기업 차원에서 육아를 우선 고려하는 것이 어떤 효과를 가져올 것인지, 유연근무제 사용에서 왜 생산직은 제외되어야 하는지 등에 대해 충분한 논의와 검토가 이루어져야 한다. 유연근무제가 모든 구성원에게 균등하게 적용되기는 어려울 것이다. 하지만 유연근무제를 결혼 및 자녀와 연결시키는 일반적인 논리를 낯설게 하지 않는 이상, 기혼자 중심의 유연근무제 실행은 특정한 삶의 양식을 규범화하고 노동자들을 분절시키는 효과로 나타나게 된다.

제이콥스와 거슨(Jacobs and Gerson, 2010)은 시간 문제로 인해 자녀가 있는 노동자와 그렇지 않은 노동자가 분리되는 것을 '부모 역할의 불균등(parenting divide)'이라 규정하였다. 이들은 정부와 기업의 지원이 턱없이 부족하고 부적절하기 때문에 유자녀 노동자들이 시간 압박을 더욱 극심하게 느낀다고 지적하면서 이들이 무자녀 노동자들과 이질감을 느끼게 됨을 '부모 역할의 불균등'으로 설명한다. 윌리엄스(Williams, 2000) 역시 노동의 조직 체계와 운영 방식이 유자녀 기혼 여성들에게 매우 차별적임을 지적하였다. 그녀는 여성의 노동시장 지위에 영향을 미치는 요인으로 젠더 효과보다 모성 효과가 더 크다고 주장하였다.

이들의 논의는 유연근무제를 통해 기혼자들이 겪는 어려움을 완화시키는 것이 필요한 일이라고 하더라도 그것이 가져올 결과는 현실적 필요의 차원에서만 검토될 수 없음을 함의한다. '부모 역할의 불균등'은 부모 지위에 따른 노동자들 간의 분절을 의미한다. 그런데 이의 해법이 자녀가 있는 노동자에 대한 배타적 지원으로 귀결된다면, 그러한 불균등은 오히려 심화될 수밖에 없다. 요컨대, 필요성이 곧 긍정적인 결과를 담보하는 것은 아니다. 현실적 조건상 불가피한 요구가 발생할 수 있지만, 그것이 곧 제도적 가치를 보장해주는 것은 아니다(신경아, 2010). 유연근무제의 현재 실행에서 발견되는 배타적 분절은 유연근무제가 '일과 가족'이라는 구도 아래 기혼자의 육아 문제 해결로 축소되고 있음을 여실히 드러내준다.

2. "여성만을 타깃으로?"

유연근무제 실행에서 나타나는 또 다른 배타적 분절은 성별에 따른 것이다. 이는 결혼 여부와 결부되어 작동한다. 유연근무제는 여성만을 정책 대상으로 하지 않는다. 유연근무제는 '여성과 남성이 가정과 직장일의 조화와 균형을 유지할 수 있도록 지원하는 근무 형태'(여성부, 2009c)로 제시되었다. 유연근무제 이용 현황 자료를 보면 여성보다 남성 이용자가 더 많다. 하지만 유연근무제는 여성에 의해 더 많이 이용될 거라 여겨지며, 필자 역시 남성보다 여성을 더 많이 만날 수 있었다. 심층면접 과정에서 '자료상으로는 남성 이용자가 더 많다'고 이야기했을 때, 모든 인터뷰 참여자가 "정말이냐"고 되물었다. 외국계 기업에 다니는 [사례 23]은 자신의 친구를 통해 인터뷰 참여자를 소개해주었는데, 그 사람의 성별을 묻는 질문에 주저 없이 "여자겠죠"라고 답했다. 유연근무제를 쓰는 남자도 있냐고 묻는 사람도 더러 있었다. 유연근무제에 관한 이러한 인식은 인터뷰 참여자 성비 구성에 중대한 영향을 미쳤다.

유연근무제를 여성이 더 많이 사용할 거라는 통념은 유연근무제에 관한 인식이 젠더를 기반으로 구성되고 있음을 의미한다. 이는 유연근무제가 기혼자의 일−가족 양립을 돕는 제도, 보다 정확히는 '기혼 여성의 일−가족 양립'을 돕는 제도로 상징화되는 지점을 보여준다. 루이스(Lewis, 2006)는 일과 가족의 조화가 여성과 남성의 평등한 분담이라는 의미보다는 '여성의 유급 노동과 무급 노동의 조화'라는 의미로 간주되어 왔음을 지적한다. "여성의 양육·돌봄 부담 완화를 통해 여성의 경력 단절 현상 완화 및 출산율 제고 가능−일·가정 병행이 가능한 '정규직 시간제 근로' 도입 시 2008년 1.19명인 합계 출산율이 1.38명으로 상승"(여성부, 2009c)한다는 전망은 정규직 시간제 근로가 누구의 일자리로 무엇을 위해 구상되는지 직접적으로 드러내준다. 여성에 대한 국가의 관점이 무엇인지에 따라 여성 노동 정책이 어떤 방향을 취하는지를 알 수 있다.[5]

---

5 여성을 '노동자'로 보는 미국에서는 많은 여성들을 노동시장으로 끌어들이고 있지만 많은 일자리들이 나쁜 일자리(junk−job)로 만들어지고 있다. 또한 양육과 같은 가족 책임을 사적인 영역이나 시장에 맡겨둔다. 이에 여성이 노동자가 된다는 것은 여성들의 일에 대한 평가나 여성들의 존재감이 높아지는 방향으로 작용하고 있지 못하다. 반면 여성을 '시민'으로 보는 스웨덴에서는 여성들의 지위가 상대적으로 긍정적인 것으로 평가되고 있다(Rubery and Grimshaw, 2003). 적극적 조치에 관해 미국과 스웨덴의 사례를 분석한 황정미(2002)는 미국의 적극적 조치가 '정체성 정치'의 형태로 여성을 끌어들인 반면, 스웨덴의 적극적 조

평등한 노동권은 노동을 통한 사회적 관계가 계약 원리로 작동하고 노동이 시민권 획득을 위한 중요한 실천이 되는 근대사회에서 여성들이 자유롭고 평등하고 독립적인 주체로 인정받을 수 있기 위한 선결 과제였다. 현재 여성의 노동시장 진입은 어떤 논리에 의해서도 부정될 수 없는 정당성을 확보한 듯하다. 성차별적 고용 관행을 과거의 유물로 취급하는 문화적 시선도 확대되어왔다. 하지만 여성의 노동시장 참여는 저출산 위기 담론과 결부된 일-가족 양립과 맞물리면서 돌봄의 공백을 방지할 것 또한 요구받고 있다. 즉 돌봄의 공백을 최소화하는 방식으로 노동시장에 참여하는 것이 적절하다는 것이다.

이 과정에서 효과적인 방안으로 대두된 것은 바로 시간제 형태의 노동이다. 정책의 성 중립성은 어느 한 성을 정책 대상으로 지목하지 않았다고 해서 자동적으로 확보되는 것은 아니다. 게다가 정부는 시간제 형태가 '유연한' 근로이기에 여성의 일자리로 적합하다는 전제하에 여러 연구 용역 과제를 지원해왔다(김정한 외, 2007; 전기택 외, 2008; 황수경 외, 2008). 일-가족 양립 의제 역시 개념상으로는 성별에 상관없는 보편적 문제이지만, 실제로는 여성의 문제로 축소되어 다루어지고 있다(이재경·김경희a, 2012). 유연근무제가 여성에게 적합한 제도라는 통념에 기반하여 통용되는 것은 이러한 맥락에서 이원적 성별 분업을 심화시키며, 여성의 평등한 노동권이라는 의제를 성별화된 일-가족 양립 문제로 대체해버린다.

지방자치단체 공무원인 [사례 19]는 유연근무제가 결코 성 중립적

치는 '사회적 권리의 확장'이라는 차원에서 여성을 포괄하게 되었다고 본다.

유연근무제와 페미니즘

인 제도가 아님을 힘주어 말한다. 그녀는 유연근무제를 '여성 고용'과
연관시키고 있기 때문에 시간제 근무 형태가 핵심으로 부각될 수밖
에 없다고 꼬집는다.

> 애초에 유연근무제가 성별을 구분하지 않은, 중성적인 제도처럼
> 보이는데, 쭉~ 온 내용을 보면 '여성 고용에 핵심적이다'라고 접
> 근한 거고, 이런 것이었죠. (…) 행안부가 여러 가지 유연근무제 중
> 에 그걸 다 하겠다는 게 아니었어요. 실제로는 시간제 근무였어요.
> 그래서 모든 부처에 시간제 근무 관련 T/F 팀이 막 만들어져요. 다
> 른 근무 형태와 관련해서는 크게 논의를 안 하는데, 시간제 근무
> T/F 팀이 행안부에 막 만들어지고 이러는 과정들이 있었거든요.
> [사례 19] 기혼, 지방자치단체

유연성은 자녀가 있는 기혼 여성들에게 가사와 육아 수행을 원활
히 하도록 돕는다(Estes, 2005). 유연성은 노동자가 자신의 시간을 조
직하고 과업을 배치하고 관계를 조정하는 데서 시간에 대한 재량을
발휘할 수 있도록 한다. 이런 관점에서 보면 유연근무제를 통한 유연
성 증대는 남성에게도 당연히 도움이 된다. 가족 지원과 젠더 형평
성은 일과 가족 생활의 조화를 지원하는 정책 수립의 기본 원칙이다
(Jacobs and Gerson, 2010). 시간제 형태의 노동이 여성에게 이득이 될
것이라는 가정은 전통적인 성별 분업 관념에 기초한 결과에 불과하
다(김현미·손승영, 2003). 이러한 관념은 실질적인 고용 조치로 연
결되는 파급력 또한 갖는다. 유연근무제가 기혼 여성 노동자에게 더
욱 절실히 필요하다는 관념, 특히 시간제 형태가 기혼 여성 노동자에

게 도움이 된다는 관념은 여성 고용 자체를 기피하는 강력한 수단이 될 수 있다. [사례 5(남)]와 [사례 16]은 유연근무제 같은 제도가 여성을 위한 것으로 여겨질 때, 그것이 결국 여성에게 부정적 결과를 미치게 될 거라고 우려한다.

> '으레 여자들이 그런 혜택을 누린다'라는 생각을 가질 때는 어떤 강력한 관리를 하지 않으면 회사 입장에서는 '내가 똑같은 돈을 내고 사람을 부리는데 왜 불편하게 저런 사람들을, 중간에 육아휴직도 충분히 쓸 수 있고 중간에 파트타임으로 할 수 있는 사람들을 왜 내가 불편을 감수하면서까지 이렇게 해야 되지?'라고 생각을 하면서 오히려 고용의 시작 단계에서부터 불이익을 당할 가능성도 있을 수 있겠죠.   [사례 5(남)] 기혼, 국내 기업

> 여성만을 타깃으로 하는 제도가 있다면 또 그게 화살이 다시 돼서 여성들한테 해가 될 수도 있을 거 같아요.
>
>   [사례 16] 기혼, 외국계 기업

'어린 자녀가 있는 기혼 여성' 혹은 그럴 가능성이 있는 여성을 고용한다는 것은 '불편을 감수하는 일'로 이야기된다. 이는 노동시간에 대한 접근이 노동자들의 개별적 상황에 대한 대응에 초점을 맞출 경우 어떤 치명적 문제를 발생시키는지 잘 보여준다. 노동시간 문제는 사회의 제반 시스템과 관련된 공적 이슈가 아니라 '불편을 감수하려는' 개별 기업의 선의, 혹은 동료의 호의나 동료의 부담에 기대는 사적 이슈로 해석되고 만다. 이는 유연근무제를 사용하는 노동자의 의존적 상황을 심화시킨다. 기혼 여성 노동자는 이러한 맥락에서 남성

유연근무제와 페미니즘

중심적인 노동시간 체제에서 선호되는 노동력이기 어렵다. '보호받고 배려받아야 할 여성 노동자'라는 상(像)은 기업에게는 고용 기피의 근거로, 동료들에게는 부담을 초래하고 전가하는, 동등하지 않은 노동자로 통용된다.

전일제 근무를 시간제 근무로 변경하는 경우가 발생하면 전일제 노동자가 담당하던 업무는 어떻게 될까. 공직사회의 '시간제 근무'는 시간제로 전환하는 공무원의 주당 근무시간이 25시간 이하인 경우 대체 인력을 채용할 수 있도록 설계되었다. 이때 대체 인력의 근무시간과 시간제 근무로 전환한 공무원의 근무시간을 합하여 주당 40시간을 초과할 수 없다(행정안전부, 2011c). 예를 들어, 근무시간을 하루 8시간에서 5시간으로 줄이면 주당 근무시간이 25시간이 되어 15시간에 대해 대체 인력을 채용할 수 있다. 하지만 근무시간을 하루 6시간으로 줄이면 주당 근무시간이 30시간이 되어 대체 인력을 채용할 수 없다. 주당 10시간 근무하는 인력을 채용하는 것은 여러 면에서 무리이기 때문이다. 그렇다면 이 경우 근무시간 변경에 맞게 업무를 조정하는 작업이 수반되고 있는가. 전일제 근무자가 어떠한 업무 조정을 거치지 않은 채 시간제 근무자로 변경되면, 당사자는 이전보다 짧아진 노동시간 동안 원래의 업무를 모두 해내거나 동료에게 부담을 안길 수밖에 없다. 시간제 근무로 전환한 당사자, 그의 업무를 떠안은 동료 간의 심각한 단절은 불가피하다.

지방자치단체 산하기관의 [사례 4]는 남편이 중앙행정기관 공무원인데, 소속 부서에 시간제 근무로 전환한 여성 공무원이 있어 그 업무가 고스란히 자신의 몫으로 돌아온다며 불만을 토로했다고 한다.

그 여성 공무원은 하루 근무시간을 6시간으로 줄였다. 이 경우는 대체 인력을 활용하는 대상이 되지 못하여 결국 동료들의 업무 부담이 가중될 수밖에 없다. 시간제 근무로 전환한 직원의 담당 업무가 전혀 조정되지 않았기 때문이다.

유연근무제가 여성만을 위한 제도가 아니라는 것을 보이는 가장 효과적인 방법은 남성 이용자를 가시화시키는 일일 것이다. 민간단체[O]에서는 유연근무제를 제도화하면서 어떤 제약도 두지 않았다. 여기에는 "왜 굳이 모두가 9시에 출근을 해야 하는가"에 대한 열린 논의와 '다둥이 아빠'(사례 15)의 존재가 중요한 역할을 했다. '다둥이 아빠'의 육아를 이유로 한 유연근무제 사용은 전형적이지 않은, 평균적이지 않은 사례이다. 이를 통해 민간단체[O]에서는 유연근무제가 기혼 여성만을 위한 제도가 아니라는 인식이 공유된다. 남성의 육아 참여는 여러 면에서 파급력을 갖는다. 남성이 유연근무제를 사용한다는 것, 그것도 '육아를 위해' 사용한다는 것은 돌봄이 이념적으로 중요해지지만 돌봄 제공자의 지위는 하락하는 현실(Folbre, 2005; Hochschild, 2003)에서 유연근무제 사용을 둘러싼 인식을 전환시키는 핵심적인 계기가 되었다.

다둥이 아빠가 있어. 근데 그분이 아이 양육이나 이런 거 때문에 집에 일찍 일찍 들어가셔야 되는 분인 거야. 남자 한 분이, 그런 분이 있거든. 그러니까 이렇게 "아, 여자만의 문제는 아니었구나" 딱 이렇게 되는 부분이 있어서(모든 직원에게 허용되어야 한다는) 그런 논의가 오히려 쉽기는 했던 거 같애.　　[사례 14] 비혼, 민간단체 외국계 기업[N]에서 유연근무제는 기혼 여성들에 의해 많이 사용되고 있다. 하지만 유연근무제가 여성과 결부되어 통용되지는 않는다. 남성이나 비혼자의 유연근무제 이용이 금기시되거나 예외적인 것으로 여겨지지도 않는 것이다. 일반 사원뿐 아니라 남성 관리자 중에서도 유연근무제를 사용하는 경우가 종종 있다. [사례 5(남)]도 이곳에 근무할 때 육아와 간병 문제로 '시차출퇴근형'과 '재택근무형'의 유연근무제를 사용한 경험이 있다. 이 기업에서 유연근무제 업무를 담당하고 있는 [사례 16]은 제도의 대상을 여성이라고 언급하면 유연근무제 자체가 주변화될 수 있다고 우려한다.

> 저희는 유연근무 할 때 '여성'에 대한 얘기 전혀 안 하거든요. 대상을 여성이라고 해버리면, 남성 중심의 기업들은 아예 쳐다도 안 보는, 무시를 해버리는 방법을 쓸 거 같애요. (웃음) 다 좋은 제도인데, 남자 여자한테. [사례 16] 기혼, 외국계 기업

[사례 3(남)]과 [사례 15(남)]는 오로지 육아와 가사 분담을 이유로 유연근무제를 사용하고 있다. 이들은 각각 세 명의 자녀를 두고 있다. 심층면접 과정에서는 육아의 수고에 대해서뿐만 아니라 기쁨과 보람, '행복'을 이야기하였다. [사례 3(남)]은 육아와 가사를 나누지 않는 남성들에 대해 "자기 손해"라고 딱 잘라 말한다. 그는 유연근무제를 사용하면서 "조직 생활에서는 끝"이라고 느끼지만, 자녀들과 보내는 시간을 포기할 수 없는 부분으로 자부한다. [사례 15(남)]는 '가치관'의 언어로 이를 말한다.

자기 손해죠, 뭐. 그럼 자기 인생에 뭘 내놓고 살 거야. 그 시간
에 대신해서 직장에서 성공의 가도를 달릴 거야? 자기 생활, 그게
자기 인생인데, 자기 거 소홀히 하고 싶으면 말면 되는 거죠. (…)
애들 생활을 해보라 그래요. 굉장히 행복해요. 자기 인생이 허무하
지 않아요. 아이들하고 보낸 그런 육아는 자기 인생에 허무함을 들
게 하지 않아요. [사례 3(남)] 중앙행정기관

개인적으로 가치관의 차이도 있는 거 같아요. 저는 가족 관계를
굉~장히 중요하게 생각하거든요. 저 개인의 발전이라든지 아니
면 많은 급여라든지 뭐 이런 거보다는 지금 이 순간, 오늘 애들하
고 같이 노는 거, 이런 거를 중요하게 생각해서 좀 달라요. 다를 거
예요. 애들을 학원도 안 보내고 막 이러고 놀고 있으니까, 다 같이.
뱀 겨울잠 자듯이 이렇게 다섯 명이 마루에 꼬여서 텔레비전 보고
막 (웃음) 저흰 저녁 때 그러고 있어요. (…) 특히나 부모 자식 관계
는 아~주 어렸을 때부터 유대 관계를 잘 쌓지 않으면 힘들어요, 점
점 커갈수록. 저는 그렇게 느끼거든요. [사례 15(남)] 민간단체

이들의 경험은 돌봄을 '돌보는 자'에게 속하는 성질로 귀속시키는
것이 얼마나 심각한 문제인지를 보여준다.[6] 하지만 이들은 조직이 원

---

6 헬드(Held, 2006)는 페미니스트들이 돌봄을 덕의 문제로 보는 것을 경계해야 한
다고 주장하였다. 왜냐하면 돌봄의 일(work)로서의 측면이 간과될 위험이 있기
때문이다. 하지만 헬드는 돌봄을 일로 환원시키는 것도 경계해야 한다고 주장
하였다. 그는 돌봄이 개인적 관계에 한정되는 것이 아니라 역사적·사회문화적
으로 문맥을 갖는 활동임을 강조한다. 따라서 '무엇을 돌봄으로 볼 것인가', '누
가 돌봄을 하는가'라는 질문이 간과되어서는 안 된다고 본다.

유연근무제와 페미니즘

하는 이른바 '이상적 노동자'는 아니다. 육아와 가사를 위해 유연근무제를 사용하는 남성은 여성과 마찬가지로 임금노동 중심의 삶에서 비켜나 있다고 여겨진다. 또한 이들은 가장 안전한 방식인 '시차출퇴근형'의 유연근무제를 이용하고 있다. 공무원인 [사례 3(남)]은 유연근무제의 유형이 여러 가지임을 알고 있지만, "하루에 8시간을 (근무) 안 한다는 건 말도 안 되는 얘기"라고 단호하게 잘라 말한다. [사례 15(남)]의 직장에는 '시차출퇴근형'의 유연근무제만 도입되어 있다. 그는 노동시간이 단축되어 모두가 노동시간을 줄이는 것, 이것이야말로 개인이 겪는 불이익을 방지하는 해법이라고 강조하였다.

어린 자녀를 둔 맞벌이 부부 혹은 한부모 가족, '일하는 어머니'의 시간 압박에 대한 관심이 필요하고 이에 대한 해법이 모색되어야 한다는 것에는 이론(異論)의 여지가 없을 것이다. 이들의 과중한 부담은 시급히 해결되어야 할 과제이다. 하지만 그러한 과제가 조직의 변화없이 노동자들이 처한 상황을 개별화시키면서 각각의 부담을 줄여주는 것으로 귀결될 때, 유연근무제는 가족 책임을 더 많이 지고 있는 이들에게 오히려 부정적인 효과를 가져올 수 있다. 또한 한국 사회의 맥락에서 '제도 결혼'으로 진입한 이들의 이념적 · 실질적 지위가 그렇지 않은 이들에 비해 높다는 점도 주목해야 한다. 유연근무제가 노동자들 사이에 배타적 필요와 자격을 다퉈야 하는 양상으로 운영되는 것은 유연근무제를 사용한 이들에게는 부메랑으로, 유연근무제를 사용할 수 없는 이들에게는 박탈감으로 돌아올 수 있다. 또한 유연근무제가 여성에게 적합한 제도라는 통념에 기반하여 운영됨으로 인해 오히려 의식적으로 유연근무제 사용을 기피하는 여성들도 있을 것이다. 이러한 배타적 분절은 유연근무제의 실행을 제약하는 주요 배경으로 작용하고 있다.

3. '책임'도 '권리'도 적은 하위 직급만 가능?

유연근무제 실행에서 나타나는 또 다른 분절은 직급에 의한 것이다. 기존 논의들은 유연근무제를 사용하기 어려운 이유의 하나로 CEO/기관장 및 관리자의 낮은 의지와 부정적인 태도를 꼽는다(배귀희 · 양건모, 2011; 양건모, 2010; 장현주 · 최무현, 2009; Bailyn, 2006; Hayman, 2009; Kelliher and Anderson, 2008; Rainey and Wolf, 1982). 다수의 인터뷰 참여자는 이러한 맥락에서 유연근무제가 활성화되려면 고위직 · 관리직의 의식 변화가 반드시 필요하다고 지적한다. "윗분들 마인드, 기관장 의지에 따라 조직의 성향이 바뀌는 것 같기 때문"(사례 4)이다. 그런데 정작 고위직 · 관리직이 직접 유연근무제를 이용하는 것에 대해서는 인터뷰 참여자들도 그다지 가능하다고 여기지 않았다. 유연근무제는 직장에서 부담해야 할 책임과 누려야 할 권리가 적은 직급의 노동자들, 직장 생활에 '올인'할 수 있게 해주는 자원을 동원하기 어려운 노동자들의 일-가족 양립을 지원하는 의미로 축소되어 통용되고 있다.

정부의 유연근무제 이용 현황 자료는 하위 직급 중심으로 제도가 사용되고 있음을 보여준다. 정부에서 유연근무제 사용을 적극적으로 독려하던 시점인 2012년 지방자치단체의 직급별 유연근무제 이용 현황(행정안전부, 2013b)을 보면, 이용자 중 6급 이하 직급 공무원의

유연근무제와 페미니즘

비중은 80.9%에 달한다. 5급과 4급 이상 직급 공무원은 각각 7.4%, 1.3%에 불과하다.[7] 유연근무제 이용자의 성별 비중은 여성이 34.5%, 남성이 65.5%로 남성이 훨씬 많다. 당시 지방자치단체의 공무원 성비 현황(행정안전부, 2012c)과 함께 살펴보면, 지방자치단체 공무원 중 여성은 30.0%인데, 5급 이상 공무원 중 여성 비율은 9.2%, 여성 공무원 중 5급 이상에 속하는 비율은 2.2%에 그친다. 지방자치단체 공무원 중 유연근무제를 사용하는 여성은 대부분 6급 이하의 직급에 속함을 알 수 있다.

또한 여성이 남성보다 더 많이 이용하는 유형은 '시간제 근무'와 '재택근무형'이다.[8] 여러 논자들은 시간제 형태의 노동이 여성과 결부될 경우 성별 분업이 더욱 강화되고 성역할 고정관념이 재생산되는 효과가 나타난다고 지적한다(Crompton and Lyonette, 2005; Lewis and Campbell, 2007; Rubery et al., 1998; Rutherford, 2001). 재택근무는 여성의 이중 노동 부담을 증대시키고 남성의 가사 노동 참여를 감소하게 하여 성차별을 지속시킨다고 비판된다(Sullivan and Lewis, 2001).

비전형적인(atypical) 노동 형태는 임금노동 중심의 삶에서 비켜난

---

7 나머지 10.4%는 기능직 공무원에 해당된다.

8 정부에서 유연근무제 사용을 적극 독려하던 시점의 지방자치단체의 유연근무제 성별·유형별 이용 현황 자료를 보면, '시차출퇴근형', '근무시간선택형', '집약근무형', '스마트워크'의 경우는 여성보다 남성 이용자가 더 많은데, '시간제 근무'는 여성 이용자가 약간 더 많고, '재택근무형'은 이용자 전원이 여성이다(행정안전부, 2013b).

이들에게 새로운 기회를 제공하기도 한다. 하지만 이러한 기회는 이원화된 젠더 범주를 재생산할 위험에 그대로 노출되어 있다. 낮은 직급의 주된 사용, 낮은 직급에 다수 포진된 여성, 비전형적 방식의 유연근무제 사용은 시간의 성별화가 직급을 축으로 지속될 수 있음을 보여준다. 직급에 따른 배타적 분절은 바로 젠더와 결부되어 있다. 고위직의 시간은 시장노동 중심의 남성화된 방식으로 구성되는 것이 당연시된다.[9] 이에 유연근무제의 제도화는 고위 직급이 결정하고 유연근무제의 실행은 하위 직급 중심으로 이루어지는 위계적 분리가 지속적으로 재생산된다.

이러한 점은 민간기업에서 보다 노골적으로 드러나기도 한다. 민간기업은 공공부문에 비해 '경쟁' 논리를 더욱 중시하고 그것이 구성원들에게 내면화되어 있는 것과 관련된다. 기업[J]와 [K]는 '조직문화 변화와 혁신'의 차원에서 유연근무제를 도입하였다. 이들 기업은 임직원에게 '시간 운영의 자율권'을 부여하는 것을 유연근무제 도입의

성별	전체	시간제 근무	탄력 근무제				원격근무제	
			시차 출퇴근형	근무시간 선택형	집약 근무형	재량 근무형	재택 근무형	스마트 워크
여성	18,665 (34.5)	749 (53.2)	17,829 (33.9)	53 (43.8)	3 (37.5)	0 (0.0)	16 (100.0)	15 (46.9)
남성	35,473 (65.5)	659 (46.8)	34,724 (66.1)	68 (56.2)	5 (62.5)	0 (0.0)	0 (0.0)	17 (53.1)
전체	54,138 (100.0)	1,408 (100.0)	52,553 (100.0)	121 (100.0)	8 (100.0)	0 (0.0)	16 (100.0)	32 (100.0)

9 가사노동 참여에 관한 남성들의 경험과 인식을 S기업을 중심으로 분석한 연구에서는 일 중심의 삶이 40대 후반 이상의 임원급에게 하나의 표준적 규범이자 에토스임을 보여준다(이재인, 2010).

유연근무제와 페미니즘

전제이자 배경으로 제시한다(기업[J], [K] 내부 자료). 이에 유연근무제 사용을 위한 사전 결재나 승인 절차가 따로 없다. 또한 유연근무제의 취지를 훼손하는 유·무형의 실천을 예방하기 위해 회사 내에서 지속적으로 캠페인을 벌이기도 하였다. 10시에 출근하는 직원이 있는데 회의를 8시 30분에 잡는다거나, 부서원들끼리 출근 시간을 일괄적으로 맞춘다거나, 늦게 오는 직원에게 "쫑코"를 주는 것은 유연근무제를 무력화(無力化)시키는 단적인 예이다. 기업[J]와 [K]는 이러한 일들이 발생하지 않아야 함을 지속적으로 안내하였다.

그런데 이들 기업에서도 유연근무제는 일정한 직급 이하에서만 사용 가능한 것으로 인식되고 있다. 기업[K]의 [사례 21(남)]은 유연근무제의 실질적인 수혜자는 "대리 말에서 과장" 정도의 직급이라고 강조한다. 임원의 경우 "남아서 사업 하나라도 더 수주해야지 내년에 목이 붙어 있으니까 입장이 다르다"는 것이다. 유연근무제의 사용은 실적, 승진, 회사에 바치는 시간과 연동되어 평가된다.

> 불가능하죠. 거의 불가능하죠. 간부급일수록 신경을 써야 되잖아요. 1년 뒤면 난 차장이 돼야 되고, 이런 식으로 나의 어떤 끈을, 동아줄을 이 사람한테 잡아야 되고 그런 것들이 실제로 많이 일어나는 판인데 말을 안 들을 수가 없죠. (…) 부장급이라든가 아니면 임원급, 상무 이런 사람들은 내가 다음 차수로 승진을 할 때 굉장히 직접적인 영향을 주는 사람들이기 때문에, 나의 고과랑 직접적으로 연관이 되고, 그렇기 때문에 말을 무시해버리기 쉽지가 않죠. (…) 그래서 만약 제가 지금 부장 정도 됐고 유연근무제를 시행하고 있다고 하면은 제가 굳이 이거를 활용할려고 하지 않을 거 같

애요. 저도 윗분들이 말씀하시는 거나, 아니면 이래라 저래라 하는 거에 대해서 신경을 좀 덜 쓰는 편이기는 한데, 그런 거 저런 거 다 떠나서 이게 만약에 나의 승진이나 어떤 평가나 이런 데에 직접적으로 영향을 주는 거라고 하면 (…) 나의 어떤 입신양명을 위해서는 활용 안 할 거 같애요.　　　　　　　　　　[사례 6] 국내 기업

　[사례 6]은 '윗사람들이 유연근무제를 허락하긴 했지만 그들은 자신들이 11시에 나와도 된다는 상상을 안 해본 사람들'이라고 강조한다. 심지어 그녀의 직장인 기업[J]에서는 간부급에게 "몇 시까지 출근하라"라는 지시가 당연시된다고 한다. 유연근무제가 회사 전체적으로 실시되고 있음에도 간부급에게 일찍 출근하라는 별도의 지시가 내려지는 것이다. 이는 기업[J]에서의 유연근무제가 제도화의 공식성에 비해 이용 가능성은 제한되어 있음을 의미한다.

　'조직문화 변화와 혁신'을 표방하며 유연근무제를 도입한 기업에서 제도 사용은 일정 직급 이하에서만 가능하다는 것을 어떻게 보아야 하는가. 이들 기업의 여성과 남성의 구성비는 각각 3 대 7로 남성이 압도적으로 많으며, 이 격차는 간부급에서 더욱 클 것이다.[10] 공공부

10　이들 두 기업 모두 국내 100대 기업에 속한다. 2013년 초 언론에서는 "국내 100대 기업 여성 임원 숫자가 지난 2004년 조사 이후 10년 만에 처음으로 100명을 넘어선 것으로 파악됐다"며 대대적으로 보도한 바 있다. 「100大기업 여성 임원, 100명 벽 넘었다」, 『뉴시스』, 2013.2.20 등. 이 기사에서는 기사 제목의 부제를 '사무실 휘감는 여성 파워'로 달았다. 100대 기업 중 33개사에서 여성 임원이 통틀어 114명이라는 보도에 이러한 부제가 어울리는지 의문이다. 100대 기업 여성 임원 숫자는 2016년 165명으로 집계되었다. 그런데 여성 임원이 한 명도 없

문에서와 마찬가지로, 직급에 따른 분절은 젠더와 관련되어 있다. 고위직 남성들은 직장 문화를 바꿀 수 있는 권한과 능력을 갖고 있지만 의지가 부족하다(Hochschild, 1997). 하위 직급 노동자에 한정된 유연근무제 실행은 조직문화를 변화시키고 혁신하는 데 한계가 분명하다. 조직문화 혁신의 과제를 하위 직급의 몫으로 한정하는 것이 아니라면, 고위직 · 관리직의 유연근무제 사용은 적극적으로 고려되고 확대되어야 한다.

외국계 기업[N]은 유연근무제가 활성화된 '모범 사례'로 언론과 여러 토론회에서 소개되었다. 이 기업에서는 '시차출퇴근형'의 경우 공식적인 절차 없이 사용할 수 있기 때문에 별도의 이용 현황 집계 자료가 없고, '재택근무형'의 경우는 당일에 "오늘은 재택근무 합니다"라는 의사를 전달하기만 하면 이용할 수 있다.[11] 부사장이나 전무 등의 고위 간부도 유연근무제를 사용한다. 그런데 유연근무제 업무 담당자인 [사례 16]은 '정규직 시간제' 유형의 경우 고위 직급이 이용해서는 안 된다고 본다. "관리"하는 자리의 사람이 단시간만 근무하는 것은 적절하지 않다는 것이다.

고위직 · 관리직의 유연근무제 사용이 적합하지 않다는 의견은 이들이 유연근무제를 활용할 경우 유연근무제 실행을 제한하는 장벽

는 기업이 52곳으로 절반 이상이나 되었다. 「100대 기업 여성 임원 2.3%에 그쳐」, 『서울신문』, 2016.7.28.

11 국내 기업[I]의 재택근무제는 최소한 일주일 전에 재택근무 사용 계획을 제출하도록 되어 있다(사례 7(남)). 이에 비하면 외국계 기업[N]의 재택근무제는 사용이 훨씬 자유롭다고 할 수 있다.

이 한층 완화될 수 있음을 의미한다. 또한 고위직·관리직의 유연근무제 이용 자체가 제도 활용도를 높이겠다는 강력한 의지로 읽힐 수 있음을 함의한다. 국내 기업[V]의 유연근무제 업무 담당자인 [사례 24(남)]는 "윗분들이 안 쓰는 곳이 있다면 거기는 성공하기 어려운데"라고 간주한다. 그는 간부급의 유연근무제 사용이 정책 의지와 일관성을 드러내는 매우 효과적인 방법이라고 강조한다. 유연근무제가 직장에 몰두하기 어려운 노동자, 가족의 복잡한 여러 요구로부터 자유롭지 못한 노동자가 사용하는 제도로 낙인찍히지 않게 하려면 하급직보다는 상급직부터 적용하는 것도 방법(이현아 외, 2011)이라고 제안된 바 있다.

유연근무제는 창의적이고 생산적인 근무 체제로 제시되었다(행정안전부, 2010d). 공직사회의 획일화·규격화된 근무 형태로는 선진 일류 국가 실현을 위한 정부 경쟁력을 갖추는 데 한계가 있기에 '유연한 조직'으로 거듭날 필요가 강조되었다(행정안전부, 2010b). 유연근무제는 '조직 타성을 깨기 위한 Impact 있는 Policy'로서 문화 변혁의 촉발점으로 위상을 부여받으며(기업[K] 내부 자료), 창의적이고 유연한 조직문화 구축 강화를 위한 방안으로 주목받았다(기업[J] 내부 자료). 이처럼 유연근무제 도입 배경과 목적은 '구조'의 문제를 지시하고 있다. 그런데 그러한 구조적 문제에 대한 해법은 정작 구조를 향하지 않는다. 유연근무제는 시간이 공적 접근이 필요한 문제라는 관점에서 구상되었으나, 하위 직급에 대한 지원으로 그 의미가 축소되어 실행되고 있다. 이는 유연근무제의 확대도, 조직문화의 변화도, 유연한 조직으로 거듭나는 것도 실현되기 어려운 배경으로 작용하고

유연근무제와 페미니즘

있다.

4. 비정규직 배제의 역설

유연근무제 실행에서 나타나는 마지막 배타적 분절은 고용형태와 관련된다. 고용형태의 경우는 앞서 보았던 결혼 여부, 성별, 직급과는 다른 성격을 갖는다. 다른 기준들은 유연근무제 실행 과정에서 대개 비공식적으로 작동하고 있지만, 고용형태는 공식적으로 적용되는 기준이다. 유연근무제는 현재 정규직만을 대상으로 제도화되어 있다. 정규직만을 대상으로 한다는 점은 내부 노동시장과 외부 노동시장의 경계가 강화됨을 의미한다. 이는 정규직과 비정규직 노동시간의 이원화를 전제하며, 비정규직이 정규직의 유연근무제 사용을 가능하게 하는 '구성적 배제'로 존재한다는 것을 비가시화시킨다. 조직의 이원적 인력 구조는 핵심 역량으로서 지원·육성하는 인력 집단과, 한시적으로 사용하고 폐기될 인력 집단으로 구성된다. 후자의 집단에 대한 배제와 제한적인 포섭은 이윤 추구의 목적에서 역설적인 위치에 있다. 한시적 인력 집단의 노동이 혁신이나 획기적인 발명을 가져오는 노동은 아니라 하더라도 기업의 가치 창출은 이들의 구체적인 노동 과정을 경유해야만 하기 때문이다(신병현, 2012).

유연근무제 사용에서의 배제는 비정규직이 직장 내에서 동등한 성원권을 갖고 있지 못함을 보여주는 또 하나의 장치이다. [사례 13(남)]은 대학을 졸업하고 정부 산하기관에 계약직으로 취직하였다. 그 역시 자신을 유연근무제 사용자로서 '좋은 케이스'가 아니라고 했는데, 유연근무제 적용에서 제외된 비정규직 신분이었기 때문이다. 그가 정부 산하기관에서 일할 때 마침 그곳에도 유연근무제 '시범 적용'이 공지되었다. 그는 출근 시간을 다소 늦출 수 있으리라는 기대를 품었으나 비정규직은 애초에 해당되지 않는다는 것을 곧 알게 된다.

9월인가? 그때쯤부터 공무원들은 다 유연근무제를 시범 적용한다, 뭐 그런 거 했나 봐요. 그래가지구 원래 nine to six였는데 ten to seven으로 할 거니까는 관심 있는 사람 그렇게 하라고. 저는 아침에 일어나는 거 되게 힘들어하니까 (웃음) 10시~7시가 좋을 거 같아서 약간 좀 설레고 있었는데, 이게 공문도 내려오는 거 자세히 보고 하니까는 정규직들만 대상으로 하는 거더라구요.

[사례 13(남)] 비혼

[사례 13(남)]이 근무했던 정부 산하기관의 경우 출퇴근 시간을 일괄적으로 1시간씩 늦추는 '시차출퇴근형'만을 도입하였다. 그런데 이 것이 비정규직에게는 적용되지 않았기 때문에 비정규직의 출퇴근 시간은 이전처럼 오전 9시 오후 6시로 고정되어 있었다. [사례 13(남)]은 당시 정규직 중에서도 유연근무제를 이용한 사람은 많지 않았다고 기억하였다. 하지만 실제 이용 정도와 무관하게, 유연근무제가 정규직에게만 적용되는 것은 정규직과 비정규직의 노동시간을 이원화한다. 이곳에서 10시에 출근한다는 것은 그 자체로 정규직임을 드러내는 일종의 상징이다.

정부 부문의 경우 전일제의 정규직 공무원이 시간제 근무로 전환하면서 주당 총 40시간의 근무시간 중 남는 시간에 시간제 계약직을 채용하도록 하였다. 이 경우 시간제 계약직은 전일제 정규직 공무원의 유연근무제 사용을 보완하는 역할로서 정부가 강조하는 '일자리 창출'의 의미를 갖는다. 하지만 시간제 계약직 자체를 유연근무제의 이용이라고 보는 것은 다소 무리가 있다. 이렇게 되면 유연근무제를 통해 노동자의 재량권과 자율성이 증대되기보다는 오히려 불안정성이 강화될 우려가 크기 때문이다. 노동조합 활동가이기도 한 [사례 19]는 정규직과 비정규직의 노동시간 이원화를 '시간 주권' 개념을 들어 설명한다.

> 저희가 '시간 주권'이라는 표현을 쓰는데, (시간제로 전환했다가) 풀타임으로 복귀할 수 있는 '시간 주권'이 정규직 공무원들에게 있어요. 개인에 따라서는 되게 좋을 수 있는 거죠. 근데 그 자리에 대체해 오는 사람들에 대한 조건이 너무나 형편없는 것이었어요. 이게 반대급부인 거예요. 저희가 '시간 주권'을 가지고 있는 대신에 그 사람들은 아닌 거예요. (⋯) 그 사람들은 급여도 아~주 형편없고. 사실은 고용 계약을 하고 들어온다고 해도 정규직이 시간 주권을 가지고 있기 때문에 고용 안정도 너무나 힘들고 이런 조건인 거예요.   [사례 19] 지방자치단체

고용형태에 따른 분절은 여성 노동자의 다수가 비정규직으로 노동시장에 진입해 있다는 점에서 젠더와 관련된 문제이다. 2017년 8월 현재 비정규직은 임금노동자의 32.9%(654만 2천 명)이며, 여성 임금노동자의 41.1%는 비정규직이다. 남성은 정규직 비율이 73.6%인 데

비해 여성 정규직은 58.9%에 그친다.[12] 이러한 성별 고용형태 현황은 유연근무제를 사용할 수 있는 모집단에 여성이 상대적으로 적을 수밖에 없음을 의미한다. 유연근무제를 여성이 더 많이 사용할 거라는 통념과 달리 자료상으로 남성의 이용이 더 많은 것은 이러한 고용형태상의 불균등에서 영향을 받은 것일 수 있다. 유연근무제는 여성의 이중 부담을 지원하는 제도로 통용되고 있지만, 여성 노동자의 상당수는 유연근무제를 사용할 자격에서 이미 배제되어 있다. 또한 비정규직의 95.3%는 임시 근로자이거나 임시 근로를 겸하고 있다(김유선, 2017). 이는 비정규직 고용의 불안정성과 열악한 노동 조건을 집약적으로 드러내준다. 비정규직 노동자가 유연근무제 사용자 집계에 포함되는 것은 이러한 맥락에서 유연근무제의 취지를 왜곡하는 결과를 낳는다. 비정규직의 배제를 '역설적'이라 보는 것은 비정규직이 제도의 적용 범위에서 공식적으로 벗어나 있으면서도 유연근무제 이용 집계에 포함되어 제도 성과를 과대 포장하는 데 활용되는 위치에 놓여 있기 때문이다.

기존 연구들은 '시간제 근무'의 사용이 저조한 배경으로 정규직이었던 일자리의 비정규직화 가능성을 제기하기도 한다(김경희b 외, 2008; 양인숙 외, 2011). 시간제 근무 확대를 통해 고용률 상승이 도모되기도 하였다. 주당 40시간의 정규직 업무를 주당 20시간짜리 업무 두 개로 만들면 100% 고용률 상승이라는 가시적인 효과를 가져올

---

12 통계청의 '경제활동인구조사 근로형태별 부가조사' 결과, 비정규직 노동자의 성비 구성은 남성이 44.8%, 여성이 55.2%로 나타난다(통계청, 2017d).

수 있다는 것이다.[13] 하지만 이러한 정책이 단순히 단시간 근로를 통해 근로시간을 파편화시키는 데 그친다면 근로자의 종속성이 증가하여 노동의 질이 더욱 악화될 우려가 있다. 본래 정규직으로 충원되었던 여성 일자리가 단시간 노동으로 표준화될 위험도 있다(박은희, 2010; 이주희, 2010).[14] 앞서 언급한 사례를 다시 보자. 중앙행정기관의 한 여성 공무원이 하루 근무시간을 8시간에서 6시간으로 줄이며 시간제 근무로 전환했지만, 남는 2시간에는 대체 인력을 채용할 수 없도록 제도가 설계되었다. 대체 인력이 채용될 수 없음으로 인해 누군가에게 부담이 가중되거나 제공되어야 할 서비스가 만들어지지 못할 가능성이 높다. 또한 대체 인력을 채용할 수 있게 된다 해도 그러한 일자리가 과연 '괜찮은 일자리'일 수 있는지는 의문이다.

> 추가 고용 효과를 낼 수 있다? 그거 뭐 풀 뽑게 하고 돈 주는 거랑 뭐가 달라~ 그렇게 접근하면 안 된단 얘기지. 그냥 단순한 숫자 논리로, 당장에 숫자상으로 나타나는 거는 효과가 있는 것처럼 보이겠지. 근데 왜 그럴까 몰라~ 지금까지 그렇게 많은 제도들이 숫자 놀음에 얽매여가지고 결국은 실패했음에도 불구하고 왜 이것도 그렇게 접근을 하는지 모르겠어.　　　[사례 18(남)] 지방자치단체

---

13 「유연근무제 성공해야 경력 단절 없어지죠」, 『여성신문』, 2011.1.7.
14 시간제 노동의 증가가 특히 여성에게 집중되는 현상은 여성 고용의 비정규직화와 맞물려 있다(정성미, 2011). 많은 여성들이 시간제 노동을 불안정하고 막다른 지위로 인식하고 있어 오히려 비경제 활동 상태에 머무는 것을 선호할 수 있으며, 시간제는 사용자에게도 임시로 쉽게 쓸 수 있는 일자리로 인식되고 있다(배규식, 2010).

제도 자체의 효과를 논할 때, 그러면 일자리 창출이 어떻게 해서 되는지를 얘기해야지, 그냥 이론적으로 상식적으로 근무시간이 단축되니까, 당연히 조직이 8시간 일하니까 단축된 나머지 시간 가지고 일자리 창출이 된다? 아니죠~ 그거는. 누가 그렇게 유치한 단편적 논리를 펴요? 남은 시간에 다른 사람들이 (대신) 일해야 되는 조직도 있을 테고, 사람이 빠짐으로써 더 만들어야 될 서비스가 못 만들어지는, 제공을 못 할 수도 있는 거고, 또 누구도 의식하지 못하게, 뭐라 그래야 되나, 훼손된다 그러나? 그런 업무가, 쉽게 얘기하면 없어질 수도 있는 거고. 그런 또 다른 부정적인 반응으로 영향을 미칠 수 있는, 오히려 그런 원인을 제공할 수 있죠. 누가 그거를, 유연근무제 만든 사람들이 그거를 갖다가 '일자리 창출된다' 라고 얘기하면 틀렸구요. 일자리를 창출해야 되는 담당자들이 원인을 쫓아봤더니 '유연근무제 때문에 일자리 창출에 영향을 미쳤다' 라고 얘기하면 맞을 수도 있겠죠. 근데 유연근무제 만든 사람들이 일자리 창출을 논하는 건, 효과를 논하는 건 말도 안 되는 거죠.

[사례 3(남)] 중앙행정기관

비정규직 비율의 증가는 유연근무제의 도입과 활용을 감소시키는 것으로 보고되기도 하였다(김경희b 외, 2008). 즉 비정규직 활용과 유연근무제 간에 일종의 대체 관계가 성립하는 것으로 추론할 수 있다. 이에 김경희b 외(2008)는 비정규직의 무분별한 활용을 억제하는 하나의 대안으로 유연근무제 도입을 제안하였다. 이는 현재 유연근무제가 정규직에게만 배타적으로 허용되는 현실에 문제를 제기하고 이러한 현실을 바꾸어나갈 필요를 적극적으로 강조하고 있다는 점에서 유의미하게 읽힌다.

유연근무제와 페미니즘

하지만 이러한 제안의 취지가 왜곡되지 않기 위해서는 정규직/비정규직이라는 배타적 신분 구도의 해체가 동반되어야 한다. 정규직 노동조합은 현재와 같은 배타적 구도에서 비정규직 문제에 적극적으로 목소리를 내기 어렵다. 비정규직은 정규직과 같은 노동자이면서도 완전히 별개의 신분으로 간주되어 어떤 안전망도 없이 고용 불안정에 내던져져 있다. 유연근무제가 정규직 중심으로 운용되고 핵심인재 및 우수 여성 인력을 확보하기 위한 고용 브랜드로 평가되는 것(정지은, 2009; Osterman, 1994, 2000)은 노동자들이 유연근무제를 통해 분절될 가능성을 시사한다. 유연근무제가 조직의 시간 구성을 변화시키는 전환적 제도로 작동하기 위해서는 정규직/비정규직을 인식하고 문제화해왔던 익숙한 프레임을 깨는 작업이 필요하다.[15]

유연근무제가 '일과 가족'이라는 구도 하에서 노동시장 지위가 낮은 기혼자의 육아 문제 해결로 축소되고 있는 것은 현재 유연근무제의 실행이 제약되는 중요한 배경이다. 그런데 이마저도 정규직에 한해 이루어지고 있다는 것은 비정규직의 일-가족 양립이 정책적 관심의 대상조차 되지 못함을 의미한다. 이러한 상황에 대한 해법이 '비정

---

15 적극적 조치 역시 정규직에게만 배타적으로 적용된다는 점에서 심각한 문제를 안고 있다. 이주희(2003b, 2004)는 취업 여성의 다수가 비정규직으로 고용되어 있고, 정규직과 비정규직 간에 임금 및 사회 복지 수혜 상의 격차가 매우 크다는 사실을 짚어낸다. 그는 적극적 조치의 대상 집단이 고용형태상의 차별을 포함하는 것으로 확대되지 않는다면, 이 정책이 상대적으로 고학력인 정규직 여성의 노동시장 진출과 기업 내 위계 구조 진입을 위한 조치로 한정될 염려가 있다고 지적하였다.

규직의 정규직화'로 향하는 것은 정규직에 대해서만 지원하는 배타적인 틀을 고스란히 유지한 채 비정규직은 여전히 제도 밖에 남겨두는 결과를 낳는다. 비정규직의 유동적인 근무 패턴을 유연근무제 이용에 포함시키는 것도 심각한 문제이다. 임시·일용직 중심의 비정규직 노동 조건이 고려되지 않기 때문이다. 정규직/비정규직이라는 배타적 신분 구도의 해체는 이러한 맥락에서 이상적이면서도 현실적인 지향이다.

'유연근무제를 사용할 만한 노동자가 누구인가'를 판단하는 과정에는 결혼 여부와 자녀 유무, 성별, 직급, 고용형태 등이 개입되고 있다. 물론 비혼자, 남성, 고위 직급에서도 유연근무제를 사용하는 경우가 발견된다. 하지만 이들의 유연근무제 사용은 적절한 것으로 여겨지지 않는다는 점에서 '배타적' 분절로 규정될 수 있다. 이러한 배타적 분절과 결부되며 모순을 일으키고 있는 것은 바로 젠더이다. 유연근무제는 조직의 시간 구성을 변화시키는 구조적 접근을 통해 실행되어야 한다. 하지만 현재 유연근무제는 특정 노동자의 현실적 필요에 대응하는 개별화된 접근으로 운영되고 있다.

유연근무제는 기혼 여성 노동자에 의해 더 많이 사용될 것이라는 통념, 비혼자나 남성, 고위 직급의 유연근무제 사용을 예외적으로 여기는 인식, 다수의 비정규직 여성 노동자는 정규직의 유연근무제 사용을 가능하게 하는 구성적 배제로 기능하는 현실, 이들 간의 모순과 충돌은 유연근무제의 실행이 구조적 개입과는 동떨어진 사적 문제로 분절화되어 이루어지고 있음을 함의한다.

유연근무제가 모든 직장에, 모든 구성원에 똑같이 적용될 수는 없

유연근무제와 페미니즘

을 것이다. 하지만 어떤 직장에, 어떤 구성원에게 유연근무제가 적합한지는 쉽게 판단될 수 있는 문제가 아니다. 그 경계는 제도를 어떻게 설계하는지 뿐만 아니라 어떻게 운용하는지에 따라 유동적일 수 있으며, 그러한 과정에 어떤 가치와 규범이 작동하고 있는지에 따라 달라진다. 노동자 유연근무제 배분의 공평성에 대해 어떻게 느끼는지는 제도 활용과 효과성에 영향을 미친다(Grandey, 2001; Swanberg et al., 2005). 유연근무제를 사용하고 싶지만 애초에 사용 자격에서 배제되거나 암묵적으로 사용할 수 없는 노동자가 유연근무제를 사용하는 노동자에게 보내는 '악의에 찬 눈초리(evil eye)'[16]는 노동자 간의 분리를 상징적으로 드러내준다.

---

16 '악의에 찬 눈초리(evil eye)'는 한정된 자원이 주어진 상태에서 어떤 사람이 남보다 그것을 '더' 누릴 때 받게 되는 부러움과 시기심을 상징적으로 표현해준다(Hochschild, 1997).

제5장

'조직'의 무엇이
유연해지고 있을까

'조직'의 무엇이 유연해지고 있을까

1. 업무 조정과 인력 문제 간과

유연근무제는 노동이 이루어지는 방식의 체계적인 변화를 요구한다. 이는 유연근무제의 실행을 위해서는 직무 분석과 직무 재설계가 필요함을 의미한다(Bailyn, 2006; Perlow, 1997). 유연근무제를 사용할 수 있는 업무와 그렇지 않은 업무의 경계는 고정적이거나 본질적이기보다는 업무가 이루어지는 방식과 관계의 맥락에 따라 달라질 수 있다. 예를 들어 유연근무제는 소프트웨어를 개발하거나 개별적인 프로젝트를 수행하는 등 업무 연계성이 비교적 낮고 지식 집약성이 비교적 높은 업무를 하는 이들에게 적합하다고 논의된다(Valk and Srinivasan, 2011). 하지만 무엇을, 어디서, 누구와 개발하는가, 연계된 업무는 무엇인가에 따라 그 업무는 유연근무제가 적합할 수도 있고 그렇지 않을 수도 있다.

일례로 기업[I]에서 프로그램 개발 업무를 하고 있는 [사례 7(남)]은 자신이 하고 있는 업무가 협력사와 함께 하는 프로젝트로 이루어지고 관리 업무와 연결되는 경우가 많아 유연근무제를 사용하기 쉽지 않다고 한다. 그는 이전 직장에서도 프로그램 개발 업무를 담당했었다. 그는 당시 프로그램 개발 업무에만 집중했기 때문에 유연근무제를 사용하기 수월했고, 남들보다 1시간 일찍 출근하여 업무 집중도를 높였던 경험이 있다. 어떤 업무가 유연근무제를 사용하기 적합한지는 업무의 내용뿐 아니라 업무가 이루어지는 관계와 방식을 포괄하여 판단되어야 한다.

유연근무제의 실행은 노동자 개인의 시간표만이 아니라 일터의 탄력성을 필요로 한다. 노동자들의 노동시간이 조정되어도 그러한 변화에 조직이 적절하게 대응하고 적응할 수 있을 만큼 조직적 차원의 탄력성이 높아져야 하는 것이다. 업무 조정이나 인력 보강이 뒷받침되지 않는 것은 조직 차원의 변화가 미비함을 의미한다. 이러한 상황에서 유연근무제의 실행은 유연근무제를 사용할 수 있는 노동자와 사용할 수 없는 노동자 간의 '제로섬 게임' 양상으로 치닫게 된다.

공무원인 [사례 3(남)]은 자신의 근무처인 관공서[C]에서 유연근무제를 사용하는 유일한 노동자이다. 그는 관공서[C]가 고객 방문이 매우 많고 인력에 비해 처리해야 할 업무량이 많다고 강조하며, 이런 상황에서 자신만 유연근무제를 사용하는 것을 몹시 불편해했다.[1] 그

---

1 [사례 3(남)]은 유연근무제 사용을 승인받지 못하면 휴직을 하려 하였다. 그의 아내는 이른 아침에 출근하고 이른 저녁에 퇴근하는 직장에 다니고 있었고, 세

는 "누구는 하고 누구는 못하는" 상황으로 인해 직장 내에서 구성원 간의 연대감이 크게 저해된다고 지적하였다. 유연근무제가 특정한 상황에 처한 노동자 개인의 필요에 제한적으로 대응하는 방식으로 운영되고 있어 제도를 사용하지 못하는 노동자뿐만 아니라 제도를 사용하는 노동자도 제도로부터 소외되는 결과를 낳는다.

> 나랑 비슷한 동료들 있잖아요. 비슷한 또래의 아이를 키우는, 미취학 아동들을 키우는 그런 사람들도 유연근무를 하고 싶은데, 자기는 앞에, 창구에 딱 앉아서 해야 되는 업무고, 저는 뒤에, 뒤켠에서 책임자 쪽에 분류가 되니까. 자기는 정말 못 내거든. 그러니까 자기는 못 내는데 옆의 사람은 내니까 그거에 대한 시기나 그런 부분들이 있죠.
>
> [사례 3(남)] 기혼, 중앙행정기관

사회복지직 공무원인 [사례 19]는 '시간제 근무'로 전환할 생각이 있었지만 본인의 업무 성격상 이 유형에 접근 자체가 안 되는 경우였다. "수혜자의 생활 실태를 직접 보고 듣고 느끼는 것은 복지 업무를 처리하는 매우 중요한"[2] 일이다. 업무의 연속성과 책임이 그만큼 중

아이의 육아를 도와줄 사람이 주변에 아무도 없기 때문에 그가 출근 시간을 늦추지 않으면 아침 시간에 아이들이 방치될 상황이었다. [사례 3(남)]은 1시간 단위로 출퇴근 시간을 늦추고 싶지만, '윗선'에서 이를 허락하지 않아 30분 단위로 사용하게 되었다. 그는 "10시에 오는 것과 9시 30분에 오는 건 얘기가 다르다"면서, 아침에 아이들을 챙겨 학교와 어린이집을 보내고 직장에 오면 한겨울에도 "등짝이 다 젖어 있다"고 토로하였다. 그래도 그는 자신의 업무가 '일선 창구 업무는 아니기 때문에 유연근무제를 사용할 수 있다고 안도하였다.

2 「울산공무원노조, 사회복지직 노동 조건 개선 요구」, 『경향신문』, 2013.3.21.

요하다는 점에서 유연근무제 사용이 적합하지 않을 수 있다. 하지만 사회복지직 공무원의 업무가 본질적으로 유연근무제를 사용할 수 없는 업무인지는 의문이다. 여기에는 인력 부족이라는 문제가 상당히 큰 영향을 미칠 수밖에 없다.[3] 당시 정부에서 유연근무제를 확대하겠다며 특히 강조한 '시간제 근무'는 '원칙적으로' 모든 업무를 대상으로 하며, 직위·계급을 불문할 뿐 아니라 승인 사유, 기관, 직무 분야에 제한이 없다고 제시되었다.[4] 하지만 이러한 '원칙'은 노동 현장에 있는 공무원들에게는 전혀 현실감 있게 전달되지 않았다. 시간제 근무는 오히려 '어떤 어떤 업무밖에 못하는' 것으로 받아들여졌다.

어떤 어떤 업무밖에 못한다, 라고 하니까 실제 접근할 수 있는 공무원들도 접근이 안 되는 거예요. 저 같은 경우도 애기가 둘이니까 유연근무제 하고 싶은 욕심이 있는 거예요. 오전에 한 4시간 근

3　격무로 인한 사망이나 업무 압박을 견디지 못해 자살한 공무원들에 대한 보도를 종종 접하게 된다. 특히 2013년에는 사회복지 공무원 여러 명이 잇따라 자살하여 큰 충격을 안겨주었다. 당시 시민단체와 전국공무원노동조합에서는 과중한 업무가 복지직 공무원을 극단으로 내몰고 있다고 지적하였다. 특히 각 부처가 중구난방식으로 만든 복지 정책이 일선 지역사회의 사회복지 공무원에게 집중된 결과 업무량이 살인적인 수준으로 높아졌다고 한다. 이후 사회복지 공무원을 대상으로 실시된 조사에서는 응답자의 27.4%가 자살 충동을 느껴봤다고 답변한 것으로 나타났다.「'격무' 복지 전담 공무원 자살 올 들어 벌써 3명」,『연합뉴스』, 2013.3.21;「현직의 삶, '꿀'일까 '술'일까 : 과로·감정노동 "공직이라고 예외는 아니죠"」,『공무원저널』, 2018.6.1.

4　예외로는 정족수가 법령 등에 규정되어 있는 위원회의 위원과 정무직이 제시되었다(행정안전부, 2010a, 2011c).

　　　　　　　　　　　　유연근무제와 페미니즘

무하고, 다만 한 1~2년이라도. 나머지는 아이들하고 좀 있거나 이
렇게 하고 싶은 게 있었는데, 저는 시간제 근무 자체에 접근이 안
되는 사람이었어요. 저는 사회복지직이거든요. 이게 연동되는 거
잖아요. 쭉~ 상담이나, A라는 사람의 사례에 대해서 계속 알아야
하고 쭉 연동되다 보니까 파트타임으로 하기가 어렵다고 보는 거
죠.   [사례 19] 기혼, 지방자치단체

유연근무제를 사용할 수 있는 업무와 그렇지 않은 업무의 경계가
고정적이고 본질적이라면, 유연근무제는 노동이 이루어지는 방식에
대한 조직 차원의 변화와는 무관한 문제가 될 것이다. 이 경우 유연
근무제는 특정 업무에만 배타적으로 적용되는 또 하나의 근무 제도
일 수밖에 없다. 업무의 책임, 연속성, 안정성, 노동 강도, 전문성 등
은 무엇을 기준으로 어디에 초점을 두어 판단하느냐에 따라 구체적
내용이 달라질 수 있다. 또한 이러한 판단은 충분한 인력이 뒷받침되
는지와 긴밀하게 연관된다. 인터뷰 참여자들의 경험에 비추어 볼 때,
유연근무제 운영에는 업무 성격 자체보다 인력 운용이 더 중요하게
작용하는 것으로 보인다.

동일한 업무라 하더라도 그 업무가 어떤 관계에서 어떤 방식으로
이루어지는가는 유연근무제 사용을 가능하게도 하고 불가능하게도
한다. 외국계 기업[N]에는 '정규직 시간제' 유형의 유연근무제가 도
입되어 있다. 하지만 이 유형을 사용하는 직원은 한 명도 없다. [사
례 16]은 그 이유로 "지식 근로자가 일을 한다는 게 공장에서 제조를
하는 것처럼 딱 몇 시간 하고 끊는 게 아니"기 때문임을 든다. 하지만
그는 '지식 근로'가 본질적으로 '정규직 시간제' 형태로는 수행될 수

없는 성격의 노동이라고 여기지는 않는다. 다른 국가의 지사에서는 '정규직 시간제'로 전환하여 일하는 노동자들이 있기 때문이다.

> 같은 업무를 하고 있는 다른 나라 지사에서는 사용을 하고 있는 제도예요. 호주 같은 데는 국가 전반적으로 다 job sharing을 하더 라고요. 그래서 저희랑 같이 일하는 (호주의) 직원도 보면, 직원 연 락처 서치(search)하는 데에 자기는 "월, 화, 수만 일한다", "월, 화 만 일한다" 이런 걸 아예 써놨어요. 그런 걸 보면 회사 전반적으로 혹은 국가 전반적으로 고용 창출이라는 의미가 있기 때문에 그렇 게 할 수도 있는 거고. 그렇게 하자고 하면 또 안 되는 건 아니라는 생각이 들더라고요. '단시간 근로가 이런 지식 근로자한테 안 되는 건 아니다'라는 생각이 들어요. 다른 나라는 이미 하고 있으니까.
>
> [사례 16] 외국계 기업

노동이 이루어지는 방식이 고려되지 않은 채 유연근무제 사용 가 능 업무가 자의적으로 판단되는 상황은 유연근무제가 특정인들에게 만 해당하는 것으로 여겨지도록 한다. 이에 다른 이들에게는 '없는 제 도나 마찬가지'의 효과를 낳고, 따라서 조직적 차원의 탄력성 증대는 관심의 대상으로 떠오르지 못한다. 이는 궁극적으로 유연근무제 적 용의 형평성 문제를 오히려 은폐한다. 유연근무제가 사무직 중심으 로 운용되면 그 외 직무에 있는 사람들에게 유연근무제는 "없는 시스 템, 없는 제도나 똑같"다(사례 7(남)). 유연근무제가 형식적으로는 회 사 전체적으로 실시되지만 실질적으로는 특정 부서에서만 사용될 수 있는 것으로 여겨지면, 유연근무제는 그 외 부서에게 "유명무실한" 제도일 수밖에 없다.

저희 회사 안에서도 영업팀하고 관리 조직하고는 상당히 사용률이 달랐는데, 관리 조직 같은 경우는 거의 100퍼센트 그냥 8시까지 오는 걸로 항상 되어 있었어요.[5] 그 사람들은 일찍 오는 게 맞기는 해요. 왜냐하면 고객들이 사내에 있는 사람들이고 사내 사람들에게 응대를 하는 거다 보니까. 영업팀에서 막 찾는데 관리부가 10시까지 안 와 있고 그러면 안 되거든요. (…) 근데 이게 형평성의 문제가 대두가 되잖아요. 왜냐면 관리 부서에 간 사람들은 거기에 가고 싶어서 간 사람들이 아니잖아요. 배치를 시키는 거는 사실 회사의 결정 사안이고, 그것 때문에 관리 부서는 8시에 나와야 되고. 이런 제도가 있어봤자 유명무실한 게 되는 거잖아요, 관리 부서한테는.

[사례 6] 국내 기업

[사례 6]이 다니는 기업[J]에서는 출근 시간을 7시에서 11시 사이에 자유롭게 선택하는 '시차출퇴근형' 유연근무제가 실시되고 있다. 기업[J]는 크게 영업 부서와 관리 부서로 구성되어 있고, 영업 부서의 업무는 주로 해외 영업이다. 영업 부서 직원의 경우 "그쪽이 hot하게 돌아갈 시간에 맞춰야 하기 때문에" 밤늦은 시각이나 새벽에 업무를 해야 하는 일이 자주 있다. 하지만 유연근무제가 도입되기 전에는 그런 사정과 무관하게 모든 직원이 아침 8시까지 출근해야 했다. 야간 근무는 "일을 좀 열심히 하는구나, 이런 정도의 알아주는" 차원의 보상이 있을 뿐이다. 유연근무제는 이러한 상황을 개선하는 데 효과적으로 활용될 수 있다. 일은 거래처인 '외국의 시계'에 맞춰 해야 하는

---

5 [사례 6]의 직장인 기업[J]는 정규 출근 시간이 오전 8시, 정규 퇴근 시간이 오후 5시이다.

데 출근은 '한국의 시계'에 맞춰야 하는 것은 노동자의 입장에서 대단히 불합리하고 부당하게 느껴질 수밖에 없다. 외국계 기업[N]에 근무했던 [사례 5(남)]는 유연근무제의 필요성을 묻는 질문에 '글로벌화'를 꼽는다.

> 글로벌화가 되면서부터 내가 일할 사람이 한국 사람뿐만 아니라 미국 사람, 브라질 사람, 동유럽 사람 누구라도 같이 일을 해야 될 상황이기 때문에 그 사람들하고 밤새도록 일하고선 낮에 와서 졸고 있을 필요 없잖아요. 그런 일이 많은 시기에는 밤에 근무하고, 그리고 알아서 낮에는 쉬고 오든가 하라는 거죠.
>
> [사례 5(남)] 기혼, 국내 기업

기업[J]가 유연근무제를 도입한 것은 해외 영업을 하는 업무 성격을 적극적으로 고려한 시도로 볼 수 있다. 하지만 그렇다고 해서 관리 부서는 배제된 채 영업 부서 중심으로 사용되는 것이 정당화되는 것은 아니다. [사례 6]이 지적한 것처럼, 업무 배치는 회사의 결정 사안이지 노동자의 선택이 아니며, 관리 부서의 업무가 유연근무제를 사용하기에 적합한지 아닌지는 신중한 검토와 논의를 필요로 한다.

유연근무제는 구조적 개입을 통해 조직적 차원의 변화와 발전을 도모하는 도구이다(Rainey and Wolf, 1982). 업무 조정 및 재배치, 그와 연동된 인력 보강 등의 구조적 개입 없이 유연근무제 사용 가능 업무와 불가능 업무가 고정적으로 인식되거나 자의적으로 판단되는 것은 유연근무제의 실행을 제약하게 된다. 결국 유연근무제를 통한 조직의 시간 구성 변화를 가로막는다.

유연근무제와 페미니즘

박세정(2012)은 공공부문의 경우 상위 계층의 정부일수록 유연근무제 채택이 상대적으로 용이하고 하위 계층으로 갈수록 어렵다고 진단한다. 민원인을 대하는 업무처럼 근무시간의 틀이 고정되어 있거나 여러 사람이 같이 일을 해야 하는 육체 노동 및 현장 업무는 유연근무제를 사용하기 적합하지 않다는 것이다. 민원인을 대하는 업무는 이러한 진단처럼 유연근무제를 사용하기에 적합하지 않을까. 인터뷰 참여자들의 의견은 여러 갈래로 나뉘었다. 고객 서비스 업무이기 때문에 유연근무제를 사용하기 어렵다고 생각하는 사람(사례 3(남), 사례 17)이 있는가 하면, 고객 서비스 업무이기 때문에 정형화되어 있어서 다른 사람으로 대체되어도 무방하다고 생각하는 사람(사례 5(남), 사례 1)도 있다. 일선 창구의 업무는 단순한 것도 있고 복잡한 것도 있기 때문에 일률적으로 말할 수 없다고 생각하는 사람(사례 18(남))도 있다.

의견이 여러 가지로 나뉘는 것은 이들이 고객 서비스 업무를 무엇으로 생각하는지, 업무의 정형성을 어느 정도로 생각하는지, 무엇을 중심으로 적합 여부를 판단하는지가 다른 데서 비롯된다. [사례 3(남)]과 [사례 17]은 업무의 '안정성'과 '노동 강도'를 판단의 준거로 삼는다. [사례 5(남)]와 [사례 1]은 업무의 '책임'과 '연속성'을 강조한다. 이들은 고객 서비스 업무가 책임과 연속성이 적기 때문에 유연근무제 사용이 가능할 것이라 본다. [사례 18(남)]은 '전문성'의 정도를 중요하게 고려해야 한다고 주장한다.

이들의 이야기는 유연근무제에 적합한 업무인가 아닌가 하는 것은 판단하는 주체의 위치와 관점에 따라 달라질 수 있음을 함의한다. 바로 이러한 맥락에서 유연근무제를 실시하기 위한 전제로 직무 분석이 등장하는 것이다. 하지만 현재 유연근무제는 직무 분석에 기반하여 적합 업무가 판단되지 않는다. 유연근무제 운영은 직무와의 관련성보다는 관리자의 재량과 더욱 밀접하게 연관된다.

2. "상사의 스타일"에 좌우?

인터뷰 참여자들의 직장은 대부분 유연근무제를 공식적으로 도입한 상태이다. 공공부문의 경우는 정부가 유연근무제의 확대를 표방한 바 있으며, 민간부문의 경우는 주로 대기업과 외국계 기업에서 유연근무제를 제도화한 상태이다. 유연근무제가 도입되어 있음에도 유연근무제 사용이 어려운 데는 제도의 이용 가능성에 대해 어떻게 생각하는지가 영향을 미친다. 유연근무제의 이용 가능성은 공공부문인가 민간부문인가, 외국계 기업인가 국내 기업인가, 여성 비율이 높은 곳인가 낮은 곳인가 등에 따라 뚜렷한 특징을 보이지 않는다(〈그림3〉 참조). 일터의 특성에 따른 일정한 경향성이 발견되지 않는 것이다. 이는 유연근무제를 통한 시간 유연성의 증대가 특정한 요인과 인과 관계를 갖기보다는 관리자에게 허용되는 재량의 정도와 범위, 관리자와 노동자의 상호 작용, 노동자의 선택 등 특정 맥락에 따라 다를 수 있음을 의미한다.

이튼(Eaton, 2003)은 유연근무제의 실행을 위해서는 공식적인 유연성 보장만으로 불충분하다면서 관리자의 역할을 강조하였다. 그는 관리자들이 공식적으로 보장된 것 이상의 더 많은 유연성을 허용해줄 수 있다고 진단하며, 이를 '비공식적 유연성'이라 규정하였다. 관리자가 유연근무제 사용을 격려하는가, 그렇지 않은가는 문서화된 규칙보다 일터에 실질적으로 중요한 영향을 미친다. 기존 연구는 아무리 좋은 제도가 도입되어 있다고 해도 관리자가 부정적인 태도를 보인다면 실행 과정에서 오히려 역효과가 나며, 이는 특정 산업 국가나 특정 인구 집단에 국한되지 않는 것으로 분석한다(이주희, 2003a; Jacobs and Gerson, 2010). 공식적 제도는 관리자의 가치와 판단에 의해 비공식적으로 무력화(無力化) 될 수 있다. 동시에 관리자의 재량은 공식화된 제도가 보장하는 것 이상의 자율성과 재량권을 노동자에게 부여할 수 있다.

유연근무제가 어떤 업무를 중심으로 운영되는가는 관리자의 성향이나 가치관, "조직 분위기"의 영향을 받는다. 공무원인 [사례 3(남)]은 자신의 업무가 '일선 창구' 업무가 아니라 '지원 업무'이기 때문에 그래도 유연근무제를 사용할 수 있다고 여긴다. 하지만 동일한 성격의 관공서에서 '지원 업무'를 하고 있는 [사례 2]는 유연근무제를 사용하지 못하고 있다.[6] [사례 2]는 업무 성격으로만 보면 자신의 업무는 유연근무제 사용이 가능하지만 "조직 분위기" 때문에 자신뿐 아니라 "그 누구도" 유연근무제를 사용할 수 없다고 토로한다.

[사례 9]와 [사례 10]은 같은 외국계 기업, 같은 부서에서 일하고 있

---

6 [사례 2]와 [사례 3(남)]은 같은 성격의 관공서에서 근무한다. 다만 근무하는 지역이 다르다. 예를 들어 두 사람이 근무하는 곳이 구청이라면, [사례 2]는 A구청, [사례 3(남)]은 B구청이라는 의미이다.

다. 이들은 유연근무제를 사용할 수 있는 업무와 그렇지 않은 업무는 구분된다고 생각한다. 그런데 이들은 그 기준이 업무 성격에 의해 결정되기도 하지만, 최종적으로는 관리자에 따라 달라질 수 있다고 강조한다. 이는 직무 분석을 통해 유연근무제 적합 업무를 구분해내더라도 유연근무제의 실행은 노동이 이루어지는 관계와 방식, 문화적 토대, 노동자들이 기대하는 형평성 등에 따라 달라질 수 있음을 함의한다.

> 제가 이 제도에 대해서 각 부서장들이랑 얘기를 했을 때는 굉~장히 회의적이었어요. 이거는 직원들 간의 균형 문제도 깨질 수 있다… 예를 들면 어떤 부서에서는 리더가 좀 유연하다, 해서 얘네들은 다 쓰게 해주는데 쟤네들은 아니다, 라고 하면 여기 불균형이 생기고. 리더의 문제가 아니더라도 업무의 특성상 여기는 계속 밤 늦게까지 일을 해야 되는데, 저기는 flexwork로 막 쉰다, 또 이것도 불균형이 생기는 거죠. [사례 9] 외국계 기업

> 원래 맨날 하루에 2~3시간씩 야근하는 사람들 있잖아요. 그런 사람들은 이거를 쓰고 싶어도 못 쓰잖아요. 어차피 맨날 야근하니까. 그런 사람들은 좀 안 좋게 볼 수 있죠. 업무 로테이션 같은 걸 할 수 있게 사내 공모가 잘 돼 있긴 한데, 이것도 리더에 따라서 달라요. 한국인 리더들은 이 사람이 일을 되게 잘 하면 안 보낼려 그래요. 근데 외국인 리더들은 순환시킬려고 하거든요. 리더에 따라서 굉장히 달라요. [사례 10] 외국계 기업

인터뷰 참여자들은 유연근무제의 실행을 제약하는 주요 배경으로

관리자를 꼽는다. 제도의 사용 승인부터 '후속 조치'에 이르는 일련의 과정이 직무 관련성과 관계되기보다는 일관된 기준 없이 관리자의 재량에 의해 결정된다고 여기기 때문이다. 인터뷰 참여자들은 관리자의 재량에 맡겨진 자신의 처지에 좌절하고 이러한 상황이 묵인되는 조직에 분노를 표한다. 유연근무제를 이용하면서도 제도를 긍정하지 못하고, 유연근무제를 이용할 수 없음으로 인해 조직에 대한 부정적 감정이 쌓여간다. 이는 결국 제도와 조직에 대한 불신으로 이어진다.

> (유연근무제를 사용하려면) 계속 여기 있어야 된다는 거죠. 그게 허용이 되는 사람한테만 가든지. 지금은 현재 그걸 허용하는 사람이 총괄 결재권자도 아니고, 일개 저랑 한 급 차이나는, 제가 예를 들어 7급이면 6급인 사람의 허락을 득해야 되니까…. 문제가 좀 있죠. (유연근무제) 그만하라 그러면 휴직을 내든지 해야 되는 형편이죠. 그니까 제도적인 부분을 일개 상급자들이 막는 거죠.
>
> [사례 3(남)] 중앙행정기관

공무원인 [사례 1]도 유연근무제를 사용할 수 있는가, 그렇지 않은가는 일반적으로 업무 성격보다 "상사의 스타일"에 의해 영향을 많이 받는다고 강조한다. 자신의 직장인 중앙행정기관[A]는 다른 정부 부처에 비해 "굉장히 자유로운" 분위기여서 퇴근 시간이 통제되거나 하는 일이 없지만, 팀에 따라 다소 다르다고 한다.

> 상사의 스타일이 더 커요. 상사의 스타일이 크게 좌우해요. 솔직

히 말해서. 지금 [A] 같은 데는 굉장히 분위기가 자유로운 편이에
요. 그 외의 부서는 굉장히 보수적이라 그러더라구요. 상사가 퇴근
을 안 하면 눈치 보여서 퇴근을 못 하고 이런 거 있잖아요. 저희는
전~혀 없어요. 근데 과장이나 상사의 스타일에 따라서 또 달라지
는데. 저는 여기 와서 그런 상사를 만난 적은 없어요. 근데 아무래
도 우리 조직문화라는 게 결국 상사하고 부하의 관계잖아요. 그렇
기 때문에 상사가… 예를 들면, 옆의 과 과장님이 쪼끔, 심지어 연
가 있잖아요. 개인이 하루 휴가 쓰는 거에 대해서도 사유를 물어
요. 그거 자체가 부담스럽잖아요. "왜 가느냐, 무슨 일로 가느냐"
이런 거 자체가 부담스러운 일이잖아요. 그런 걸 꼬치꼬치 물어본
다 그러더라구요.   [사례 1] 중앙행정기관

유연근무제 사용이 관리자에 의해 좌절되는 것은 미묘한 장치 속
에 이루어지기도 한다. 예컨대, 부서 회의가 유연근무제를 사용하는
노동자의 근무시간 외에 잡히는 것이다. 이는 유연근무제가 제도화
되고 제도의 사용이 공식적으로 승인되었음에도 실제 사용은 또 다
른 차원의 문제임을 의미한다.

지방자치단체 산하기관[M]에서는 한 직원이 유연근무를 신청하였
고 기관장과 관리자의 승인을 받았지만, 결국 사용하지 못한 경우가
있었다. 당시 그 직원은 자신의 출근 시간을 정규 출근 시간인 9시보
다 늦추는 방식으로 유연근무제를 신청하였다. 그런데 유연근무제
사용을 승인해준 관리자가 오전 8시 30분에 부서 전체 회의를 하자
고 '제안'하였고 가능한 사람들만 참석해도 된다고 강조하였다. 관리
자는 회의 참석을 결코 강요하지는 않았다. [사례 20]은 이 사례를 이

야기해주며 관리자의 중요성을 강조한다.[7]

기업[K]에는 유연근무제를 사용하기 위해 거쳐야 할 공식적인 보고 체계가 없다. 하지만 유연근무제의 실행은 "부서장이 어떤 사람이냐"에 따라 다를 수 있다고 여겨진다. 이는 관리자가 조직 운영에서 무엇을 중시하는지, 유연근무제를 어떻게 인식하는지에 따라 유연근무제를 통해 보장되는 자율성의 범위가 상당히 다를 수 있음을 의미한다.

> 부서장이 어떤 사람이냐에 따라 되게 다를 거 같애요. 이를테면은 제도가 전반적으로 그렇게 이루어지고 있다고 하더라도 부서장 스타일 자체가 '나는 아침 8시에 꼭 미팅을 해야겠다'라고 하면 모두가 7시 50분까지 와야 되죠. 근데 반면에 그런 거에 구애받지 않고 '회의는 다 모였을 때 하면 되지 뭐' 이런 부서장이 있다고 했을 때는 9시에 오는 거 상관없고. 경우에 따라서는 "내일 제가 일이 있어서 좀 늦게 오겠습니다" 이렇게 그냥 간단히 말씀드리고 10시에 오거나 이러는 경우도 있고. 아주 소단위, 가장 작은 단위인 파트장이 어떤 사람이냐에 따라서 좀 많이 다른 거 같습니다.
>
> [사례 21(남)] 국내 기업

문서상으로 보장된 제도의 실질적 사용은 조직의 가치 변화와 함

---

7 [사례 20]은 유연근무제만이 아니라 휴가 사용을 예로 들어 관리자의 역할이 얼마나 중요한지를 거듭 강조하였다. 동일한 사유(병가)로 인한 동일한 기간(2주)의 휴가 신청에 대해 관리자에 따라 허용 여부가 다르게 판단되어 한 사람은 휴가 사용 후 복귀하고 다른 사람은 퇴사하게 되었다는 것이다. 그녀는 이러한 맥락에서 최고 관리자보다 중간 관리자가 더 중요한 역할을 한다고 보았다.

께 이루어질 수 있다. 유연근무제가 제도화되고 이를 활용하도록 장려하는 문서가 제공된다고 해도 그것이 구체적인 노동 현장에서 유통되지 않거나 수용되지 않으면 유연근무제는 조직의 변화를 이끌어 낼 수 없을 뿐만 아니라 사용 자체가 암묵적으로 거부되거나 좌절된다.

유연근무제의 구체적인 실행이 관리자의 재량에 따라 어떻게 달라질 수 있는지는 동일한 직장에 근무하는 인터뷰 참여자들의 경험에서 보다 분명하게 드러난다. [사례 9]와 [사례 10]은 같은 직장, 같은 부서에 근무한다. 하지만 담당 업무가 다르고, 관리자가 다르다. 두 사람 모두 하루 근무시간을 9시간으로 늘리고 격주로 하루 근무하지 않는 '집약근무제'[8]를 사용하였다. 그런데 [사례 10]의 관리자는 그녀에게 휴무 요일을 유연하게 하도록 하였고, [사례 9]의 관리자는 그녀에게 휴무 요일을 고정시킬 것을 권하였다. 때문에 [사례 10]은 업무 진행에 따라 예를 들어 어떤 주에는 수요일에 쉬고 다른 주에는 금요일에 쉴 수 있지만, [사례 9]는 자신의 휴무 요일에 불가피하게 회의가 잡혀 출근을 해도 다른 요일로 휴무를 대체하는 것이 불가능하다. 결국 [사례 9]는 유연근무제 사용을 중단하였다. 유연근무제 사용자로 분류되지만 유연근무제를 사용하는 "의미가 없어서"이다.

이들의 경험은 유연근무제 시행에 관한 정보를 접하게 된 경로에

---

8 외국계 기업[T]의 집약근무제는 두 가지로 구분된다. 점심시간을 포함하여 하나는 1일 9시간씩 근무하고 격주로 1일 휴무하는 것이고, 다른 하나는 1일 10시간 근무하고 매주 1일 휴무하는 것이다.

서부터 달랐다. 외국계 기업[T]는 2011년 유연근무제를 전면 확대하기 전에 시범 운영을 실시하였다. 이에 시범 운영에 참여하고자 하는 임직원들로부터 신청을 받았는데, [사례 10]의 관리자는 자신의 부서에 이 사항을 전달하였지만 [사례 9]의 관리자는 부서원들에게 이를 알리지 않았다. [사례 9]는 다른 부서 직원을 통해 시범 실시 참여자를 모집한다는 정보를 듣게 되었고, 이에 관리자에게 요청을 해서 유연근무제를 사용하게 된 경우이다.

> 처음에 이거를 원래 회사 차원에서 '파일럿으로 몇 명 대상으로 해서 시도를 하자' 그렇게 한다고 했는데, 리더분이… 정작 저희 팀한테는 말씀을 처음에는 안 하셨어요. 업무의 특성을 알고 있으니까. 그래서 제가 그런 거 한다고 하니까 "저도 한 번 해보고 싶다"라고 제가 말씀드린 케이스고. 부장님께서 처음에는 "한 번 고려를 해보자"라고 하셨다가 두 번째는 "그래 그럼 한 번 해보자"라고 말씀하셨어요.
> [사례 9] 외국계 기업

[사례 9]의 관리자는 '업무 특성상' 유연근무제를 이용하기 어려울 것이라 판단하고 부서원들에게 시범 운영 사실을 알리지 않았다. 유연근무제를 시행한다는 정보조차 관리자의 재량에 따라 전달 여부가 결정되는 것이다. 이는 유연근무제 실행을 위한 가장 기초적인 단계에서부터 장벽이 존재함을 의미한다. 관리자 선에서 정보 자체를 차단한다는 것은 유연근무제가 조직 내에서 가시화되고 소통될 수 있는 가능성이 제한되고 있음을 드러내준다. 담당 업무가 유연근무제를 사용하기에 적합한가 아닌가를 논의하는 과정은 설사 결론적으로

는 유연근무제를 사용할 수 없게 되더라도 향후 사용 가능한 방향을 모색하는 계기로 이어질 수 있다. 정보의 공식적 유통과 제도에 대한 노동자들의 참여/개입을 보장하는 소통 구조의 공식화는 유연근무제를 위한 필요조건이다.

어떤 제도든 그것을 운영하고 구현하는 과정에서 관리자의 재량이 행사되는 것을 원천적으로 차단할 방법은 없다. 유연근무제의 실행이 표준화되기는 어려울 것이며, 표준화가 바람직하다고 볼 수도 없다. 표준화 자체가 유연근무제의 유연한 실행을 가로막는 장벽으로 작동할 수도 있다. 하지만 그렇다고 해서 관리자 재량에 유연근무제 실행이 좌우되도록 맡겨지는 것이 문제되지 않는 것은 아니다. 관리자가 노동자의 유연근무제를 지지하는 조직문화인가 그렇지 않은가는 유연근무제 실행에 유의미한 영향을 미친다(Blair-Loy and Wharton, 2002; Papalexandris and Kramar, 1997). 이는 관리자의 재량이 어떤 방향을 향하고 있는지에 주목해야 할 필요를 말해준다. 인터뷰 참여자들의 경험을 통해 볼 때 관리자의 재량은 비공식적인 장치에 의해 노동자로 하여금 유연근무제 사용을 스스로 포기하도록 하는 방향으로 발휘되고 있다. 관리자의 재량이 원천적으로 차단될 방법이 없다고 해서 이를 문제 삼지 않는 것이 아니라 관리자의 재량이 노동자의 자율성을 보장하는 방향으로 보다 긍정적이고 적극적으로 발휘될 수 있는 조건을 모색할 필요가 있다.

3. '용감한 개인'의 결단

유연근무제가 노동자들에게 어떻게 인식되고 해석되는가는 유연근무제의 운영 규범에 의해 영향을 받는다. 유연근무제가 조직적 차원의 변화가 아니라 노동자의 개인적 필요에 부응하는 제도로 인식된다면, 대다수 노동자들은 유연근무제의 사용을 주저할 수 있다. "튀면 안 되기 때문"(사례 2)이다. 이러한 점은 공공부문에서 일하는 인터뷰 참여자들에게서 두드러지게 발견되었다. 인터뷰 참여자들은 본인이 유연근무제를 이용한 적이 있는지 여부와 무관하게, 자신이 유연근무제에 관해 얼마나 알고 있는지와 무관하게, 새로운 제도를 사용하는 데 따르는 부담을 한 목소리로 이야기한다.

새로운 제도의 실행에서 가장 기본적인 것은 정보의 유통이다. 유연근무제에 관한 정보의 부재 또는 정보의 불균형은 유연근무제의 실행이 조직의 변화를 기반으로 이루어지지 못하고 있음을 드러내준다. 유연근무제에 관한 정보가 문서 안에 갇혀 있는 상황에서 유연근무제가 폭넓게 사용되기를 기대하기는 어렵다. 정보의 부재/불균형은 유연근무제를 개인의 의지에 좌우되는 것으로 묶어두는 장치로 작동한다.

지난 정부는 유연근무제를 확대하여 민간부문에서도 활성화시키겠다는 계획을 잇달아 발표하였고 언론에서도 이를 대대적으로 보도함으로써 힘을 실어주었다. [그림 3]에서 보았듯이, 유연근무제의 제도적 공식성은 공공부문에서 높게 나타난다. 하지만 공공부문에서 일하는 인터뷰 참여자들 중 자신이 "워낙 휴가나 여가에 관심이 많아

서 (관련 정보를) 찾아보는 편"인 [사례 1], 지방자치단체 다른 산하기
관들의 유연근무제 운영 사례를 직접 조사한 [사례 4]를 제외하고는
대개 유연근무제가 있다는 사실 자체만 알고 있거나 그 내용을 피상
적으로 알고 있는 경우가 많았다. [사례 17]은 유연근무제 유형 중에
'시간제 근무'가 있다는 사실을 전혀 모르고 '두 번째 육아휴직'을 한
상태이다. 그녀에게 정부의 유연근무제 확대 계획에 관해 설명해주
자 그녀는 국가를 "선량한 고용주"[9]라 칭하며, 국가는 새로운 제도를
선구적으로 개척해나갈 의무가 있다는 의견을 피력하였다.

　　하지만 새로운 제도에 대한 정부의 선구적 개척은 조직적 차원의
뒷받침이 미비한 상태에서 결국 '선구자'인 개인에 의해 구현된다. 정
부는 유연근무제 확대 계획을 수립·발표하고 T/F 팀을 꾸리고 사용
을 권장하는 등 일련의 조치들을 취하였다. 하지만 유연근무제의 구
체적인 실행은 노동 현장에서 이루어진다. 유연근무제는 일선 행정
기관의 '실적' 부담과 그에 따른 '할당' 부과 방식으로 시도되기도 하
였다. 그럼에도 불구하고 유연근무제 사용자가 "용감한 사람"으로 인
식되는 것은 유연근무제 사용이 개인적 의지의 차원으로 환원됨을
보여준다.

9　이와 유사하게 [사례 3(남)]은 국가를 "모범적 경영인"이라 하였다. 그런데 [사례
　17]이 민간부문보다 공공부문에서 유연근무제가 "그나마" 이용될 수 있을 거라
　고 여기는 것과 달리, [사례 3(남)]은 공공부문보다 민간부문에서 보다 활성화될
　수 있다고 보았다. 그는 그 이유로 효율성을 들었다. 그는 유연근무제가 '제대로'
　잘 실행된다면 효율성을 높이는 데 도움이 되기 때문에 효율성 원리가 보다 강
　력하게 지배하는 민간부문에서 유연근무제 활용도가 더 높을 것이라고 보았다.

국가는 '선량한 고용주' 잖아요. 그렇기 때문에 제도를 만들어 놓으면은 그거를 먼저 정착시키고 그 다음에 사기업으로 파급 효과를 가져가야 되잖아요. 자기가 하지 않으면서 사기업 보고 하라고 강요할 수 없거든요. 그렇기 때문에 쓰라고, 그리고 실적이 어느 정도 나와야 돼요. 또 처음에 막 제도가 만들어지잖아요. 그러면은 적극적으로 쓰라고 막~ 해요. 하지만 (웃음) 사람들이 맨 처음에 눈치를 보죠. 이로 인한 뭐 불이익은 없을까. 그치만 그중에 용감한 사람들이 있어가지고, 그리고 정말로 마지못해 이런 거라도 해서 쓰는 사람이 있기는 하는 거죠. 하지만 무슨 제도가 생겼을 땐 항~상 그에 따르는 불이익이 있죠.

[사례 17] 중앙행정기관

맨 처음에는 그런 게 있는 줄도 몰랐고 좀 눈치가 보여서 사용을 못했었는데, 2010년 아마 말쯤인가. 갑자기 진짜로 사용해야 된다고 막 날라와서… (…) 저 말고도 사실 다른 여자분들이 되게 쓰고 싶어 하는데, 눈치를 보고 있었어요. 그러다가 어떻게 제가 먼저 하게 됐어요. 이런 제도가 왔을 때 활용을 해야지 계속 할 수가 있지, 나중에 진짜로 필요한 사람들이 뜬금없이 할려면 얼마나 눈치 보이겠어요. 다른 데에 비해서 약간 할당된 부분도 사실 있었어요.

[사례 2] 중앙행정기관

[사례 2]는 유연근무제가 전면 실시되기 시작했던 2010년 말 [사례 17]과 함께 관공서[D]에 근무하고 있었다. [사례 2]와 [사례 17]은 관공서[D]가 기혼 여성 공무원이 많은 곳이고 업무의 전문성이 높은 편이어서 다른 기관에서 일하는 공무원들에 비하면 자기 시간 활용이 비교적 가능한 곳이었다고 강조한다. 이들은 당시 유연근무제를 사

용하라는 권유도 있었고 심지어 "할당"도 있었다고 말한다. 하지만 이들의 이야기에서는 적극적 권유와 할당에도 불구하고 유연근무제를 처음 사용하려면 얼마나 많은 눈치를 보아야 하는지, 처음 사용하는 사람이 얼마나 용기를 내야 하는지를 읽을 수 있다. 유연근무제를 '정말' 사용해도 되는지에 대한 확신이 없는 상태에서 문서 상의 '할당'이나 '실적' 강제는 구속력을 갖지 못한다.

지방자치단체 산하기관에 근무하는 [사례 4] 역시 '선례'를 만드는 어려움에 대해 토로하였다. 그녀는 '시차출퇴근형'의 유연근무제를 사용했는데, 출퇴근 시간을 1시간 단위가 아니라 30분 단위로 조정하기까지 여러 가지 노력을 하였다. 대표적인 것은 '사례 조사'이다. 그녀는 다른 산하기관들의 사례를 조사하고 그 결과를 토대로 하여 기관장으로부터 30분 단위로 사용하는 것을 승인받았다. 유연근무제를 사용하려는 노동자가 직접 다른 기관들의 운영 사례를 조사하고 그 결과를 근거로 자신의 상황을 승인받는 이러한 방식은 유연근무제가 특정한 개인의 문제로 축소되어 통용되고 있음을 함축한다. 그녀는 이 선례가 되는 과정에서 의도하지 않게 투사가 되어버린다.

> 사례를 처음에 만들기가, 그게 제일 힘든 거 같아요. 그걸 처음에 시작하는 사람은 완전 투쟁인 거예요. 조직에 반발하는 사람으로 비춰져요. 근데 어떤 한 사람이 터주기만 한다고 해도 이렇게 쪼끔 할 거 같은데 (…) 그런 투쟁을 하면 자기가 다칠까 봐 그냥, 아예 선뜻 안 하고 그냥 맘 편히 산다, 그런 거죠.
>
> [사례 4] 지방자치단체 산하기관

　　　　　　　　　　　　　　유연근무제와 페미니즘

이처럼 새로운 제도의 도입은 그것이 어떤 변화를 필요로 하는지에 관해 조직 전체 차원에서 신중하게 숙고되지 못하고 있다. 이는 유연근무제가 구체적으로 무엇인지, 어떤 취지에서 도입되는 것인지, 유연근무제 사용이 노동자에게 어떤 의미인지 등에 관해 공식적·가시적으로 논의되는 소통 과정이 부재한 것과 연관된다. "공식적 채널"의 부재(사례 20)는 유연근무제를 사문화(死文化)시키고, 이렇게 사문화된 제도를 직접 사용하려는 노동자는 스스로 발로 뛰어가며 제도를 일터에 유통시킨다. 이런 상황에서도 유연근무제를 사용하려는 사람은 대단히 예외적인 경우로 인식된다. 여기에는 기관장이나 관리자의 심리적 저항이 중요하게 작용한다. 기관장이나 관리자는 유연근무제와 같은 제도적 지원 자체가 아예 없던 상황에서 직장 생활을 해왔고 지금의 자리에 이르렀다. 유연근무제는 이들에게 "좋은 혜택" 이상의 의미로 받아들여지지 않는다.

유연근무제는 일하는 방식의 체계적인 검토와 변경을 요구하는 변화 프로그램이다. 이러한 변화의 핵심은 노동자에게 일정 부분 통제권을 위임하는 것이기에 경영진이나 상사의 저항을 동반하기도 한다(Bailyn, 2006). 이러한 저항은 유연근무제 사용자를 경력 개발에 필요한 중요한 직무에서 배제하는 것(Kelliher and Anderson, 2008)으로 나타나기도 한다. 이는 유연근무제 사용을 주저하게 하는 강력한 장벽이다.

[사례 4]는 여러 노력 끝에 유연근무제를 사용하고 있지만 '윗분들'의 조언에 힘겨워하였다. '윗분들'은 "너만 고생해봤냐, 나도 고생했다. 네가 지금 힘드냐, 나는 옛날에 더 힘들었다"라고 이야기하며 그

녀의 유연근무제 사용을 민망하고 용감한 일로 만든다. 공무원인 [사례 3(남)]은 "옛날 사람들은 나보고 좋은 혜택 누린다고 한다"며 유연근무제가 없던 당시의 기준으로 자신을 평가하는 것에 답답해한다. 그는 유연근무제 사용을 허락받기 위해서는 무언가 다른 희생을 해야 한다고 이야기한다. [사례 3(남)]은 현재 유연근무제를 사용하는 것으로 인해 상급 단위 조직으로의 전입이 가로막혀 있는 상태이다. "윗분들"의, "옛날 사람들"의 유연근무제에 대한 심리적 저항은 이들을 조직에서 튀는 사람, 유별난 사람으로 부각시킨다. 뿐만 아니라 이는 유연근무제를 사용하려는 사람들마저 통제하는 효과를 갖는다.

유연근무제 사용 자체의 선례를 만드는 것도 어렵지만, '제대로' 사용하는 선례를 만드는 것 역시 쉽지 않아 보인다. 특히 출퇴근 시간을 앞당기는 방식으로 '시차출퇴근형'을 이용할 경우 더욱 그렇다. 다른 직원보다 일찍 출근하는 사람이 '제시간에 퇴근하는 것'은 유연근무제를 사용하지 않는 사람들보다는 '일찍 퇴근하는 것'을 의미한다. 하지만 오전 8시에 출근했다고 해서 오후 5시에 사무실을 나서기란 여간 어려운 일이 아니다. 자신의 직장에서 유연근무제를 최초로 사용하여 선례가 되었던 [사례 2]는 출근은 일찍 하면서도 퇴근은 일찍 하지 못하는 나쁜 선례를 만들 수 없다는 마음으로 "과감하게" 퇴근을 하였다. [사례 2]는 자신이 일찍 출근하고도 눈치를 보느라 제시간에 퇴근하지 못하게 되면 이후 다른 사람들에게 부정적인 영향을 미칠 수도 있다는 생각으로 퇴근 시간을 엄수하였다. "맨 처음 시작하는" 사람의 의무감은 그녀의 유연근무제 이용에 중요하게 영향을 미쳤다.

그런데 여기에는 경력에 대한 일정 정도의 포기가 작용하였다. [사례 2]는 자녀 출산 이후 육아를 도와줄 적당한 조력자나 기관을 찾지 못해 육아휴직을 3년 연속 사용하였다. 때문에 동기들은 이미 다 승진했지만 그녀는 승진에서 멀어졌다. 또한 3년을 육아휴직으로 보내고 복직을 하니 기존에 일하던 것과 시스템이 많이 달라져 있어 업무에 적응하는 데도 어려움을 겪었다. 그녀가 복직한 해에 공직사회에서 마침 유연근무제 사용이 권장되기 시작했는데, 그녀는 선뜻 나서는 사람이 없는 상황에서 가장 먼저 유연근무제를 사용하였다. [사례 17]은 유연근무제를 사용하는 것 자체가 직장 내에서 곱지 않은 시선을 받는 빌미가 된다고 여긴다. 하지만 공무원은 그나마 신분 보장이 되기 때문에 유연근무제 사용이 가능하다고 여러 차례 강조하였다. 그녀는 공무원이 되기 전에 민간기업에서 일했었는데, 민간기업에서 유연근무제를 사용하는 것에 대해 "생명이 위협받는 사태"가 될 거라는 다소 과장된 표현을 쓰기도 하였다. 이는 유연근무제를 사용하는 데 그만큼 개인의 의지가 중요하게 부각되는 맥락을 드러내준다. 유연근무제 사용은 그러한 사태를 감수할 의지가 있는, 그러한 사태를 돌파할 능력이 있는 개인에 의한 선택으로 의미를 부여받는다.

그래도 공무원 같은 경우는 그런 거 이용한다고 해가지고 막 짜른다거나 한직으로 보낸다거나 이러지는 않잖아요. 일반 사기업 같은 경우는 (목소리 높아지며) 생명이 위협받는 사태가 되지 않을까요? 정말 능력으로 평가를 받지만은 그렇지 않은 사람들이 그걸⋯ 그 뭐라고 해야 되나? 보통 평범한 사람들이 그 제도를 사용한다고 했을 때는 주변의 시선이라든가 관리자들이 바라보는 시선이라든가 이런 것들이 곱지 않을 거 같아요.

[사례 17] 중앙행정기관

　유연근무제는 정부의 적극적 의지로 독려되었다. 하지만 유연근무제의 실행이 이루어지는 일터에서는 유연근무제의 취지가 제대로 공유되지 않거나 유연근무제에 관한 기본 정보조차 원활히 전달되지 못하였다.[10] [사례 17]은 심층면접 도중 유연근무제의 목적이 무엇인지를 필자에게 물었고, 목적의 하나가 '조직의 경직성 완화'라는 대답에 믿을 수 없다는 듯이 반문하였다.

　유연근무제의 필요는 조직의 경직성 완화를 통한 일-가족 양립으로 표명되었다. 하지만 유연근무제의 실행 과정에서 조직의 무엇이 유연해지고 있는지는 발견하기 어려웠다. 이는 유연근무제가 '관습과 문화'상 아직은 "시기상조"라고 여겨지는 인식에서 잘 드러난다. [사례 18(남)]은 유연근무제가 장기적으로 볼 때 긍정적인 면이 많다고 여긴다. 그는 지금까지의 경직된 근무시간을 유연하게 하는 게 필요하다고 보았고, 유연근무제를 통해 특히 개인 시간을 활용할 수 있는 여지가 많아질 것으로 기대하였다. 하지만 이러한 기대는 어디까

---

10 유연근무제에 관한 정보가 조직 내에서 제대로 유통되고 있지 않은 상황이 공공부문에서만 발견된 것은 아니다. 예를 들어 외국계 기업[N]의 인사부 직원인 [사례 11]은 유연근무제 사용을 "회사가 군이 나서서 장려할 필요까진 없다"며 직원들에게 적극적으로 "promotion"하지 않는다고 이야기하였다. 그녀는 유연근무제에 관한 정보가 "어딘가 들어가면 있기는 있"지만, 그걸 찾아볼 만큼 여유 있는 직원은 많지 않다고 덧붙였다.

지나 "장래"에 실현될 것으로 표출되었다.

> 이 제도 자체가 장래적으로 봐서는 긍정적인 면이 많다고 보이지만, 말 그대로 '장래적'이라는 얘길 자꾸 하는 이유가, 지금 시점에서는 여러 가지, 제도 자체, 그리고 사람들 인식 문제, 이런 것들이 전혀 받침이 안 돼 있다고 나는 보는 거지. 그래서 누구나 선뜻 내가 먼저 손 들고 "제가 먼저 하겠습니다" 이런 분위기는 조성이 안 돼 있단 얘기지, 쉽게 얘기하면은. (…) 또 이 조직 내에서도, 아직까지 우리 사고방식에 내가 이렇게 유연근무제 한다고, 시간 됐다고 땡! 하고 나가기에는 뒤통수가 많이 간지럽겠지.
>
> [사례 18(남)] 지방자치단체

제도는 인식의 변화를 반영하기도 하고 이를 이끌어내기도 한다. 유연근무제가 제도의 효과를 보장하는 환경과 문화를 완벽하게 조성한 상태로 시도되기는 불가능하다. 비단 유연근무제만이 아니라 어떤 제도라도 수많은 시행착오를 거치며 보완되고 수정된다. 하지만 유연근무제의 실행이 지금과 같이 특수한, '용감한' 개인들에 의한 것으로 여겨지는 상황은 그러한 시행착오의 기회조차 갖기 어려움을 의미한다. 이러한 맥락에서 유연근무제가 폭넓게 사용되기를 기대하는 것은 무리다.

4. '커리어'와 맞바꾼(tradeoff) 시간표?

시장 기능을 신봉하는 신고전주의 경제학은 자율적 · 독립적 · 합리적 개인을 전제한다. 이에 여성은 시장에 부적합한 존재로 가정된다(조순경, 1998; Pujol, 1995). 노동시장에서 여성의 불평등한 지위는 구조적 차별, 성적 억압, 경제적 종속 등의 언어로 분석되어왔다. 하지만 이러한 접근은 '희생자/피해자 페미니즘'으로 평가 절하되며, 경제활동 참가에서 나타나는 성차는 개인의 선호에 의한 결과로 설명되기도 한다(Hakim, 2000). 하킴은 특히 30대와 40대 여성의 경우 효율성과 상호 이익의 관점에서 성별 분업을 이상적으로 본다고 주장하였다. 이처럼 여성의 선호, 여성의 선택을 강조하는 논의는 '여성도 합리적 개인'이라는 점을 부각시킨다.

하지만 페미니즘 관점에서 볼 때 '인간은 합리적 개인'이라는 전제 자체가 문제적이다. 이러한 전제는 인간(man)을 합리적 주체로 생산하고 그에게 '의식적 주권'을 내장시킨다. 이는 전적으로 합리적 존재로서의 인간 및 전적으로 합리적인 행위자의 활동으로서의 정치를 만들어내는 이데올로기적 생산의 측면을 갖는다(Scott, 2001). 또한 여성의 자발적 선택과 선호를 강조하는 주장은 "진정한 선택을 할 형편이 되는 성공한 엘리트 여성"의 선택권을 일반 여성의 것으로 일반화한다. 여성의 노동시장 참여 양상은 이러한 관점에서 여성 자신의 심리적 또는 생물학적 영향에 의한 결과라는 강력한 줄거리(story line)가 구성된다(Williams, 2010).

'남성이 생계를 부양하고 여성이 가사를 전담해야 한다'는 전통적인 성별 분업 관념은 더 이상 지지받기 어렵다. 1990년대 말 IMF 외환위기 이후 한국 사회의 두드러진 변화 중 하나는 맞벌이를 당연시하는 문화가 확산되었다는 것이다. 고용의 불안정성이 증대하고 신

        유연근무제와 페미니즘

자유주의적 경쟁이 격화되면서 여성의 노동시장 참여에 대한 일반적 시각이 달라진 것이다. 미래에 대한 불안감의 가중은 특히 젊은 세대에서 '맞벌이'에 대한 기대를 일반화시켰다(배은경, 2007).

이런 가운데 유연근무제나 육아휴직은 맞벌이를 유지하면서 돌봄의 공백을 최소화할 수 있는 대안으로 여겨지고 있다. 대신 이러한 제도를 사용하는 것은 자신의 직업적 성취 일부와 맞바꾸겠다는 의지로 받아들여진다. 여기에는 시간의 투입 정도가 판단 근거로 등장한다. [사례 2]는 자신이 유연근무제나 육아휴직을 사용하는 동안 다른 사람은 시간으로 조직에 충성한 것이기 때문에 본인이 승진에서 멀어지는 것을 당연히 감수해야 된다고 생각한다. [사례 1]은 유연근무제가 조직의 경직성을 유연하게 하면서 활용되기보다는 개개인들이 겪는 불편함이나 어려움을 덜어주는 방식으로 운용되고 있다고 본다. 그녀는 "욕심"이 있는 사람이라면, 유연근무제를 비롯하여 휴가나 휴직은 포기해야 한다고 생각한다. 이들에게 시간은 개인의 합리적 판단에 따라 배분되는 자원으로 전제된다. 따라서 그에 따른 책임 역시 개인의 몫으로 환원된다.

> 제가 생각할 때, 저 같은 사람은 휴식이나 휴가 이쪽에 워낙 관심도 많고 하니까 제가 찾아가지고 그런 걸 하고 하는데, 저는 그런 생각이 들어요. 자기 커리어라든가, 예를 들면 더 승진하고 싶고 더 중요한 일을 맡고 싶고 하다면 그 부분은 포기해야 된다고 봐요. 저는 그런 욕심이 없어요. 제가 여기서 더~ 빨리 사무관이 되고 더~ 빨리 과장이 되고, 이런 욕심 자체가 없기 때문에 저는 과장 눈치나 이런 거를 덜 보는, 그래서 제가 (유연근무제를) 하는

걸 수도 있다는 생각이 들구요. (…) 여성 직장인이 자기가 육아가 있고 일이 있다 했을 때 두 가지 중에 비중이 높은 게 있을 거예요. 그 두 가지 다~ 잘할 수 없다고 봐요. 저 같은 사람은 육아가 없는 데도 일보다는 나의 어떤 것들을 조금 더, 물론 일을 소홀히 하진 않지만 너무 일에 매진되고 이러고 싶진 않거든요. 근데 예를 들면 일 자체를 파고드는 분들이 계시거든요. 그런 분들은 일을 선택했으니까 육아 쪽은… 어느 정도 그건 감수해야 된다고 봐요.

[사례 1] 비혼, 중앙행정기관

[사례 1]은 "육아하고 일하고 둘 다 욕심이 있으신 분들은 딜레마에 빠질 거 같다"고 말한다. 그녀는 그런 딜레마가 여성과 남성에게 다르게 적용된다고 여기지 않느냐는 질문에 육아를 "70%" 이상 맡고 있는 남자 공무원 사례를 꺼낸다. 그 남자 공무원은 아내의 커리어를 지원하기 위해 육아의 상당 부분을 책임지고 있다고 한다. [사례 1]의 이야기에서 그러한 '딜레마'는 개별 부부의 '역할 분담'[11]에 의해 해소될 수 있는 문제로 구성된다. 성별 분업이 사회 체계로서가 아니라 개인 삶의 방식으로 이해되고 있는 것이다(박혜경, 2008). [사례 11]은 교환(tradeoff)이라는 단어를 통해 개인의 선택을 강조하고 '상대 평가'라는 단어를 통해 선택에 따르는 책임을 불가피한 것으로 만든다.

---

11 [사례 1]이 말한 맞벌이 부부의 경우 남편은 기능직 공무원이고 아내는 행정직 공무원이다. [사례 1]은 그 남성 공무원을 가리켜 "참 드문 남자형"이라면서 행정직 공무원인 아내가 승진에 있어서 앞으로 전망이 있기 때문에 아내를 밀어주는 "아주 이상적인 경우"라고 강조하였다.

유연근무제와 페미니즘

저는 사실은 재택근무를 하면서 혹은 뭐 다른 기타 등등의 뭔가를 사용하면서 약간의 그런 tradeoff가 있다… 다른 업무를 더 맡아야 한다든지 아니면 나를 평가하는 거에 있어서 뭐가… 그런 거는 저는 사실 개인적으로 좀 감안을 해요. 육아휴직 쓸 때 그렇구요. 육아휴직 한 직원이랑 안 한 직원이랑 똑같게 하기는 그렇죠, 제가 매니저라도. 이게 무슨 절대 평가가 아니라 상대 평가가 언젠가는 일어나야 되는 종류니까. 결국은 비교해서 평가를 하는 거라면은 그게 현실인 거예요.　　　　　　　　　[사례 11] 외국계 기업

　개인의 선택과 그에 따른 책임을 강조하는 배경에는 동등한 기회의 제공이 평등의 실현으로 이어진다는 자유주의적 믿음이 자리한다. 하지만 개인주의적 개체를 단위로 하는 자유주의적 평등의 이상은 여성과 남성을 범주화하는 사회적 체계 속에서 실현되기 어렵다(유정미, 2011). 범주로서의 젠더는 문화적 상징, 규범적 개념, 사회제도, 정체성 등에 개입하여 사회적 관계를 구성하고 권력 관계를 형성한다(Scott, 1998). 성별이 구조가 아닌 개체의 특성으로 파악되는 논리에서 권력 관계는 감춰지고 만다.

　인터뷰 참여자들은 유연근무제를 여성 친화적 직장임을 드러내는 하나의 증거로 여긴다. 이들은 육아휴직이나 할당제를 불러내며 이들 제도와의 연속성 속에서 유연근무제에 의미를 부여한다. 유연근무제는 여성을 배려하고 여성에게 우선권을 부여하는 것으로 이해되고 있다. 이러한 인식의 맥락에서 배려에 대한 대가가 지불되는 것이 합리적이라는 논리가 도출된다. [사례 2]는 "애 있는 아줌마"들이 조직에서 선호되는 노동력이 아님에 적극적으로 동의한다. [사례 11]은

자신이 재택근무를 하면서 무언가를 "감안"하는 것을 당연시한다. 그녀는 의도적인 제도적 개입에는 반드시 수반되는 고용상 조치가 있다고 여긴다. 따라서 가능하다면 의도적 개입을 최소화해야 한다는 입장에 서 있다. 유연근무제는 시간이 지나면 확대될 것이라 전망된다. '지금의 젊은 세대'는 과거 세대와 가치관이 다르기 때문이다. 그런데 '지금의 젊은 세대'인 [사례 11]은 똑같은 조건이라면 왜 굳이 여자를 뽑느냐고 되묻기도 하였다. 시간이 지나면 유연근무제 사용자가 늘어날 거라는 전망과, 유연근무제를 사용할 가능성이 높은 여자를 뽑는 것이 합리적이지 않다고 보는 관점은 충돌한다. 그녀가 볼 때 가장 극단적인 의도적 개입인 할당제에 관한 의견은 바로 이러한 모순을 극명하게 드러내준다.

> 시간이 좀 지나면 우리나라 여성 임원들이 점점 더 많아질 수도 있는 건데, 왜, 쉽게 말해서 미국 같은 데야 우리보다는 여자들이 육아에 대한 부담이 덜 하든지, 아니면 남녀 차별이 덜 하든지, 해서 여성 임원들이 훨씬 많을 수도 있는 건데. (…) 또 저희 세대들이 아직 안 돼서 그런 거잖아요. 그런데 (지금) 그 결과만 놓고 '여성 임원을 늘려라'라고 하는 거가 해결책은 아니라고 생각하는 거죠. (…) 저희 회사는 한 5년, 10년 지나면 훨씬 더 (여성 임원) 비율이 늘어날 거라고 생각해요. 그 쿼터제 때문이 아니더라도.
>
> [사례 11] 30대, 외국계 기업

여기에서 두 가지는 충돌한다. '시간이 지나면 여성임원 비율이 더 늘어날 것이다'(㉠)와 '나는 남자를 뽑겠다'(㉡)는 것은 동시에 이루어

지기 어렵다. ⓛ의 입장을 가진 임원이 많다면, 현재 조건에서 ㉠의
상태에 이르기란 결코 쉽지 않을 것이다. 게다가 [사례 11]의 이야기
에는 그녀의 의도와 달리 '구조'의 문제가 이미 전제되어 있다. 그녀
가 언급한 '여성의 육아 부담'이나 '남녀 차별'은 개인적 선호나 능력
의 문제로 환원될 수 없는 성격의 것이다.

여성들은 현실에서 어떤 식의 선택을 한다. 그 선택을 하는 과정에
서 무엇을 중요하게 고려할 것인지는 개인의 가치관과 선호에 따라
다를 수 있다. 하지만 그 선택은 진공 상태에서 이루어지지 않는다.
기혼 여성인 인터뷰 참여자들은 여성/아내에게 일-가족 양립의 책임
이 주어지는 현실에서 포기, 조정, 양보 등의 언어로 유연근무제 사
용을 설명한다(사례 2, 사례 12, 사례 16). 이것을 개인적 의지의 차
원에만 초점을 맞춰 해석할 수는 없다.

여성들이 이중 부담으로 인해 유연근무제를 보다 절실히 필요로
하게 되는 현실과, 그것을 여성의 선호에 따른 교환의 문제로 위치시
키는 것 사이에는 커다란 간극이 존재한다. 두 가지의 문제 설정 출
발점은 같아 보일 수 있지만, 그것에 접근하고 문제화하는 맥락은 다
르다.[12] [사례 11]은 유연근무제를 쓸 가능성이 높은 여성을 채용하거

---

12 이와 유사한 문제로 성별 직종 분리를 들 수 있다. 페미니스트들은 성별 직종 분
리를 구조적인 성차별에서 비롯된 문제로 보고 여성의 경제적 의존도를 심화시
킬 수 있는 현실로 보지만, 성별 직종 분리를 노동력 공급 측면에서 여성들이 자
신의 상황을 고려하여 직업을 선택한 결과임을 강조하는 논의(황수경, 2003)도
있다. 이 관점에서라면 성별 직종 분리를 완화시키려는 정책 접근은 개인들의
선택을 왜곡하는 과도한 개입으로 여겨질 수 있다.

나 승진시키는 것은 기업이 무언가를 '감수'하는 것이라고 여긴다. 그러면서도 시간이 지나면 여성 임원의 비율은 늘어날 거라 전망한다. 이들의 이야기는 조직에서 어떤 노동자가 선호되는지, 유연근무제 사용을 동등하게 주어진 기회에 대한 개인의 선택으로 이해하는 것이 왜 문제인지를 역으로 드러내주고 있다. 인터뷰 참여자들이 유연근무제를 다른 직업 기회와 맞바꾼 어떤 것으로 인식하는 것은 유연근무제가 개별화된 전략으로 여겨지는 현실을 보여준다. 자신의 선호에 따른 선택의 결과는 오롯이 개인의 몫으로 남는다.

노동자의 선택은 단순히 개인적 선호를 투영한 결과라고 볼 수 없다. 선호는 특정 선택을 다른 선택보다 유리하게, 혹은 불리하게 만드는 문화적 표준, 법률적·규제적 조치를 배경으로 생겨난다(Plantenga et al., 1999). 노동의 세계는 개별 노동자가 통제할 수 있는 수준을 훨씬 넘어선 힘의 각축 과정에서 무수한 방식으로 조직되고 구조화된다. 현재의 노동 참여 양상이 노동자의 선호를 반영하는지, 아니면 그들에게 제공되는 선택지가 갖는 한계점을 반영하는지 질문해야 한다.

여성에게는 집 밖으로 나가는 새로운 길이, 여성과 남성 모두에게는 부모 역할과 임금노동을 공유하는 새로운 선택지가 제공되어 왔다. 하지만 일과 돌봄이 이루어지는 체계는 그에 비해 훨씬 더디게 변화한다(Jacobs and Gerson, 2010). 유연근무제를 여성에게 부착시키는 논의들은 여성이 자신의 상황을 고려하여 유연근무제를 '자발적으로' '선택'하는 것이라며 행위 주체의 합리성을 부각시킨다(김경희 b 외, 2008; 황수경, 2011). 유연근무제의 필요가 제기된 구조적 맥

　　　　　　　　　　　　　　　유연근무제와 페미니즘

락이 삭제되고 '선호'의 이름이 부각될 경우 현실의 여러 조건들은 간과될 위험이 크다. 개인의 선호와 그에 따른 책임을 강조하기 이전에 선택이 이루어지는 기회 구조의 변화가 논의되어야 한다.[13]

5. 생산성 증대 논리에 포박된 다양성

생산성 증대는 유연근무제의 실행 효과 중 하나로 거론된다. 가족 친화로 명성이 높은 기업을 소개하는 자료들은 유연근무제를 지지하는 가장 강력한 근거로 생산성 제고를 든다.[14] 기업 가족 친화 제도의 성별성을 분석한 연구(이원형, 2006)는 가족 친화 제도가 기업의 생산성을 높이고 우수 인력을 유치하는 데 유리하다는 논리가 오히려 가족 친화의 함정으로 작용할 수 있음을 지적한 바 있다. 이 논리에 의하면, 회사의 지원이 이른바 '핵심 인력'에 집중되는 결과(McKee et al., 2000)를 피할 수 없기 때문이다. 높은 성과를 내는 조직들이 정규직/전일제 노동자 중심으로 유연근무제를 운영하는 경향을 보인다고 보고되기도 한다(Osterman, 1994, 2000). 유연근무제의 확산은 일—

---

13 워너(Warner, 2005)는 미디어와 주류 페미니스트 운동 진영이 소수의 성과에만 초점을 맞추면서 '선택', '우선순위', '균형' 등의 어휘를 사용한다고 지적한다. 그는 이러한 용어를 통해 소수 여성들의 이른바 성공 신화가 보편적으로 타당하고 대다수 여성들 인생에서 의미를 갖는 것처럼 보이게 되는 맥락을 짚어낸다.
14 「단축근로 · 조기퇴근… 가족친화기업 생산성 19% 높았다」, 『문화일보』, 2016.5.18; 「'氣UP'하면 '기업'도 산다… 직원 기 살려주는 회사들」, 『매일경제』, 2018.5.30; 「전 계열사 유연근무제 · 모성보호책 권장 '가족친화경영'」, 『세계일보』, 2017.1.24; 「가족 친화 기업들 생산성도 쑥쑥」, 『한겨레신문』, 2012.4.18.

생활 균형이 핵심 인재를 확보·유지하고 직원들의 조직 몰입도를 높이는 주 요인으로 부상한 데 따른 것으로 설명된다(정지은, 2009). 이러한 관점은 인터뷰 참여자들의 경험에서 이른바 '우수 인력', '핵심 인력'의 유인 및 유지의 문제로 연결되고 있다.

> 유한킴벌리 같은 경우도 잘 됐다고 하는 거 보면은, 조직원에 관련돼서 엄청 배려하는 게 많잖아요. 그리고 또 거기에 보면 어린이집이 만들어졌거나 다른 혜택이 있다거나 하면은 그 인력들이 오~랫동안 머물잖아요. 머물게 하기 위한 하나의 수단인 거잖아요. 그 조직원이 다른 데로 빠져나가지 않도록, 그 사람이 빠져나가면 우리는 불이익이라고 생각을 하기 때문에 그 사람에 대한 배려를 해주는 건데, 지금 저희 같은 경우는 '너 빠져나가도 우리는 다른 사람 들어올 거가 있는데' 이런 식으로 생각을 하기 때문에 (…) 똑같은 조건이면은 우리가 너를 배려를 안 해도 되는 형식으로 생각을 하는 거 같애요.   [사례 4] 지방자치단체 산하기관

[사례 4]는 조직이 그 구성원을 '수단'으로 보느냐 '동행자'로 보느냐에 따라 조직원들에 대한 배려가 달라진다는 점을 강조하였다. 이러한 의견은 조직 중심의 사고가 팽배한 한국 사회에서 조직을 구성하고 움직이는 개개인들을 어떤 관점에서 바라보고 있는지의 문제와 유연근무제를 연결시켜 살펴보게 한다. 노동자가 언제든 대체될 수 있는 하나의 '톱니바퀴'(사례 6) 혹은 '부품'(사례 21(남))으로 말해지기에 노동자의 권리로 유연근무제를 주장하는 것은 어떤 면에서 이상적으로 여겨지기도 한다. 노동자의 관점에서 유연근무제를 논의한

유연근무제와 페미니즘

다는 것은 어떤 것일까. 유연근무제를 실시해야 하는 이유로 '직원의 만족도'가 강조되는 것은 유연근무제를 노동자의 재량권과 자율성을 높이는 제도로 위치 짓는다는 점에서 유의미한 관점이라 볼 수 있다. 하지만 그러한 관심의 목적이 어디를 향하고 있는지는 또 다른 평가를 필요로 한다.

> 어떻게 보면 이상적인 발언일 수는 있겠지만, 직원 만족도가 확실히 달라져요. 왜냐면, 기혼 직원한테는 업무량이 문제가 아니라 flexibility, 유연성이 있는 것 자체가 굉장히 메리트거든요. (…) 저희 회사에 있는 기혼 여성분들이 다른 회사로 갈 때 제일 고려하는 게 그거예요, 두려워하는 게. 그러니까 쉽게 이직을 못하는 부분이죠. 그런 게 정말 핵심 인재를 유지를 하는 데 도움이 되거든요.
>
> [사례 16] 외국계 기업

같은 기업의 [사례 12]는 유연근무제를 사용하면서 업무 효율성이 높아진다는 것을 드러내 보일 수 있어야 한다고 강조하였다. 유연근무제 실행 효과의 하나가 생산성 증대일 수는 있다. 하지만 유연근무제 자체가 생산성 증대를 목적으로 설계되고 운영되는 것은 유연근무제가 언제든지 철회될 가능성을 내재하게 된다. 이렇게 될 경우 유연근무제를 통해 높이고자 하는 유연성은 노동자의 재량권/자율성의 의미보다는 불안정성과 유사한 의미로 연결될 여지가 크다. 유연성이 생산성 입증과 결부되어 좌우될 수밖에 없기 때문이다. 생산성 중심의 논리에서 보자면, 생산성이 낮은 개인은 낙오되는 것이 당연하며, 그 개인을 다시 건져 올릴 논리 역시 생산성의 자장(磁場)에 놓일 수밖에 없다.

일-가족 정책을 매력적으로 만들려는 목표가 가장 우수한 노동자를 보유하기 위한 것이라면, 상당수의 노동자들은 홀로 일-가족 문제를 감당하도록 방치될 수밖에 없다. 또한 가족 친화 정책은 회사에 이익을 가져다준다는 전제를 중심으로 구축될 경우 위태로운 운명에 처하게 될 것이 자명하다(Jacobs and Gerson, 2010). 유연근무제 시행으로 인해 만약 생산성 저하가 나타나고 그로 인해 유연근무제 자체가 강제로 후퇴된다면, 유연근무제는 생산성에 포박된 경영 수단에 불과하게 된다.

[사례 6]이 다니는 기업[J]의 유연근무제는 오전 7시부터 오전 11시 사이에 자율적으로 출근하는 방식으로 도입되었다. 하지만 약 1년이 지난 후 출근 시간대의 범위는 오전 7시부터 9시까지로 좁아졌다. 회사는 그 이유로 "경영상의 어려움"을 들었다. 경영이 어려운데도 유연근무제를 실시하는 것에 대한 기업 안팎의 지탄은 "배가 불러 터졌구나"(사례 6)라는 표현으로 압축된다. 이와 관련하여 [사례 5(남)]는 "기다려주는 sponsorship"을 이야기한다. 변화에 따르는 일시적 성과 저하를 두려워하여 변화를 포기하는 것이 아니라 변화에 직면하면서 성과 저하의 기간을 최소화하는 노력이 수반되어야 한다는 것이다. [사례 5(남)]는 "기다려주는 sponsorship"의 결과는 반드시 성과의 향상으로 보답 받는다는 믿음을 갖고 있다. 그의 의견은 유연근무제의 실행이 경영진과 간부급의 일관된 정책 의지와 결부되어 있음을 지적한다는 점에서 유의미한 시사점을 준다. 하지만 궁극적으로 생산성 최적화 논리를 넘어서지는 않는 것으로 보인다.

유연근무제와 페미니즘

조직이 다양성을 존중한다는 방침도 이러한 맥락에 놓여 있다. 다양성 존중 역시 조직의 성장과 결부되어 정당화된다. 유연근무제 운영의 모범 사례로 알려져 있는 외국계 기업[N]의 유연근무제는 'Diversity = Innovation = Growth'라는 기치 아래 추진되었다.

> '다양성'이라는 조직이 인사부 내에 있고요. 다양성 하면은 최근에 좀 관심들이 있어지기 시작했고, 한국에서도 에이온 휴잇(Aon Hewitt)에서 주도를 해가지고 Korea Diversity Council(한국다양성위원회)이라는 게 생겼어요. 저희 또한 executive member로 거기서 활동을 하고 있고요. 관심들이 좀 많아진 걸 느낄 수 있어요. '다양성' 부서에서는 뭘 하냐면, 저희가 믿고 있는 철학 중의 하나가 다양한 사람들이 모여서 그게 잘 혼용이 되면, 시너지를 낸다면 그게 더 혁신을 가져올 수 있고 그 혁신이 회사를 성장으로 이끌 수 있다는 기본적인 믿음이 있고요. 그래서 다양한 사람들을 위해서 어떻게 혼용이 잘 되게 할 것인가를 신경을 쓰는, 여러 가지 프로그램들을 하고 이런 것들을 널리 전파시키는 역할을 하는 거예요.
>
> [사례 16] 외국계 기업

다양한 사람들의 혼용이 혁신과 성장을 가져올 것이라는 믿음은 동질성을 강조하는 한국 사회에 시사하는 바가 크다. 하지만 다양성의 추구가 기업의 성장이라는 목표와 직결될 때, 이는 성장을 '입증'하는 문제와 연결된다. 유연근무제는 이 과정에서 가시적인 지표에 기대어 평가될 가능성이 높다. 이러한 점은 외국계 기업[T]에서 극명하게 드러났다. 이곳에서는 자신의 높은 생산성을 입증한 직원에게 우선적으로 유연근무제 사용을 승인하였다. 같은 회사, 같은 부

서에 속해 있는 [사례 9]와 [사례 10]은 이에 대해 전혀 다른 관점을
보였다.

> 이거는 저희가 전사(全社)적으로 많이 시행하라고 그러는데, 솔
> 직히 성과 안 좋고 일 제대로 안 하는 직원한테 쓰라고 할 수는 없
> 잖아요. 그니까 이거는 반드시 리더가 승인을 해줘야지 쓸 수 있거
> 든요. 원하는 대로 다 쓰는 게 아니라. [사례 10]

> 저희 리더십 간에 유연근무제를 만들 때 대상은 '성과가 좋은 사
> 람들로 하자'라고 했었는데, 그렇게 해서 파일럿도 그렇게 받았었
> 고요. 성과가 좋은 사람들 중에서도 본인이 원하는 사람, 그렇게
> 지정을 했었는데, 그것도 말들이 많죠. 성과가 좋은 사람만 해당이
> 되는 것도⋯ 좀⋯ 직원들 사이에서는 불화감이 있을 수 있으니까.
> 똑같은 상황에서 '나는 신청했는데 안 됐는데 저 사람은 됐다'라고
> 하면은, 물론 이유는 될 수 있겠죠. 성과가 다르긴 하니까. 근데 그
> 게 얼마나, 인간적으로 상처가 되겠죠, 직원들한테는.
> [사례 9]

유연근무제를 통해 업무 성과나 생산성을 높이겠다는 목표는 그
자체로서는 의미가 없을 수 있다. 유연근무제는 어떻게 운영되는가
에 따라 조직 성과에 긍정적 영향을 미칠 수도 있고 부정적 영향을
미칠 수도 있다. 기존 연구들은 유연근무제와 조직 생산성의 관계
에 대해 엇갈린 결과를 보고한다(Eaton, 2003; Halpern and Murphy,
2005; Hayman, 2009; Poelmans and Sahibzada, 2004 등). 또한 성과나
생산성을 무엇으로 볼 것이며, 측정 기준이 무엇인가는 가치 경합의

문제이기도 하다. [사례 10]은 자신이 그동안 높은 업무 성과를 보여 왔기 때문에 유연근무제를 사용할 수 있었고, 성과가 좋지 않은 직원 들에게 유연근무제 사용을 승인하지 않는 건 당연하다고 인식하지 만, [사례 9]는 그것이 직원들에게 줄 "인간적 상처"를 이야기한다. 그 녀가 언급한 "인간적 상처"는 개인의 상처에 그치지 않는다. 이러한 경험은 조직에 대한 신뢰, 동료와의 협업과 연관되며, 이는 다시 업 무 성과와 연결될 수 있다.

가족 친화 제도는 소수의 '우수한' 노동자에게만 베푸는 특권이나 보상으로서가 아니라 모든 노동자의 권리로 정의될 때 효과적으로 시행될 수 있다(Jacobs and Gerson, 2010). 유연근무제가 자신의 능력, 자신의 시장성(marketability)을 입증하는 노동자에게만 승인되는 방 식으로 운용되는 것은 유연근무제가 성과주의 조직을 만드는 도구로 왜곡되는 대표적 사례이다.

외국계 기업의 경우 유연근무제와 관련한 시스템이 안정되어 있 고 유연근무제를 비교적 자유롭게 사용할 수 있는 문화적 토양이 두 터운 편이다. 이는 노동이 동일한 시간에 동일한 장소에서 이루어져 야 한다고 사고하던 기존의 규범이 도전받았기에 가능할 것이다. 그 런데 기존의 규범이 깨진 바로 그 자리를 성과중심주의가 꿰찬 것은 아닌지 의문이다. 이들 기업에서도 유연근무제는 생산성과 효율성을 입증할 수 없으면 사용되기 어려운 생산성 중심의 논리를 맴돌고 있 다.

국내 기업[V]에서 유연근무제 업무를 담당하고 있는 [사례 24(남)] 는 유연근무제를 비롯한 가족 친화 제도가 기업의 성장에 중요한 영향을 미칠 수 있다고 본다. 하지만 그는 이러한 제도를 생산성과 결부시키는 것은 무리라고 여기기도 한다. "자연과학처럼 실험을 할 수 있는 건 아니기 때문"이다.[15] 국내 기업[V]에서 이러한 제도가 꾸준히 실시되는 데는 '인간 존중'을 강조하는 기업 철학과 이에 대한 직원들의 신뢰가 바탕이 되고 있다고 평가된다.

> 솔직히 저는 가족 친화 업무를 하는 사람으로서 실제적으로 가족 친화와 생산성의 관계를, 물론 많은 연구자들이 내고 있잖아요. 수치로 내보내기도 하고. 저도 그런 거 많이 봤거든요. 물론 그런 부분도 찾아야 되긴 하겠지만, 그걸 정말 자연과학처럼 그렇게 실험을 할 수 있는 건 아니기 때문에 '생산성 차원에서 보기에는 조금 무리인 부분도 있지 않나' 라는 생각이 들기도 해요. 저희도 생산성의 관점을 가져가기는 하죠. 근데 저희는 인간 존중이라는 부분에서 바라보는 게 큰 거 같고, 오히려 그런 관점이 있기 때문에 경영진이 바뀌고 해도 계속 똑같이 가는 거죠. 왜냐하면 가족 친화라는 게 해보니까, 되게 중요한 게 일관성이잖아요. 일관성이 있어야지 사람들이 믿거든요. 사원들이 믿게 되고, 그러다보면 활성화가 되고 그런 부분인 거 같아요. [사례 24(남)] 국내 기업

---

15 [사례 15(남)]는 이와 유사한 맥락에서 효율성이 '증명'되긴 어렵다는 점을 강조한다. 그는 하루 노동시간을 6시간으로 줄인 '보리출판사'의 사례를 언론 보도를 통해 접한 후 직장의 몇몇 동료들에게 이에 관해 의견을 물은 적이 있는데, 대부분은 "일이나 열심히 해"라는 반응을 보였다고 한다. 그는 지금 하루 8시간 노동이 일반적이긴 하지만, 사실 8시간의 일을 하고 있는지는 계량화될 수 없다고 생각한다. 노동시간 단축 시도도 명확하게 어느 정도의 효율성이 보장되기에 실시하는 것이라기보다는 효율성이 높아진다는 '가정'에 기반한 것이라고 보면서 "증명할 순 없는 부분"이라고 강조한다.

하이데(Heide, 2000)는 새로운 패러다임을 관철시키고자 하는 모든 시도에는 자본주의 체제에 의한 합병의 위험이 도사리고 있다고 경고한 바 있다. 유연근무제가 생산성 제고를 위한 '경영 전략'으로 동의를 획득하는 맥락은 유연근무제가 노동자의 입장보다 기업의 입장에 의해 좌우될 여지가 많음을 함의한다. 생산성 제고 자체가 노동자의 입장과 배타적인 관계에 있는 것은 아니다. 이 책에서 문제 삼는 것은 유연근무제를 생산성 증대와 결부시키는 논리 속에서 유연근무제가 노동자의 능력에 따라 차등적으로 주어지는 혜택으로 의미를 부여받게 된다는 점이다. 이 경우 유연근무제는 노동자들 간의 위계를 만들고 노동자들을 개별화시키는 결과를 낳을 여지가 크다. '생산성 증대를 위해 조직의 무엇을 바꾸어야 하는가'라는 질문은 이러한 논리 속에서 생략되어 있다.

제6장

—

노동시간, 헌신의 징표?

노동시간, 헌신의 징표?

1. 지켜지는 출근 시간, 늦춰지는 퇴근 시간

유연근무제는 노동이 정해진 시간과 장소에서 이루어져야 한다는 관념의 변화를 전제로 한다. 즉 기존 근무 방식의 개편을 필요로 한다. 이른바 '근태 관리'를 비롯하여 회의 시간, 점심 시간, 회식 시간 등 조직에서 이루어지는 많은 활동들이 조정되고 재배치되어야 한다.

예를 들어 '시차출퇴근형'의 유연근무제는 노동자들에게 업무를 시작하고 끝내는 시간에 대해 일정한 선택권을 허용한다. 동시에 이 유형은 모든 노동자가 일터에 있어야 하는 '코어타임(core time, 공통 업무 시간)'을 요구한다. [사례 14]와 [사례 15(남)]가 일하고 있는 민간단체에서는 '시차출퇴근형'의 유연근무제를 시행하기 시작하면서 회의 시간과 점심 시간이 연쇄적으로 조정되었다. 매주 월요일 오전 9시에 있었던 전체 회의는 오전 11시로 변경되었고, 낮 12시부터 1시로 정해져있던 점심시간은 낮 12시부터 2시 사이에 자율적으로 1시간을 사용하는 것으로 변경되었다. 또한 11시부터 오후 3시까지를 공통 업무 시간으로 정하여 회의나 협업 등에서 나타날 수 있는 지장을 최소화하도록 하였다. 국내 기업[V]에서도 점심시간이 11시 30분부터 1시 30분 사이에 1시간을 사용하는 것으로 변경되었다. [사례 7(남)]의 이전 직장에서는 11시부터 오후 4시까지를 공통 업무 시간으로 운영하였다. 국내 기업[J], 외국계 기업[N], 외국계 기업[T]는 공통 업무 시간을 정하여 전체 회의나 협업 등을 하도록 권장하고 있다.

무엇보다 정시 퇴근의 보장은 유연근무제 실행을 위한 전제 조건이다. 출근 시간은 지켜져야 하지만 퇴근 시간은 지켜지지 않는 관행은 유연근무제의 실행을 제약하는 주된 장벽이다. 이러한 관행이 지배적인 사업장에서 유연근무제를 사용하는 것은 조직에 대한 헌신도가 낮은 것으로 비춰지거나 구체적인 인사상 불이익 위험으로 감지되기도 한다.

통제와 감시가 일상화된 조직일수록 유연근무제는 조직의 과제로 받아들여지기 어렵다. 인터뷰 참여자들은 초과 근무 '관행'이 유연근무제 사용을 어렵게 한다고 한 목소리로 지적한다. 이러한 인식은 현재 직장에서의 직·간접적인 경험뿐 아니라 그간의 노동 경험 역사 속에서 형성되어왔다. 퇴근 시간과 초과 근무를 통제하고 감시하는 것은 독립된 하나의 사건이 아니라 일상적인 조직 문화에 배태(胚胎)되어 있다. 초과 근무 관행의 존재 여부는 노동자들의 실천을 통제하는 강력한 수단으로 작용한다.

유연근무제와 페미니즘

우리나라의 전통 방식은 시간을 출퇴근에 대한 것은 딱딱 지켜
야 한다고 하는 거가, 나이 드신 분은 고정관념이 있으세요. 고정
관념이 있기 때문에 아무리 일을 잘 해도 그것을 준수하지 못하면
은 일 못한 것으로 인정을 하시는 그런… 여태까지 직장 생활을 하
면서 윗분들이 다~ 그러셨거든요. [그럼 퇴근 시간은 잘 지킬 수
있어요?] 퇴근 시간은 언제나 늦죠. (웃음) 그게 웃기는 거죠.

[사례 4] 지방자치단체 산하기관

[사례 4]는 유연근무제를 이용하기 전에 자녀를 유치원에 보내는
일로 '5분' 정도 지각하는 일이 잦았다. 그녀는 이를 "죄책감", "죄인
느낌"으로 이야기하며, 일을 열심히 하고 성과를 내도 바로 이런 "허
점" 때문에 인사 평가 결과에 불만을 제기할 수 없는 처지였다고 토
로하였다. '5분 지각하고 1시간 초과 근무'를 한다고 할 때, 1시간의
초과 근무는 당연시되지만 5분의 지각은 허점이 되어버린다. [사례
15(남)]는 이전 직장에서 이른바 '칼퇴근'을 하기 위해 업무 성과를 더
보여줘야 한다는 압박감에 시달렸던 경험이 있다. 정시 퇴근을 보장
받기 위해 열심히 일했지만 인사 고과 결과는 매우 나빴다. 그에게
칼퇴근은 곧 "굉장히 안 좋은 인사 고과"로 각인되어 있다. 이처럼 출
퇴근 시간에 대한 조직의 규범이 노동자로 하여금 인사 평가에 대해
문제제기할 수 있는 자격과 결부되어 인식되는 것은 노동력의 가치
가 노동시간을 통해 구성됨을 집약적으로 드러내준다.

퇴근 시간을 감시하는 것은 초과 근무에 대한 통제로 이어진다. 초
과 근무는 노동자의 시간을 통제하는 대표적 수단으로, 여기에는 노
동자의 시간을 노동자의 것으로 여기지 않는 인식이 깔려 있다. 관리

자가 자신보다 먼저 퇴근하는 직원에게 '퇴근 사유'를 적어 제출하고 가도록 하는 장치(사례 4)는 초과 근무를 정상화하며 정시 퇴근을 오히려 비정상적인 행동으로 만들어버린다. 초과 근무를 할 만큼 업무가 남아 있는지는 중요한 고려 대상이 되지 못한다. '특별한 이유가 필요한' 정시 퇴근, '특별한 설명을 필요로 하지 않는' 초과 근무의 일상화는 초과 근무를 해야 열심히 일한 것으로 간주하는 인식이 팽배해 있음을 보여준다.

노동시간이 가치의 척도가 될 수 있는 것은 시간이 질적으로 동일하다는 전제 하에 양적인 개념을 이해되기 때문이다(강내희, 2011). 시간에 대한 이러한 이해는 시간의 질적 특성과 그것에 대한 의미화 분석을 어렵게 한다(조주은, 2009). [사례 20]은 유연근무제 확대에 대해 회의적인 태도를 보였다. "안 하면 불이익이 있을까 봐 불필요한 초과까지 하는 사람들이 정말 불이익이 있을지도 모르는 유연근무제를 하겠냐"는 것이다. 초과 근무가 일상화된 조직에서 유연근무제를 통한 시간의 재량권 증대는 기대되기 어렵다.

초과 근무가 규범이 되고 나면 노동시간의 의미를 과장하는 비공식적 규칙들이 발달하고, 효율성 여부를 떠나 긴 노동시간이 지속적으로 유지된다(Epstein et al., 1999). [사례 21(남)]은 자신뿐 아니라 대부분의 직원들이 하루 12~13시간씩 근무한다고 이야기하였다. 그는 소정 근로시간인 9시간(점심시간 포함)만 근무하고 퇴근하는 상황 자체를 선뜻 이해하지 못하였다. 그에게 하루 9시간의 근무는 '상상' 속에서나 가능한 것으로 보였다. 그는 "잠자는 거 외에는 하루 종일 회사에서 보내는 걸로 평생을 살아오신 윗분들에게 유연근무제는 급격한 변화"로 여겨질 거라고 힘주어 말하였다. 이는 유연근무제의 제도화는 경영진을 비롯한 고위 간부들에 의해 최종 승인되지만, 정작 이들이 사용하는 경우는 드문 맥락을 드러내준다.

정시 퇴근을 조직에 반하는 행동으로 비난하고 초과 근무 관행을 지속시키는 또 다른 장치로는 '간식 타임'[1]을 들 수 있다. '간식 타임'이 근무시간을 연장시키는 강력한 실천으로 작동하는 것은 첫째, 그 시간이 일방적으로 정해진다는 점, 둘째, 실제로 간식을 먹은 노동자가 누구인지와 무관하게 근무시간이 일괄적으로 연장된다는 점에서 볼 수 있다.

> (예전 직장에서) 국장님이 "피자나 시켜먹을까?" 이래요. 먹고 일하란 얘기잖아요. 그러면 저는 "안 먹을래요" 이래요. 왜냐하면 피자를 6시에 시키는 게 아니라 5시쯤 시켜요. 5시부터 6시까지 멕이고 6시부터 계속 일하라는 거잖아요. 옆에서 피자를 먹어도 저는 안 먹었어요. 입도 안 댔어요. "안 먹겠습니다" 그리고. 6시 땡 되면 일단 나왔어요. 진짜 죽이고 싶었을 거예요, 국장 입장에서는. 사무실 분위기를 엉망진창으로 만들었으니까… 처음에는 멋모

---

1 '간식 타임'이 노동시간을 연장하는 데 활용되는 사례는 다른 자료에서도 발견되었다. 한국여성민우회는 '성평등 복지 의제 발굴 프로젝트'의 일환으로 '릴레이 수다회'를 여러 차례 진행하였고, 그 결과를 발표한 바 있다. 당시 발표자는 수다회에서 공유된 여성들의 노동시간 경험을 통해 현재의 시간 규범을 문제화하는데, 자료에는 '간식 타임'에 관한 다음의 사례가 제시되어 있다. "밥 먹듯이 야근을 했다. 한 8시쯤 퇴근한다고 그렇게 눈치를 준다. 11시나 12시가 되면 그때쯤 사장이 '우리 간식 먹을까?' 이러는데 너무 얄밉다. 직원들 배려하는 것처럼 간식 타령."(김창연, 2012)

르고 했다가 나중에는 오기로 했죠. 여기서 한입 먹었다가는 계속 야근해야 될 분위기고, 한 번 야근하면 두 번 야근하는 건 일이 아니고. 물론 저도 처음부터 딱 끊고 나오진 못했어요. 처음에 적응 기간에는 야근을 했죠. 처음에는 야근을 한 몇 달 했을 거예요. 근데 하다 보니까 이게 왜 하나, 뭐 하나. 야근해봤자 뭐 인터넷 이렇게… 게임하는 사람도 있어요. (웃음) 사무실 책상에서 게임도 하고 딴 짓도 하다가, '국장님 언제 가나' 쳐다만 보고 이러고 있는 거예요.　　　　　　　　　　　　　　　[사례 15(남)] 민간단체

　함께 간식을 먹지 않고 버티다가 혼자 정시에 퇴근하는 것은 굉장히 드문 일일 것이다. [사례 15(남)]의 태도는 간식을 먹은 사람이 누구인지와 별개로 집단적으로 간식을 먹고 집단적으로 초과 근무를 하는 분위기에서 용인되기 어려웠을 것이다. 하지만 그는 해야 할 일이 남아 있는데도 정시 퇴근을 고집하거나 동료들과의 협업을 도외시하는 행동으로 업무에 지장을 주지는 않았다고 한다. 입사 초기에는 조직에 적응하는 차원에서 야근을 하기도 했다고 한다. 하지만 사무실에 남아 인터넷 게임을 하며 상사의 퇴근을 기다려야 하는 그 상황을 스스로 납득하고 용인할 수가 없었다. [사례 15(남)]는 민간단체 [O]에서 유연근무제를 사용하고 있다. 이곳에서는 '시차출퇴근형'의 유연근무제를 시행하고 있으며, 모든 구성원들은 오전 7시 30분부터 오전 10시 30분 사이에 30분 단위로 출근 시간을 선택할 수 있다. 유연근무제 사용 자격이나 사유에 아무 제한이 없다. '간식 타임'을 통한 근무시간 연장 관행은 그의 이전 직장인 민간기업에서의 경험이다. 그가 현재의 직장을 선택하는 데는 이전 직장에서 정시 퇴근하

는 문제로 직장을 그만두었던 경험이 중요하게 작용하였다. 그는 당시 '칼퇴근'을 홀로 꾸준히 실천에 옮겼는데, 결국 이것 때문에 회사를 그만두게 되었고, 이후 이직을 할 때 퇴근 시간이 지켜질 수 있는지 여부를 신중하게 고려하게 되었다고 한다.

노동시간에 대한 '이전' 직장의 경험은 노동자의 '현재' 선택에 중요한 영향을 미친다. [사례 5(남)]는 [사례 15(남)]와 맥락은 유사하나 정반대의 선택을 한 경우이다. [사례 5(남)]는 외국계 기업[N]에서 10년 이상 근무하다가 국내 기업[P]로 이직하였는데, 업무 관행과 불합리한 위계 구조 등 조직문화에 적응하지 못하고 결국 회사를 그만두었다. 그는 기업[P]의 불합리한 관행의 하나로 퇴근 시간이 직급에 따라 늦춰지는 것을 들었다. 직급에 따른 퇴근 시간의 유예는 노동자들의 시간을 통제하는 주요 장치이다.

> 상무가 퇴근하면 10분 있다가 해요. 바로도 퇴근 안 해요. 상무가 가끔 가다가 "아, 깜빡" 하고 올라올 때가 있어요. (웃음) 10분 정도는 안전하게~ 10분 정도 있다가 부장 퇴근하고 10분 정도 있다가 과장, 그 다음에 10분 정도 있다가, 이렇게 하니까 사원급들은 한 1시간 정도 있다가, 일이 없어도 그렇게 퇴근을 하게 되죠. (…) 윗사람이 퇴근하면서 이렇게 한번 쭉~ 보고선 다 앉아 있으면 뿌듯~해하시면서 가시거든요. 먼저 간 사람이 있으면 "어디 갔나?" 이렇게 꼭 물어보고 가면 사람들이 불안하기 시작하는 거죠.
> [사례 5(남)] 국내 기업

외국계 기업의 유연근무제는 외국 본사의 시스템을 기반으로 한다. 유연근무제의 실행을 위한 가장 기본적인 조건의 하나는 정시 퇴근 보장이다. 외국계 기업이 한국기업이나 한국의 공공부문과 가장 현저한 차이를 보인 부분이 바로 정시 퇴근에 관한 것이다. [사례 5(남)]는 이전 직장이었던 외국계 기업에서 초과 근무 '관행'이 없었을 뿐 아니라 정시 퇴근이 장려되기까지 했던 경험이 있다. 초과 근무가 필요한 경우 각자의 판단에 의해 알아서 하는 것이 가능했다는 것이다. 현재 외국계 기업[N]에서 근무하는 [사례 16] 역시 초과 근무 '관행'이 없음을 강조하였다.

> 인사 director 분께서는 6시만 되면은 퇴근하라고 막~ 돌아다니세요. 늦게 남은 사람들 일 못하는 사람이라고, 빨리 퇴근하라고. 근데 각자 책임감이라는 게 굉장히 강해요. 자존심도 강하고. 그래서 '이 일만큼은 내가 누구보다도 전문가다', '사장님이 와도 이 일에 대해서는 내가 더 전문가다'라는 그런 자부심이 강해요. 그래서 내가 해야 될 일이 남았고, 내가 만족해야 될 수준을 정해놓은 상태로 그거를 도달하지 못하면은 퇴근을 안 해요. 퇴근을 안 하거나 퇴근을 하더라도 집에 가서 밤새도록 일해요. 저도 그랬고.
>
> [사례 5(남)] 국내 기업

> (초과 근무) 관행은 없죠~ 저희는. 저 같은 경우도 6시 되면 딱 칼퇴근 하거든요. 퇴근했다가 일이 많기 때문에 9시 정도에 애들 다 재우고 나서 다시 제2의 일을 시작하고 그러죠.
>
> [사례 16] 외국계 기업

유연근무제는 이러한 맥락에서 매우 긍정적인 제도로 평가된다. 유연성이 보장된다는 것은 자신의 일상 스케줄을 고려하여 일할 시간을 선택할 수 있음을 의미하기 때문이다. [사례 5(남)]는 국내 기업과 외국계 기업에서 근무했던 자신의 경험에 비추어 절대적인 업무량은 외국계 기업이 더 많은 편이라고 보았다. 하지만 외국계 기업에서는 그 업무를 하는 데 있어서 시간을 유연하게 조절할 수 있는 자율적인 선택권이 주어지기 때문에 직무 만족도가 더 높게 나타난다고 강조하였다.

또 다른 외국계 기업[T]의 [사례 23]도 퇴근이 매우 자유롭다고 이야기하였다. "할 일 없는데 위의 사람 눈치 보느라고 남아 있는 경우"는 거의 없다는 것이다. 하지만 이 가운데서도 관리자가 외국인인 부서와 한국인인 부서에 약간의 차이는 있다고 하였다. 관리자가 외국인인 부서는 대개 관리자의 퇴근 시간과 무관하게 부서원들이 자유롭게 퇴근할 수 있지만, 관리자가 한국인인 부서에서는 관리자 자신도 보통 늦게 퇴근할 뿐만 아니라 관리자가 늦게 퇴근하기 때문에 부서원들도 늦게 퇴근하는 분위기가 형성되어 있다는 것이다.[2] [사례 23]은 '시차출퇴근형'을 예로 들면서 정시 퇴근이 보장되지 않으면 유

---

[2] 이러한 차이는 관리자가 외국인인가 한국인인가에 의해서만 영향을 받는 것은 아니다. 또 다른 외국계 기업[N]은 정시 퇴근이 장려되지만, 이곳 관리자 중에 외국인은 거의 없다. 이곳은 외국계 기업인 '본사'가 한국에 '지사'를 만든 경우로 시스템과 문화는 '글로벌'하지만 인력은 대부분 한국인이다. 외국계 기업 [T]는 외국계 기업인 '본사'가 한국 기업을 '인수'하여 지사로 만든 곳이다. 이곳에는 원래 한국 기업의 관리자였던 한국인들과 외국의 본사에서 파견한 외국인 관리자들이 섞여 있고, 한국 기업의 시스템을 외국 본사의 시스템으로 바꿔나가는 시도가 꾸준히 이루어지고 있다. 이들 기업의 사례는 관리자의 국적이 그 자체로 독립변수로 간주되기보다는 정시 퇴근을 보장하는 시스템과 조직문화, 지배적인 시간 규범과의 관계 속에서 고려될 필요가 있음을 보여준다.

연근무제는 무의미할 거라 여겼다.

> 어쨌든 주당 40시간이라는 게 딱 보장이 되어야 이렇게 쓰든 저
> 렇게 쓰든 할 텐데, 그게 보장되지 않은 상황에서는 있으나마나지.
> [사례 23] 외국계 기업

　한쪽은 초과 근무 관행이 없고 정시 퇴근이 보장되지만 업무 부담
(workload) 때문에 집에 가서 초과 근무를 한다. 다른 한쪽은 업무와
무관하게 정시 퇴근을 꿈꿀 수 없다. 이러한 상황은 각기 다른 해법
을 통해 타개되어야 할 것이다. 인터뷰 참여자들의 경험은 정시 퇴
근 보장이 유연근무제의 선결 조건이라는 점, 그런데 정시 퇴근 보장
은 관리자에 따라 그 여부가 달라질 수 있다는 점을 드러낸다. [사례
18(남)]은 현재 자신의 직장인 관공서[E] 전체를 '중간 관리자'인 자신
의 의지로 바꿀 수는 없지만, 최소한 자신의 관리 범위 내에서라도
정시 퇴근을 보장하려는 신념을 갖고 있다. 그 이유는 아주 간단했
고, 정확했다. "당장 안 하면 때려죽일 일도 아니"기 때문이다.

> 정시 퇴근 그거는 아주 자유의사지. 예를 들어서 더 업무가 있거
> 나 더 좀 들여다봐야 할 사람이 있으면은 쪼금 더 있을 수 있는 거
> 고, 그렇지 않은 사람은 6시 땡 하고도 나가는 거고. 예전만큼 그
> 렇게 상사의 눈치를 보거나 이런 거는 없지. 물론! 이것도 각 조직
> 마다 특성이 있고, 그 관리자의 특성에 따라 다를 순 있지. (…) 찾
> 는 사람도 있다고 들었으니까. (웃음) "윗사람 남아 있는데 말이야,
> 어디 갔냐" 그런 사람도 있을 수 있는 거 아니야. 근데 우리 조직은
> 안 그래~ (웃음) 나는 6시 땡 하고 지나서 뭐 검토 받으러 오면 난

안 해. "내일 가져와" 그래. [그렇게 하는 이유가 뭐예요?] 그게 무슨 지금 당장 안 하면 때려죽일 일도 아닌데, (웃음) 왜 일과 시간 이후까지 자꾸 그렇게 사적 시간을 너도 뺏기고 나도 뺏기냐 이거지.

[사례 18(남)] 지방자치단체

출근 시간은 반드시 지켜져야 하지만 퇴근 시간은 늦춰지는 게 당연한 문화에서 유연근무제의 실행은 어려울 수밖에 없다. 퇴근 사유를 제출하도록 하거나 간식 타임을 통해 근무시간이 자연스럽게 연장되거나 직급에 따라 퇴근 시간이 유예되는 등 정시 퇴근을 비정상화하고 초과 근무를 정상화하는 장치는 여러 일터에서 발견된다. 여기에는 퇴근 시간을 노동자의 태도와 연결시켜 평가하고 시간을 통해 위계가 확인되는 정치가 작동한다.

[사례 15(남)]는 초과 근무를 정상화하는 현실을 바꿀 수 있는 구체적인 방법으로 '야근 수당'을 적절하게 지급하는지 감시할 것을 제안하였다. 그는 "하루 8시간 근무하나 12시간 근무하나 성과가 똑같은데 누가 돈을 더 주면서 12시간 근무를 시키겠냐"고 힘주어 말하였다. 그는 그 근거로 독일에 진출한 한국 기업들이 독일 노동자들의 정시 퇴근 '관행'에 당혹스러워하는 일화를 들려주었다. 하지만 그는 독일 사례를 이야기하다가 초과 근무 정상화가 야근 수당 지급을 감시하는 것만으로 해결될 문제가 아님을 깨닫게 된다. 초과 근무 정상화의 역설을 깨기 위해서는 노동자의 시간이 임금노동 시간만이 아닌 다른 여러 종류의 시간으로 구성된다는 인식이 요구된다.

제 여동생이 독일에 사는데, 유럽에 진출한 한국 기업들이 고

생을 많이 한다 그러더라구요. 유럽인들의 근무 행태 때문에. 5시
만 되면 집에 간대요. 거긴 8시 5시 보통 그렇게 하더라구요. 그래
서 아무리 가난해도 5시만 되면, 돈을 준다 그래도 5시면 집에 간
대요. (웃음) 야근 수당 준다 그래도 가버린대요. 한국에서는 만약
에 "야 일이 남았는데 어디 가?" 이게 되잖아요. "그럼 돈 줄게"라
든지. 1차 저지선("야 일이 남았는데 어디 가?"), 2차 저지선("그럼
돈 줄게")이 있는데, 거기서는 아예 그런 게 소용이 없대요. (…) 그
러고 보면 야근 수당 갖고 해결될 문제가 아니네, 이거는.

[사례 15(남)] 민간단체

　시간을 헌신의 증거, 성과 평가의 기준으로 여기는 문화에서 통제
와 감시는 불가피하다(Bailyn, 2006; Rutherford, 2001). 노동 중심적
시간표에 따라 일하지 않는 노동자는 노동시간을 충성도와 직결시
키는 조직에서 예외적 존재가 될 수밖에 없다. 이러한 점에서 시간제
노동자가 작업장의 시간 규율을 깨뜨리지 않으면서 시간제 노동을
유지하는 방법은 전일제 시간으로 일하는 것뿐이라는 역설이 탄생한
다(Hochschild, 1997).[3] 퇴근 시간이 정해져 있지만 제시간에 퇴근하
는 것이 제어되는 실천은 이러한 통찰을 뒷받침한다.
　정시 퇴근 보장이 유연근무제 실행을 위한 전제 조건이라는 점은

3　이와 유사한 맥락에서 엡스타인 외(Epstein et al., 1999)는 주당 80시간 이상의
　근무가 상식이 되고 표준 노동시간인 주당 40시간 근무가 시간제로 정의되는
　역설을 전문직 중심으로 분석하였다. 저자들은 법조계와 같이 업무 부담이 많
　은 직종의 경우 표준 노동시간으로 일하는 이들이 '시간 일탈자'로 내몰리게 됨
　을 보여준다.

직장에 오랜 시간 머무는 것이 노동력의 가치와 결부되지 않아야 함을 의미한다. 즉 노동력의 가치를 계량화된 시간에 의존하여 평가하는 것을 지양하는 것은 유연근무제의 실행을 위한 전제이다.

2. 자발적 규율 : '유연한' 시간표의 '경직된' 사용

유연근무제의 실행은 노동자를 통해 구현된다. 노동자들의 행위는 사회적 상징이자 제도[4]로서의 시간 규범에 의해 제어된다. 체면 근로 시간(face time)은 노동시간 대비 실제 업무 효율성보다는 열심히 일하고 있다는 이미지를 형성하는 상징적 의식(ritual)(Ciulla, 2005)의 중요성을 드러내준다. 노동자는 이러한 맥락에서 자신의 시간을 조직의 시간 중심으로 구성한다. 하지만 노동자들이 현재의 시간 규범을 유지시키고 재생산하는 또 하나의 구성체임을 고려해야 한다.

---

4 엘리아스(Elias, 1992)는 시간을 사회적 상징이자 사회적 제도로 다루어야 한다고 주장한다. 이는 한 사회에서 통용되는 시간에는 그 사회의 지배적인 가치와 토대가 반영되어 있다는 의미이다. 그는 인간 사회가 문명화될수록 인간의 자기 억제가 강화되어가는 경향을 지적하며, 달력이나 시계와 같은 물리적 장치가 집단 내에서 개인의 행동을 규율하는 수단으로 작동함을 강조한다. 이는 전(前) 산업적 노동이 시계 지향적이기보다는 업무 지향적이었다는 특징과 대비된다. 톰슨(Thompson, 1994)은 시계라는 기준이 아닌 구체적 활동이 전(前) 산업적 노동의 리듬, 관례, 타이밍을 지배했다고 주장한다. "우리의 시간은 소에 맞추어져 있다. 소의 젖을 짜야 할 때 우리가 무엇을 해야 하는지, 언제 해야 하는지를 결정한다"는 것이다. 톰슨은 시계를 중심으로 시간을 사고하는 태도를 시간 절약, 시간 관리, 시간 규율, 일과 여가 간의 명확한 구분, 상품화 등과 연관시킨다.

유연근무제는 노동을 가장 우위에 두고 이를 통한 정체성을 선망하게 하는 노동 중심 사회를 재구조화할 수 있는 가능성을 갖는다. 이에 조직의 시간과 과업을 무엇보다도 중시하는 조건에서는 제대로 실행되기 어렵다. 임금노동 중심으로 짜인 시간표는 삶의 다른 영역들을 살피고 돌볼 여지를 주기 어렵다. 이러한 맥락에서 유연근무제의 온전한 실행을 위해서는 노동시간에 대한 기존 규범의 변화가 요구된다. '시차출퇴근형'의 경우 다른 사람보다 이른 시각에 출근하는 사람은 다른 사람이 근무 중이어도 퇴근할 수 있어야 하고, 다른 사람보다 늦은 시각에 출근하는 사람은 출근하면서 눈치 보지 않을 수 있어야 한다. '시간제 근무'의 경우 다른 사람보다 노동시간이 짧다고 해서 노동자성이 의심받거나 충성심을 의심받지 않을 수 있어야 한다. '재택근무'를 비롯한 '스마트워크'의 경우 사무실에서 근무하지 않는다는 이유로 "일하지 않는다"고 의심받지 않을 수 있어야 한다. 이 경우는 기술적 지원 또한 뒷받침되어야 가능하다.

하지만 인터뷰 참여자들의 경험에 비추어 볼 때, 이러한 전제는 상당 부분 충족되지 않고 있다. 가장 많이 이용되는 '시차출퇴근형'은 출근 시간이 일정한 범위 내로 수렴된다. 기업[J]에서는 출근 시간대가 7시부터 11시까지였을 때도 전체 직원의 80% 이상은 9시 이전에 출근하였다. 기업[K]의 유연근무제도 11시 안에 자유롭게 출근하는 방식이지만 9시 30분 이전에 출근하는 비율이 85% 이상으로 집계되었다(기업[J], [K] 내부 자료). '시간제 근무'는 정부의 의지에 의해 확대가 추진되었지만, 정작 노동 현장에서는 '시간제 근무'가 활성화될 거라는 기대를 발견하기 어려웠다. '스마트워크'는 기술적으로는 가능해졌다고 평가되지만, 활발히 이용되지 않는다.

노동자가 유연근무제의 이용 가능성을 인지하는 것은 제도화의 수준, 인사 평가와의 연계성, 관리자의 지지 등에 따라 달라진다. 하지만 이에 대한 노동자의 인식과 평가는 소속감이나 성원권(member-ship), 네트워크에 대한 개인의 욕구, 개인의 가치관과 신념, 업무 스타일, '익숙한 것에 대한 선호'등을 기반으로 형성되기도 한다.

국내 기업[V]는 2012년 '재택근무형' 유연근무제를 새롭게 도입하였다. 이 기업에서 유연근무제 업무를 담당하고 있는 [사례 24(남)]는 재택근무가 아직 활성화되어 있지는 않다면서 이를 활성화하기 위해 사내에 T/F 팀이 꾸려졌다고 이야기한다. 그런데 그는 회사 차원에서 제도적·문화적으로 지원할 수 있는 부분과는 별개로, 현재 재택근무가 활성화되지 않는 이유를 다른 차원에서 짚어낸다. 사무실에 출근하지 않고 일하는 것에 대해 일반적으로 갖고 있는 익숙한 고정관념이다.

> 3개월 동안 시범 시간을 두고 계속 모니터링도 하고 했었는데… 근데 보통 가지고 있는 그런 게 있더라구요. 이런 거 있잖아요. 재택근무 하시는 분들은 팀 동료가 아무렇지도 않게 "너 집에서 일한다며?"라고만 말해도 그게 마치 "논다며?" 이렇게 받아들여진다는 거예요. 그러니까 그런 것들은 사실 어떻게 생각하면은 개인과 커뮤니케이션과 기본적인 인적 자질에 대한 문제잖아요. 회사에서 어떻게 해줄 수 있는 그런 차원이 아니니까요. 그러니까 그런 부분이 참 어려운 거 같아요. 애매하기도 하고.
>
> [사례 24(남)] 국내 기업

[사례 24(남)]가 언급한 "집에서 일한다며?"라는 질문이 어떤 어조로, 어떤 의도로, 어떤 관계 속에서 등장한 것인지는 정확하게 알 수 없다. 하지만 이 질문이 "논다며?"로 해석되는 것은 우리 사회의 관념 체계에서 빈번하게 발견된다. 이는 재택근무가 활성화되지 못하는 배경을 드러내준다.

재택근무의 경우 업무 스트레스를 줄여주는 효과(Raghuram and Wisenfeld, 2004; Reilly, 2001)나 직장 환경과 가족 상황에 전략적으로 대응(Haddon and Silverstone, 1993)할 수 있다는 점에서 긍정적으로 평가된다. 하지만 재택근무는 업무 공간이 물리적으로 바뀌기 때문에 다른 사람과 상호 작용할 기회가 줄어들어 조직에 소속되어 있다는 느낌이나 정체성을 갖기가 더 어려운 측면이 있다(Felstead et al., 2003; Shockley and Allen, 2010; Sullivan and Lewis, 2001). 성원권이나 네트워크에 대한 욕구가 높은 노동자의 경우는 재택근무의 여러 장점에도 불구하고 이를 선택하기 주저할 수 있다.

> 재택근무 한다고 하면은요, 저희 언니 같은 경우도 [K]기업 계열사 다니는데, 일을 집에서 대부분 컴퓨터로 하거든요. 그런 거 보면 재택근무가 절대로 좋지는 않아요. 집에 있다 보니까 시어머니나 남편이 보기에는 놀고 있는 걸로 보는 거예요. 다른 사람들이 봤을 때는 놀고 있는 거예요. 사무실에 있으면 전화도 받고 응대도 있고 그렇잖아요. 근데 거기는 의사 소통하거나 이런 거는 전화 상으로 이쪽 사무실하고만 하는 거잖아요. 그러다보니까 인식이 안 좋아요.　　　　　　　　　　[사례 4] 지방자치단체 산하기관

확실히 일반분들은 (제가) 집에 있으니까 "노네" 이런 생각 하시는 거 같아요. "노트북만 켜놓고 있으면 되네" 이런 생각하시나 봐요.　　　　　　　　　　　　　　　　　　[사례 12] 외국계 기업

　재택근무를 하는 노동자들은 직장에서 근무할 때보다 일을 적게 할 거라는 오해를 불식시키기 위해 재택근무를 할 때 오히려 일을 더 많이 하는 경향이 있다. 초과 근무 수당을 받을 수 없음에도 불구하고 초과 근무를 하기도 한다(홍승아 외, 2011; Felstead et al., 2003; Sullivan and Lewis, 2001). 재택근무는 시간과 장소의 유연성을 모두 높일 수 있는 효과적인 방안이다. 특히 여성의 노동시장 참여 기회를 높이고 여성의 이중 부담을 줄여준다는 점이 강조된다(Dooley, 1996; Edwards and Field-Hendrey, 2002). 하지만 이를 통해 증대되는 노동자의 자율성은 오히려 노동 강도를 높이거나 업무 성과를 높이는 방향으로 발휘되고 있다.

　[사례 12]는 일주일에 2일, 정해진 요일에 재택근무를 한다. 그녀는 친정어머니가 평일에 양육을 도맡아주신다. 그녀에게 재택근무는 일상이며, 재택근무를 하는 날은 사무실 출근에 비해 회의 혹은 업무 이외의 일로 뺏기는 시간이 오히려 적기 때문에 처리할 수 있는 업무량이 더 많다고 한다. [사례 11]도 재택근무를 할 때 일을 훨씬 많이 할 수 있다고 강조하는데, 그 이유로 두 가지를 들었다. 하나는 [사례 12]와 마찬가지로 자리를 비우는 시간이 적기 때문이고, 다른 하나는 "찔려서라도, 논다고 생각을 할까 봐" 더 몰입해서 하게 되기 때문이라고 한다. 재택근무를 그저 '집에 있는, 생산하지 않는 시간'으로 여

기는 인식이 팽배한 가운데 유연한 시간표를 경직되게 사용하도록 하는 자기 감시가 작동하고 있다.

이처럼 재택근무를 하는 노동자들이 자신의 노동을 더욱 통제하는 것은 '눈앞에 보이지 않는 노동'에 대한 외부의 시선뿐 아니라 노동자들 자신의 인식과 선호에서 비롯되기도 한다. 유연근무제의 이용 가능성은 '제도가 과연 누구에게 이익이 되는가'라는 관점에서 평가된다. [사례 11]은 건강 상의 이유로 주 2일 재택근무를 한다. 재택근무 요일을 일정하게 하지 않아도 되기에 본인이 업무 상황을 보아가며 그야말로 "flex"하게 재택근무를 한다. 그녀는 재택근무가 회사 입장에서는 비용 절감의 차원에서 이익이 되는 측면이 있지만, 정작 재택근무를 하는 노동자나 그 노동자를 관리하는 관리자 입장에서는 득이 될 게 없다고 여긴다. 그러한 판단은 대면을 기반으로 한 관계 맺음을 선호하는 것으로 이어진다.

> 아무리 재택근무 해서 똑같이 일을 할 수 있다고 해도, 제가 반대로 매니저라고 생각을 하면요, 그러면 저는 얼굴 보는 걸 선호할 거 같아요. 그게 뭐 말 한 마디를 하더라도 편하지 않겠어요? 그리고 또 분위기를 파악을 못하는 거예요. (재택근무 할 때) 제가 사무실 분위기를 파악 못하듯이 매니저도 이 사람이 지금 좀 약간, 매니저는 그걸 계속 신경 써야 되거든요. 자기 직원들의 사기가 어떤지, 이들끼리 요즘 좀 어떤지 그런 거를 알아야, 얘가 지금 만족하는 상태로 다니고 있는지, 이런 거를 좀 봐서 아는 것도 있잖아요. 특히 또 한국(적) 정서상. 그래서 만약에 제가 매니저라면 재택을 더 선호하지는 않겠다… 재택을 해서 득이 되는 건 거의 없어요.

유연근무제와 페미니즘

코스트를 약간 세이브할 수 있겠지만, 그건 매니저 역할은 상관은
별로 없구요.   [사례 11] 외국계 기업

　이러한 대면 지향(face time orientation)은 여러 차원에서 해석될 수
있다. 대면 지향은 절대 시간의 투자를 노동자의 헌신과 결부시키
는 맥락에서 통제를 위한 장치로 작동한다. 다른 한편으로는 자발
적 규율을 소리 없이 강제하는 문화적 장치로 해석될 수 있다. 인터
뷰 참여자들은 "누가 뭐라고 하진 않아도 일을 열심히 안 하는 것 같
이 보이는 게 싫은"(사례 6), "스스로 위축되는 생각을 가질 수밖에 없
는"(사례 18(남)), "누군가 체크하지 않아도 스스로 이 조직 안에서 영
향을 받는", "스스로 틀 밖에 벗어나는 거를 불안해하는"(사례 5(남))
심리가 유연근무제 사용 여부와 관련된다고 강조한다. 이는 다른 사
람들과 '다른 시간표'로 일하는 것에 대한 꺼림직함과 두려움이 노동
현장에 팽배해있고, 이것이 유연근무제의 사용을 제한하는 배경으로
작동함을 의미한다.
　기업[K]에서는 유연근무제를 1년여의 기간 동안 시범 운영하면
서 3개의 구간으로 나누어 출근 시간대를 분석한 바 있다. 이곳의 유
연근무제는 오전 11시까지 자유롭게 출근하는 방식의 '시차출퇴근
형' 중심인데, 9시 30분 이전의 출근이 1차 조사 당시 86%, 2차 조사
85%, 3차 조사 83%로 대략 수렴되는 경향을 보이며 조금씩 변화하였
다. 기업[K]는 이러한 결과를 두고 9시 30분 이전에 85% 이상 출근하
기 때문에 업무 진행에 지장을 초래하는 부분이 적으며, "출근 시간
flexibility를 높이는 것이 우려와 달리 조직 운영 측면에서 그렇게 큰

Big Deal은 아니"라고 분석한다. 여기서 '우려'는 출근 시간 편차가 크게 벌어져 통제가 불가능해지는 상황에 대한 것이다(기업[K] 내부 자료).

고정된 출근 시간에 대한 규범을 깨고 출근 시간대의 범위가 넓어졌음에도 불구하고 일정한 수렴 현상이 나타나는 것은 평균적인 노동자가 재생산되는 맥락에서 유연근무제가 확대되기는 어렵다는 것을 보여준다. '시차출퇴근형'이 제도화되어 있지만 출근 시간대는 일정하게 수렴된다. '재택근무'는 노동자들의 자발적인 노동 강도 강화로 이어진다. 이는 자신을 특정한 이미지로 만들어내려는 노동자들의 욕망을 시사한다. 이러한 욕망 역시 조직문화라는 장(field)에서 만들어지고 조직문화는 특정한 시간 규범의 지배를 받는다. 하지만 유연근무제 실행을 어렵게 하는 배경으로 노동자들의 자발적 규율 또한 작동하고 있다는 것이 유의미하게 포착되어야 한다.

3. '회사 인간'으로 진화하기

유연근무제의 필요는 근대적 시계 시간의 부적합함에서 비롯된다. 근대적 시계 시간은 사람들의 행위와 그들의 삶의 시간적 복잡성으로부터 탈맥락화되고 분리된 시간으로 불변성, 맥락독립성, 정확성, 표준화를 특징으로 한다(주은선·김영미, 2012; Adam, 2009; Thompson, 1994). 유연근무제는 동일하고 정확한 시계 시간에 준거했던 규범에서 벗어나 개인의 삶의 맥락이 고려되는 탈표준화된 시간표를 요구한다. 하지만 조직이 원하는 노동자는 여전히 근대적 '회사 인간(organization man)'[5]에 멈추어 있다. 한국의 장시간 노동 체제는 이를 집약적으로 드러내준다. 법정 노동시간이 단축되어온 역사는 장시간 노동의 양적 완화를 형식적으로 보여주지만, 장시간 노동은 질적으로 여전히 유지되고 있다고 진단된다(배규식, 2012).

장시간 노동력 기반의 근로 형태로는 더 이상 성과를 기대하기 힘들다는 점에서 'Work Hard'에서 'Work Smart'로의 선진화 필요성이 제기되기도 하였다(행정안전부, 2010f). 이는 장시간 근로를 문제화하고 있다는 점에서 진일보한 관점이라 할 수 있다. 하지만 여전히 생산성이라는 틀만을 중심으로 파악하는 오류를 반복하고 있다.

유연근무제의 실행이 제약되는 데는 노동시간의 양을 노동자의 성과로 인식하는 제도적·문화적 장치가 여전히 강력하게 작동한다. 노동자들은 이러한 장치 속에서 '이미지 만들기'에 주력한다. 업무 처리를 얼마나 효율적으로 해냈는가보다는 어떻게 하면 열심히 일한다는 이미지를 심어주는가가 더 중요하다는 인식이 통용되고 있다. 이

---

5 '회사 인간'은 직장 생활에 충실하고 체제 순응적인 노동자를 일컫는다. '회사 인간'은 1950년대 미국 문화를 지배했던 주제로, 회사에 대한 노동자의 충성과 헌신은 회사로부터 승진, 급여, 고용 안정 등의 방식으로 보상된다는 사회적 계약을 함축한다(Erickson and Pierce, 2005). '회사 인간'은 일본이 1980년대 후반 무역 흑자 대국의 자리에 올라서게 한 동력으로 평가되기도 한다. '회사 인간'은 기업의 이윤 증대가 노동자 자신의 목표가 되어 이를 위해 노동자 상호 간에 치열하게 경쟁하도록 구조화되어 있는 '체계'로 정의된다(채창균, 1992). 이 글에서는 대면 지향을 기반으로 한 성과 지향의 조직문화 속에서 노동자들이 늘 열심히 일하는 이미지를 형성해야 한다는 압박감에 의해 자발적으로 자신의 노동을 통제하는 실천을 분석하기 위해 이 용어를 사용한다.

는 자신의 헌신이 업무 효율성을 통해 증명되기보다 시간의 양으로 증명되기 더 수월하기 때문이다.

> 내가 회사에서 일을 잘해가지고 어떤 인정을 받거나 그러는 것보다, 예를 들면 늦게 출근해서 일을 열심히 안 하는 것처럼 보여서 마이너스 인상을 주는 게 더 쉽지, 일로써 특출 나서 인정을 받는 거는 더 어렵거든요. 왜냐면 다~ 비슷해요. 가지고 있는 역량이라던가, 대기업에서 개인이 낼 수 있는 성과라던가 그런 게 진짜 굉장히 특출 난 어떤 사람이라거나 하면 모를까. (…) 특출 나거나 아니면 굉장히 운이 좋거나 그래서 되게 큰 성과를 낼 수 있는 그런 여건이 주어지는 경우는 거의 없고. 그거는 정말 굉장히 극소수에 불과하고. (…) 5분이라도 일찍 나와서 조금 먼저 앉아서 시작하는 그런 모습을 보이고 5분이라도 늦게까지 남아 있으면서 열심히 하는 모습을 보이고 하는 게 평가에 반영이, 적용이 직간접적으로 되고 하기 때문에…
> [사례 6] 국내 기업

두 번째 육아휴직 중인 [사례 17]에게 유연근무제 중 '시간제 근무'로 전환하지 않고 휴직한 이유를 물었을 때, 그녀는 "그 제도 자체를 알고 있는 사람도 별로 없을 거"라고 말했다. 그녀는 유연근무제를 '시차출퇴근형'만 있는 것으로 알고 있었고, 유연근무제를 사용하는 것 자체가 어렵긴 하지만, 그래도 사용할 경우 출근 시간과 퇴근 시간 모두를 늦추는 것이 가능할 거라고 보았다. 출퇴근 시간을 앞당기는 것, 예컨대 오전 8시에 출근하고 오후 5시에 퇴근하는 방식은 '한국의 정서상' 어렵다고 여겨졌다. 이러한 판단에는 현재의 직장뿐 아니라 이전 직장의 경험이 작용하였다.

유연근무제와 페미니즘

우리 한국의 그 정서상 '항~상 열심히 일해야 된다' 이런 게 굉장히 강하잖아요. 실제 업무 능력이나 효율성보다는 (웃음) 아침 일~찍부터 저녁 늦~게까지 남아 있는 사람을 항상 열심히 일하는 사람으로 그렇게 인식이 되잖아요. 실제로 뭐하고 있는지는 모르지만. (…) 일을 하는 문화 자체가 공무원 사회만 그런 게 아니라 일반 사기업도 마찬가지고. 그런 게 저변에 넓~게 깔려 있잖아요. 그렇기 때문에 유연근무제를 쓴다는 것은, 늦게 출근하고 늦게 퇴근한다는 거는 가능은 해요. 그런데 일찍 출근하고 일찍 퇴근한다는 것은, 정말 사람들이 그거는 안 된다고 생각을 하죠. 그거는 예전에 ▽▽(이전 직장)에서도 사람들 의식이 다 그랬던 거 같아요. 어차피 늦게 퇴근하는데 늦게 출근하는 게 낫지~ 늦게 퇴근하는 건 너무나 당연한 건데, 일찍 퇴근하는 건 정말 힘들거든요.

[사례 17] 중앙행정기관

유연근무제를 사용하기 어려운 이유를 설명하면서 "한국의 정서"라는 표현을 쓴 사람은 [사례 17]만이 아니다. [사례 2], [사례 11], [사례 18(남)] 역시 제도의 문제보다 정서의 문제로 인해 유연근무제 확대가 쉽지 않을 거라 여겼다. 인터뷰 참여자들이 강조하는 '한국적 정서'는 비공식적인 술자리나 휴가 사용과도 연관된다. [사례 12]는 자신의 남편이 휴가를 잘 사용하지 못하는 상황을 목소리 높여 이야기하였다. 팀장이 여름휴가를 '하루' 사용하면 다른 직원들도 '하루'밖에 사용할 수 없다고 한다.

사례 12 : 거기(남편의 직장)는 '여름휴가'라고 종이가 돌아간대요.

사례 11 : 그것도 종이야? (웃음)

사례 12 : 어, 종이로 돌아간대요, 진짜. 그럼 팀장님이 몇 월 며
칠을 딱 찍어요. 하루 찍으면 사람들이 하루 이상을
아무도 못 쓴다는 거야.

사례 11 : 아~ (웃음)

사례 12 : "왜 못 쓰냐" 내가 그러면은 팀 분위기가 아니라는 거예
요.

　

   [사례 12]는 남편이 가족과 함께 보내는 시간이 거의 없이 회사와
자기 계발에 '올인'하고 있는 문제로 남편과 자주 다툰다. 그녀의 남
편은 비공식적인 술자리 참석도 평가에 반영되기 때문에 어쩔 수 없
다고 항변하고, [사례 12]의 남편을 잘 아는 [사례 11]은 "저 회사 분
위기가 좀 그렇다"고 거든다. 유연근무제 사용만이 아니라 술자리 참
석, 휴가 사용 등은 공식적으로 제어되지는 않는다. 조직이 어떤 노
동자를 원하는가에 대해 공유된 인식이 노동자들의 참여 혹은 자제
를 이끌어낸다.

　

사례 12 : 회사 분위기가 팀장님이 9시 정도에 "아 이제 그만하고
뭐 우리 한 잔 하지" 이러면은 다~ 가는 분위기래요.

사례 11 : 근데 되게 잦을 거 같애.

사례 12 : 그러니까~ 한 일주일에 두세 번 있으면 난 미치겠는
거야. 그리고 돈도 회사에서 안 내고 N분의 1 하는데
왜 마시는지 모르겠어. (웃음) 그거 빠지면 평가에 반
영이 된다고 그러더라구요, 저희 남편 말로는.

사례 11 : 예, 예. 그렇죠. 뭔가 공유하는 기회가 적어지니까 당

연히 더 잘 못 알아듣게 될 거고.

사례 12 : 그리고 "중요한 얘기는 술자리에서 일어난다" 뭐 이런 얘기까지 하니까.

[사례 12]의 남편은 공기업에 다닌다. 그가 속한 부서에서는 유연근무제가 활성화되기 매우 어려울 것으로 짐작된다. 예를 들어 출퇴근 시간을 1시간 앞으로 당겨 8시에 출근하고 오후 5시에 퇴근하는 '시차출퇴근형'을 사용하거나 근무시간을 줄여 오후 3시까지 근무한다면, 일상적인 비공식적 술자리에 참여하지 못하는 경우가 많아질 것이다. 이 경우 유연근무제를 사용하는 직원은 소정의 근로시간은 다 채우면서 일하고 있지만, 동료나 상사와 "공유하는" 일상적 기회가 적어질 가능성이 높다. 이는 유연근무제의 실행이 몇몇 사람의 근무시간 변경의 문제가 아니라 그 이외의 시간이 함께 조정되고 활동의 가치가 변화해야 하는 문제임을 보여준다.

인터뷰 참여자들이 이야기하는 '한국적 정서'는 기업이 원하는 인재상이 무엇인지와 연결된다. [사례 5(남)]는 기업이 원하는 인재상은 명목상 국내 기업이나 외국계 기업에서 거의 똑같다고 한다. 국내 기업에서도 대기업이나 중소기업에서 별반 다르지 않다는 것이다.[6] 그

---

6 [사례 5(남)]는 이른바 '헤드헌터'로, 기업 채용 담당자들과의 네트워크를 통해 일하고 있어서 기업들이 어떤 인재를 원하는지, 채용 관행 및 조직문화의 특성은 무엇인지에 대해 많은 것을 파악하고 있다고 자부하였다. [사례 5(남)]는 외국계 기업[N]에 다니다가 국내 대기업[P]로 이직하였다. 그는 외국계 기업[N]에서 '채용'을 비롯하여 인사와 관련된 전반적인 업무를 총괄하였다. 글로벌 기업의 "우수한 툴"을 직접 운영해보고 싶다는 생각이 있던 차에 '스카우트' 제의를

는 '창의', '열정', '도전'을 키워드로 꼽았다. 하지만 최종적으로 채용되는 사람을 보면 이 세 가지 키워드가 국내 대기업과 외국계 기업에서 얼마나 다르게 적용되고 있는지 확연히 드러난다고 강조하며, 특정한 노동자가 재생산될 수밖에 없음을 지적한다.

창의적인 사람을 정말 원하느냐? 그렇지 않더라고요. 그냥 틀에 맞춰서 그 일을 수행하는 사람, 문제 일으키지 않고 튀지 않는 사람, 이런 사람들을 선호하는 경우가 많아요, 국내 기업 같은 경우에는. 열정? 열정의 종류가 다르죠. [N]에 있었을 때는 일에 대한 열정이에요. 일에 대한 목표치를 스스로 정하고 그걸 달성하기 위해서 부단히 노력하는, 그리고 그 과정 중에 기존에 해왔던 방식이 아닌 자기가 자꾸 다른 방법으로 한번 시도해볼려고 하고 실패를 하더라도 도전해보고 이런 문화가 있는 반면, 국내 기업의 열정은 주어진 환경에서, 예를 들면 '주말에 나와서 일해야 된다', '야근하자' 이러면은 "네!!" 하고서 쫘~악 이렇게 남아서 저녁 한 두세 시간 먹고 이렇게 와서 배불러서 지쳐 있다가 한 11시나 12시쯤 퇴근하면서 뿌듯해하는 (웃음) 그런 열정을 가진 그런 사람들을 주로 원하고. 그리고 도전! 도전도 마찬가지예요. 새로운 일에 대한 도전을 외국계 기업에서는 많이 권장을 해요. 그리고 실패에 대해서도 상당히 인정을 해줘요. 과정도 본인이 책임지는 거고. 국내 기업 같은 경우에는 굉장히 그런 것들을… 허용 폭이 적은 편이에

받았고, 기업[P]가 인사 부문에 투자를 많이 하고 공을 많이 들인다는 것을 듣고 이직을 결정하였다. 하지만 실제 '내부인'이 되어 경험한 기업[P]의 조직문화는 그러한 "우수한 툴"을 적용하기에는 지나치게 경직되어 있었다. 그는 여러 시도의 실패 끝에 좌절하고 회사를 그만두었다.

유연근무제와 페미니즘

요. (…) 일에 대한 창의, 도전을 하는 것이 아니라, 그거를 고민하
는 것이 아니라 조직에서 원하는, 상사가 원하는 모습, '답이 뭔가'
라는 걸 먼저 생각을 하게 돼요.　　　　　　　[사례 5(남)] 국내 기업

　'회사 인간'으로 진화해가는 과정은 '튀지 않고 잘 섞이는 것', '정해
진 틀을 벗어나지 않는 것', 그리고 '위계에 익숙해지는 것'으로 요약
된다. 표면상 내세워지는 것은 창의적이고 열정을 지닌, 도전적인 인
재이지만, 조직문화나 시스템은 '회사 인간'을 재생산하는 기반을 벗
어나지 못하고 있다.

　창의, 열정, 도전이라는 키워드는 이러한 맥락에서 국내 대기업 '내
부인'에 의해 다른 관점에서 해석된다. [사례 21(남)]은 대기업의 시스
템이 창의를 발휘하기 어려운 한계로 작동함을 강조하고, [사례 6]은
기업이 애초에 대단한 창의를 바라지는 않는다는 점을 강조하였다.

　　이런 괴리는 있다고 생각합니다. 이를테면은 뽑는 사람 따로 있
　고 쓰는 사람 따로 있거든요. 뽑는 입장에서는 '이런 사람이 우리
　회사에 들어와야겠다' 라는, 어떤 객관적인 인재를 바라볼 때 원하
　는 수준이 있을 거고, 갖다 쓰는 사람 입장에서는 어… 글쎄요, 실
　제로 그런 것까지 고려를 해서 업무를 주거나 하진 않거든요. 실제
　로 업무가 그렇지도 않고. 이를테면 중소기업 같은 데일수록 체계
　가 덜 잡혀 있지 않습니까? 그러면 개인이 해야 될 게 많습니다. A
　부터 Z까지 해야 됩니다. 그런데 시스템이 잘 갖춰져 있고 조직이
　크면 클수록 개인이 해야 되는 역할이라는 거는 되게 한정적이 되
　거든요. 이것만 딱딱딱 하게 되는 그런 부품이 된다고 했을 때, 부
　품으로써 기능을 하는 사람이 창의나 역량을 발휘하는 데는 한계

가 있다고 생각을 하거든요. [사례 21(남)] 국내 기업

　제가 볼 때는 아예 배치되는 개념은 아닌 거 같아요. 어차피 큰
틀에서 보면 회사에서 얘기하는 창의나 열정의 개념은 어디까지
나 회사가 가지고 있는 경영이념이나 철학 그 큰 틀 안에 있는 거
같아요. 아예 어떤 틀 밖을 벗어난 사고를 하라고 주문되지는 않아
요. 그런 인재를 바라지도 않고. 가장 바라는 인재는 사실 실제적
으로는 가장 말 잘 듣고, 좀 덜 똑똑하더라도 가장 말 잘 듣고 가장
긍정적으로 일을 할려고 하고. 그거는 어떤 회사나 똑~같은 거 같
애요. 창의적인 인재나 그런 게… 회사의 어떤 근본적인 뿌리까지
뒤흔들 수 있는 굉장한 위력 그런 거는 아니고, 그냥 굉장히 제한
적이고 조그만 차원에서의 창의라고 저는 생각이 돼요.
[사례 6] 국내 기업

　이러한 해석을 관통하는 것은 외부로 표방된 인재상과 달리 바로
'회사 인간'을 키워내는 기업의 생산 구조이다. 개별 기업에서 바라
는 '인재'의 조건이 바뀌고 있기에 생산적이고 능력 있는 노동자가 되
기 위한 자기 계발이 일상화된다는 담론이 무성하다.[7] 하지만 동시에

7　기업들이 내세우는 인재상의 변화는 언론 보도를 통해 빈번하게 접할 수 있다.
　상위 28개 대기업의 인재상을 분석한 자료에서는 가장 많이 사용된 키워드가
　'도전·도전정신'이라고 밝혔다. 그 다음으로는 '창의·창조', '혁신', '열정' 등이
　많았다. 「대기업 인재상의 변화… 2010년 글로벌 → 2018년 도전정신」, 『한국경
　제』, 2018.5.11. 이 기사에서는 2010년에는 글로벌 경쟁력이 키워드였다고 보도
　하고 있다. 하지만 당시의 기사를 살펴보면, 글로벌 마인드뿐만 아니라 창의나
　도전정신도 새로운 채용 기준으로 부각되었다. 예를 들어 포스코는 일찍이 '창
　의, 도전 정신, 글로벌 마인드'를 채용 기준으로 내세웠다. SK는 '바이킹형 인재

여전히 가시적인 생산성의 전제는 장시간 근무를 할 수 있는 능력이기도 하다. 고용 불안에 따른 내부 경쟁이 치열해지는 현실에서 늦게까지 일하는 것은 기업에 대한 헌신의 증거로 보일 수 있다(박세정, 2012; Gini, 2007; Rutherford, 2001). 유연근무제는 노동자들의 삶이 동질적이지도 평균적이지도 않다는 인식을 기반으로 하지만, 대면 지향이 강력하게 선호되는 풍토는 평균을 벗어나는 노동자를 제어한다.

하지만 그렇다고 해서 노동자들이 이러한 제어에 순응적이기만 한 것은 아니다. [사례 5(남)]는 '회사 인간'이 될 수 없어 회사를 그만두었고, [사례 21(남)]은 회사를 도구화한다.[8] [사례 6]은 자기 자신의 삶

상'을 제시했는데, 이는 바이킹 족처럼 끼와 열정을 바탕으로 과감하게 도전과 모험을 하는 인간형을 의미한다. 현대 · 기아차의 인재상은 '도전, 창의, 열정, 협력, 글로벌 마인드'였다. 「스펙 필요없다! 누가 그래 : 기업 '열정과 끼' 등 채용 기준 다양화… 서류 전형엔 여전히 중요?」, 『노컷뉴스』, 2013.3.7; 「현대 · 기아차 인재 철학은 가능성 지닌 열정」, 『동아일보』, 2013.2.13. 그런데 이러한 채용 기준은 사실 최근에 새삼 등장한 것은 아니다. 1990년대 초반부터 '21세기'를 준비하는 맥락에서 전문가적 자세, 열정적 자세, 도전 의식과 적극성, 정보력, 초일류/초우량/세계제일주의 지향 등이 선호되는 인재상으로 강조되어왔다. 이는 적극성, 추진력, 진취성, 강한 창조성, 강한 주인 의식, 투철한 사명감을 강조하는 것으로, '인화', '협동', '정직'을 강조하던 안정적 풍토가 혁신적이고 진취적 성향을 강조하는 풍토로 변화하는 것으로 평가된 바 있다(정영애, 1997).

8 [사례 21(남)]은 유학 비용을 마련할 목적으로 회사에 다니고 있으며, 유학 후에는 외국에서 취업할 계획을 갖고 있다. 그는 장시간 노동, 그리고 '허례허식'이 많은 조직문화로 인해 지금의 직장 생활이 힘들지만, '한시적'이기 때문에 견딜 수 있는 것으로 보였다. 그는 군대 생활도 '2년'이라고 정해져 있었기 때문에 무사히 마칠 수 있었다고 말한다.

과 회사를 분리하려 하며 자신을 지킨다. [사례 5(남)]가 회사를 그만 두었던 것은 어떤 면에서 자신과 회사를 분리시키는 것을 상상하지 못했기 때문일 수 있다. 이는 회사를 객관화할 수 없는, 회사가 곧 자신인, 회사와의 일체감이 중요한 남성적 정체성을 일면 드러내준다. '회사 인간'은 이러한 맥락에서 성별화된 존재이자 체계이다. 노동자들이 '회사 인간'으로 만들어질 수 있는 것은 이들을 뒷받침하는 보이지 않는 노동, 보이지 않는 시간이 존재하기 때문이다(오사와 마리, 1995).

현대 자본주의 사회는 생산 부문의 직선적 시간 체제와 재생산 부문의 순환적 시간 체제가 위계를 이루며 공존하고 있다(Adam, 2009; Dörre, 2011). 직선적 시간 체제는 순환적 시간 체제에 의존하여 존속될 수 있다. 하지만 전자의 시간이 규범화되고 화폐로 지불되는 자본주의 사회에서 후자의 시간은 의미 있게 포착되지 못한다. 시장노동 중심의 시간 규범이 지배적인 사회에서 어떤 시간은 의미 있게 해석되는 반면, 또 다른 시간은 유익하게 소비되지 않은, '잃어버린' 시간으로 간주된다(Blyton et al., 1989).

'회사 인간'을 양산해내는 한국의 조직문화와 이를 뒷받침하는 시간 규범은 노동자들의 암묵적 동의와 자발적 규율에 의해 재생산되고 있다. '회사 인간'은 이들의 일상적 재생산을 도맡아주는 또 다른 노동에 의해 규범적 지위를 유지한다. 이러한 구조는 유연근무제의 실행을 제약하는 강력한 장치로 작동한다.

4. '표준 노동자' 혹은 '반(semi) 노동자'

유연근무제는 '시차출퇴근형'을 중심으로 사용되고 있다. '시간제 근무'나 '스마트워크' 등의 유의미성이 강조되어도 그만큼 확대되지 않는 데는 노동자들이 표준으로 여기는 시간 규범이 관련되어 있다. 인터뷰 참여자들은 유연근무제를 직접 사용하면서 혹은 유연근무제를 사용하는 동료를 보면서 오히려 '남들 출근할 때 출근하고 남들 퇴근할 때 퇴근하는 것'을 가장 '안전한 것'으로 받아들이고 있었다. 이는 '시간제 근무'나 '스마트워크' 등의 형태로 일하는 경우를 주위에서 보기 어렵기 때문이기도 하고, 이들 유형을 실제 실행하기에는 제도적으로 미비한 부분이 많다고 여기기 때문이다.

[사례 3(남)]은 시간을 줄여 근무하는 건 "말도 안 되는 얘기"라고 일축하였다. 출퇴근 시간을 30분씩 늦췄을 뿐임에도 여러 불이익에 노출되어 있는 자신의 경험상 '시간제 근무'는 더 말할 것도 없을 거라는 생각에서다. 그의 이야기에는 '시간제'로 근무하는 사람은 온전한 노동자로 인식되기 어렵다는 점, 시간제 근무자는 현재와 같은 환경에서 '반쪽(semi) 노동자'로 여겨질 가능성이 높다는 점이 함축되어 있다. '시간제 근무'는 유연근무제의 다른 어떤 유형보다 위험하다고 여겨진다.

> 하루에 8시간을 안 한다는 건, 다 그건 말도 안 되는 얘기고, 우리나라에서는 불가능하다 라는 생각이 들고. 그냥 이것저것 따지지 말고, 담당자 공무원들 문서 만들 때 성과 과대 포장 할려고 하

지 말고 하나라도 제대로 하고 나서 다른 얘기 해야 돼요. 지금 똑같이 하루에 8시간 근무를 하는데, 똑같이 하는데도 이 제도(시차출퇴근형)조차도 심지어 지금 활성화가 안 되고, 실제로 그런 제도를 이용하고 있는 사람도 저 같은 반응을 보이는데, 긍정적 반응이 전혀 안 되는데… 그 제도를 사용하고 있음에도 전혀 만족하지 못할 정돈데.   [사례 3(남)] 중앙행정기관

진짜 그거(시간제 전환) 사용하시는 분들은 용감한 분들이다. 그쵸?   [사례 1] 중앙행정기관

외국계 기업인 [T]와 [N]에는 '정규직 시간제' 유형이 제도화되어 있다. 하지만 현재 이 유형을 이용하고 있는 사람은 두 곳 모두에서 한 명도 없다. 외국계 기업[T]의 경우는 '정규직 시간제' 유형이 2011년 3월부터 정식 도입되었는데, 아직까지 이 유형에 대한 급여 등의 지급 체계가 결정되지 않았다. 제도가 도입되었으나 급여 산정 규칙은 마련되지 않은 것이다. 이는 '정규직 시간제' 유형이 사용될 거라는 기대가 적다는 것, 8시간 노동 모델을 규범으로 하는 제도적 기반을 고수한 상태에서 이 유형을 도입했음을 의미한다. 이 제도를 사용하려는 사람이 생기면 그제야 급여 산정 규칙이 고려되는, 선후가 뒤바뀐 상황이 발생하게 된다. 외국계 기업[T]에는 신청자가 한 명 있는데, 실제로 이용할 수 있을지는 알 수 없다고 하였다.

이거(reduced work/part-time)는 현재 시행하는 사람은 없구요. 이거는 왜냐면 급여 관련해서 또 힘드니까. 급여가 떨어지고, 성과

유연근무제와 페미니즘

급은 어떻게 줘야 되고 이렇게 부수적으로 생각해야 될 게 많잖아
요.   [사례 10] 외국계 기업

　유연근무제의 제도화와 이용 가능성의 부정합은 '시간제 근무'와
'스마트워크' 유형에서 가장 두드러지게 나타난다. 이는 제도에 대한
불신과 낯섦에서 비롯되며, 여기에는 표준이라 여겨지는 노동에 대
한 관념이 자리한다. 외국계 기업[N]은 '정규직 시간제' 유형을 도입
한 지 오래 되었고 이에 대한 급여 산정 규칙도 마련되어 있으며, 이
를 이용한 사람도 있었다. 이곳에서는 외국계 기업[T]와 조금 다른
이유로 이 유형의 사용이 기피되고 있다. [사례 11]은 이 유형을 사용
할지 고민한 적이 있었는데, 그러려면 "차라리 퇴사"하는 게 낫다는
조언을 들었다고 한다. 노동시간은 줄어들지만 업무는 그만큼 줄어
들기 어렵기 때문에 급여만 감소되고 고생은 여전하다는 진심 어린
걱정을 들었다는 것이다.

> 필자 : 정규직 파트타임 유형 쓰는 경우 보신 적 있어요?
> 사례 12 : 봤어요. 정규직인데 오전 근무만 하고 이런 거죠? 그
> 　　　　　러면 소득도 반으로 줄어들어요. 그분이 절대 권장하
> 　　　　　지 않더라고. 일은 똑같다면서. 일은 똑같은데 (웃음)
> 　　　　　시간과 돈만 줄어든다면서~
> 사례 11 : 아, 쓴 사람 본 적 있으세요? 거~의 없어요, 쓰는 사람
> 　　　　　이. 몇 분 정도 보셨어요?
> 사례 12 : 두 분.
> 사례 11 : 두 분이나 보셨어요?
> 사례 12 : 응, 여자분이신데, 매니저가 먼저 "이거 해보는 게 어

떻겠냐'해서 했는데, 정~말 할 게 못 된다면서. 일은 그대론데 소득이 줄어드니까.

사례 11 : 실은 저거를 제가 한 1년 반, 1년 몇 개월 전쯤에 오래 인사부에 있었던 직원한테 얘기를 했었어요. 이거를 써볼까 한다. 그랬더니 "그거 할거면 차라리 퇴사해" 그러더라구요.

'스마트워크'는 자택 인근의 스마트워크센터 등 별도의 사무실을 이용하거나 모바일 기기를 사용하여 장소에 구애받지 않고 근무하는 경우를 말한다. 공공부문의 스마트워크센터는 서울과 수도권 중심으로 운영되고 있고,[9] 민간부문의 경우는 개별 기업들이 필요에 따라 자체적으로 마련하고 있다. 예를 들어 기업[I]의 경우 본사를 비롯한 주요 4개 거점에 스마트워크센터를 마련해놓았고 지점에도 '스마트워크'를 할 수 있는 공간이 마련되어 있다. 사무실에 출근해서 일을 하지만 사무 공간이 '지정 좌석제'가 아닌 '오픈 좌석제'로 운영되는 경우도 '스마트워크'로 분류된다. 국내 기업[V]가 이에 해당한다.

'스마트워크'는 대부분의 사람에게 아직 매우 낯설고, '그렇게 해도 과연 일이 잘 될까'라는 우려를 갖게 한다. [사례 17]은 심층면접 당시

---

9 스마트워크센터는 2010년 도봉과 분당에 처음으로 개소되었고, 2011년 서초, 일산, 부천, 수원, 인천, 잠실, 구로에 설립되었다(행정안전부, 2012b). 현재는 청사센터 5개(서울청사, 과천청사, 세종1센터, 세종2센터, 대전청사), 서울지역 센터 6개(국회, 서울역, 구로, 서초, 잠실, 강남), 그 외 지역센터 4개(고양, 부천, 분당, 수원) 등이 운영되고 있다. 시 · 도의 경우 청사 내에서 자체적으로 별도 센터를 운영한다. 스마트워크센터 홈페이지, https://www.smartwork.go.kr.

유연근무제와 페미니즘

'스마트워크'에 대해 전혀 알고 있지 못했다. 그녀는 필자의 간략한 설명을 듣고서는 "테스트 수준"이지 않느냐고 반문하였다. [사례 19]는 스마트워크센터가 있다는 것을 듣긴 했지만, 이미 여러 곳에서 운영되고 있는 것은 알고 있지 못했다. '스마트워크'의 활성화는 무엇보다 '비대면' 상태가 '비표준'으로 여겨지지 않아야 가능하다.

> 스마트 오피스 센터 근무 그거는 상식적인 수준해서 생각했을 때 '아직은 너무 이른 감이 있다' 라는 생각이 들거든요. 근데 항상 모든 제도나 모든 기술이나 이런 게 정착될 때까지는, 모든 어떤 신기술 신제품 이런 게 나왔을 때 얼리 어답터 같은 사람이 필요하듯이 있어야겠죠. 근데 그렇게 죽고 마는 기술들이 많아서.
>
> [사례 17] 중앙행정기관

> 스마트워크 같은 경우는 아~주 퍼포먼스이거나 아니면 아~주 단순한 업무일 수 있을 거라는 생각은 좀 하는데…
>
> [사례 19] 지방자치단체

스마트워크센터를 직접 이용해 본 경험은 어떨까. [사례 1]은 인터뷰 참여자들 중 유일하게 스마트워크센터에서 근무한 경험이 있는데, 애초에 "일을 안 한다고 생각하고" 가게 된다고 하였다. 업무의 지속성과 연결성을 보장받을 수 있는 근무 형태라고 여기지 않기 때문이다.

> 사실 거의 일을 안 한다고 생각하고 (스마트워크센터에) 갔죠.

왜냐하면 그 다음부터 계속 연속적으로 하면 모르겠는데, 이게 '한 번 해본다' 라고 간 거기 때문에 일을 별로 안 갖고 갔구요. (…) 한 달에 한 번 이렇게 하는 거는 약간 쉬러 가는 느낌? '오늘은 가서 좀 쉬어야겠다' 그런 거 같아요.　　　　　[사례 1] 중앙행정기관

정부의 스마트워크센터 홈페이지와 홍보 동영상에서는 스마트워크센터가 환경이 매우 좋고 사무실에서와 다를 바 없이 근무할 수 있다는 점이 강조된다. 하지만 스마트워크센터 근무가 가능하려면 업무의 독립성이 어느 정도 보장되어야 한다.

지난 정부에서는 스마트폰 등 정보 기술의 발달로 시·공간적 제약이 줄어 언제 어디서나 업무가 가능한 환경으로 바뀌고 있기에 근무 제도의 획기적 변화가 필요하다고 강조한 바 있다(행정안전부, 2010d). 하지만 '대면'을 중시하는 조직문화에서 스마트워크센터 이용은 저조할 수밖에 없다. 또한 "하던 업무가 뭔가 하드카피를 갖고 동료랑 같이 일을 해야 되거나 사내에서밖에 처리할 수 없는 종류의 일로 구성돼 있다면"(사례 11) 한 달에 한 번의 스마트워크센터 이용은 "쉬러 가는" 것으로 인식되기 쉽다. 지난 정부에서는 '스마트워크' 활성화를 위한 적극적 방안으로 10대 핵심 추진 과제'를 발표하기도 하였다. 그 중 하나는 "장기 교육자 대상 월 1회 '스마트워크센터 근무일' 지정"(행정안전부, 2012b)이었다.

직무 분석과 업무 조정이 수반되지 않은 '스마트워크'의 확산은 보여주기 식의 행정에 머물 가능성이 높다. [사례 1]은 인사과에서 "실적"을 위해 스마트워크센터 근무 신청을 더 하라고 권유하여 여러 차

례 신청은 했지만, 신청만 해놓고 사무실로 출근한 적이 여러 번 있다. 유연근무제 관련 업무를 총괄하는 정부 부처 공무원은 실적 때문에 집 근처 스마트워크센터로 출근한다고 인식되기도 하였다.

> 한 달에 한 번씩 (스마트워크센터) 쓸 사람들 체크를 한 대요. 근데 행안부(행정안전부)는 쓸 수밖에 없는 게 본인들이 만든 거잖아요. 그니까 본인들이 퍼센트를 따져야 되니까. 누가 저기 와서 근무할 사람이 얼마나 되겠어요. 그니까 본인들이 만든 거니까 본인들이 많이 활용해야죠. 그래서 신청을 하나 봐요. 집도 가깝고 하시니까. 근데 동기 중에 한 명이 대전 통합 센터에 갔는데, 대전 통합 센터가 행안부 소속이에요. 걔 얘기 들어보니까 쓸 만한 사람이, 쓰기가 되게 쉽지가 않대요. 왜냐? 본인들 각자가 다 일이 있잖아요. 일이 있으면 본인이 뭔가를 결정을 하고 문서 기안해서 완전 끝낼 수 있는 결정권자들이 대부분이 아니다 보니 와서 또 문의를 해야 되고 뭔가를 해야 되는 거예요. 그니까 거의 좀 실효성을 갖기가 힘들다는 얘기를 하더라구요. 진짜 뻔뻔한 사람이나 좀 오래된 사람들은 쓸 수 있지, 그냥 일반 실무자들은 거의 쓰기 힘들다는 거죠.　　　　　　　　　　　　　　　[사례 2] 중앙행정기관

인터뷰 참여자 중에는 자신의 업무를 통해 '스마트워크'를 직접 구현해보려고 시도한 경우도 있다. [사례 4]의 직장에서는 민간단체에게 사무 공간을 제공하는 사업을 하고 있는데, 전산 업무 담당자인 그녀는 이 사업의 일환으로 '스마트워크'가 가능한 공간을 만들어보려 하였다. 특히 그녀의 직장이 지방자치단체 산하기관이고 지방자치단체들이 '스마트워크' 확대를 앞다투어 홍보하고 있던 터라 긍정

적 반응을 얻을 수 있을 거라 기대하였다. 하지만 그녀의 계획은 "활용도"를 이유로 반대에 부딪쳤다.

> 지자체가 스마트워크라고 해가지고 그걸 한다고 하잖아요. 사실상 스마트워크를 할 수 있는 직종이 몇 개나 되겠어요. 그래가지고 저번에는 제가 궁리를 한 거가 이 건물에다가 스마트워크를 하나 해가지고 NGO 기관들 그것으로 궁리를 했었어요. 그래가지고 자문을 받았어요. 자문을 받았는데, "그걸 할 수 있는 사람이 몇 명이나 되겠어?" 딱 그러는 거예요. 그리고 지자체에 스마트워크센터가 있거든요. 근데 사용률이 얼마나 저조한 줄 아냐고~ 딱 그러는 거예요. "그것의 활용도는 엄청 낮다" 그러더라구요.
>
> [사례 4] 지방자치단체 산하기관

인터뷰 참여자들은 근무시간을 줄이거나 장소를 옮겨 일하는 것 자체를 대부분 부정적으로 여겼다. 일부는 앞으로 확대될 필요가 있지만 현재 조건상 어렵다고 보고, 일부는 '그러한 형태'로는 일이 원활히 이루어지기 어렵다고 여긴다. 이러한 판단에는 단지 업무가 제대로 수행될 수 있을지에 대한 우려만 작용하는 것은 아니다. 남들보다 짧은 시간 일하는 것, 남들이 보지 않는 곳에서 일하는 것은 대면지향이 강력하게 작동하는 상황에서 선뜻 시도되기 어렵다. 이는 아직 초보적인 단계에 있는 제도에 대한 불신과 불안을 함축한다. 또한 이러한 유형의 유연근무제가 확대되지 못하는 배경을 드러내준다. 공공부문 스마트워크센터 사용자를 대상으로 한 조사 결과는 승진이나 근무 평점에 대한 기대를 버릴수록 스마트워크센터 근무에 대한

　　　　　　　　　　　　　유연근무제와 페미니즘

수용도가 높음을 보여준다(성욱준·이민상, 2012). 인터뷰 참여자들은 자신들이 직접 경험해보지 못한 유형에 대해 그간의 경험에 비추어 판단을 내리고 있다. 직접 사용해본 경우는 '스마트워크'의 의미를 전혀 체감하지 못하고 있다. 이는 '사무실에서의 대면 근무'를 표준으로 여기는 관념이 깨지기는 그만큼 어려울 것임을 함의한다.

유연근무제의 제도화는 여러 유형의 근무 형태가 가능하다는 것을 공식화하는 의미가 있다. 하루 24시간 주 7일 쉬지 않는 '24-7 사회'(Presser, 2005)로의 변모는 노동이 더 이상 동일한 시간대에 동일한 장소에서 이루어질 수 없는 조건을 형성하고 있다. '스마트워크'의 부상(浮上)은 기술의 발전이 노동자의 자율성을 증대시키는 데 기여할 수 있음을 보여준다. 이러한 변화들은 대면(對面) 문화의 약화와 '이상적 노동자' 모델의 해체를 그 조건이자 결과로 한다.

제7장

두 개의 시간:
'경제적' 시간, '그림자' 시간

두 개의 시간 : '경제적' 시간, '그림자' 시간

1. '열혈 육아' 아버지 : '이상적 노동자' 궤도 이탈

한국 사회는 쉼 없이 일하는 노동자의 생애 시간을 이상적인 것으로 규범화하고 있다. 주당 40시간 혹은 그 이상의 전일제 노동을 30여 년간 지속하다 은퇴하는 남성의 80세 생애가 기준이 되고 있다.[1]

---

[1] 김창연(2012)은 생애 주기에 따른 재무 설계표가 '이상적 노동자'의 생애 시간을 기준으로 설계되어 있다고 지적하였다. 생애 설계표는 일반적으로 '사회 초년기 (20대) → 가정 꾸미기(30대) → 자녀 성장기(40대) → 가족 성숙기(50대) → 노후 생활기(60대)'로 제시되며, 각 연령대에는 그에 맞는 재무 목표가 주어진다.

생애주기	연령대	주요 이슈 및 주요 재무 목표
사회 초년기	20대	· 졸업, 취직, 결혼, 능력 개발 · 결혼 자금, 전세 자금 마련 등
가정 꾸미기	30대	· 결혼 생활, 자녀 출산, 육아, 교육 · 육아 비용 마련, 주택 구입 자금 마련 등

생애 주기 관점의 사회 정책 설계는 생애 각 시기마다 개인이 수행해야 하는 과업이 정규성(regularity)을 가지고 규칙적으로 배열되어 있으며, 이에 따라 필요 욕구(needs) 역시 순차적으로 출현한다는 것을 전제한다(주은선 · 김영미, 2012). 이러한 생애 시간 규범은 가족과 노동시장의 성별화에 의해 뒷받침되고 있다. 이는 기업의 시계가 육아나 가사 노동에 대한 책임이 면제된 노동자에게 맞추어져 있음을 의미한다(Williams, 2002). '열심히 일해서 높은 지위에 오르고 많은 돈을 벌면 그것이 곧 성공'이라는 남성적 삶의 도식(scheme)은 노동자에게 가족을 비롯한 일상의 관계들과 그로부터 형성되는 여러 의무와 책임을 면제해주는 효과를 낳는다(신경아, 2011).

이러한 '이상적 노동자' 규범의 균열은 여러 현상을 통해 발견된다. 유연근무제나 육아휴직을 사용하는 남성의 증가, 육아 경험을 삶의 기쁨이자 자신의 정체성으로 연결 짓는 아버지들의 등장, '새로운 아버지' 관련 교육의 확대,[2] 인터뷰 참여자들이 강조하는 '젊은 세대'의

자녀 성장기	40대	· 자녀 교육, 재산 형성 · 자녀 교육비 마련, 주택 규모 넓히기 등
가족 성숙기	50대	· 자녀 결혼, 은퇴 및 노후 생활 준비 · 자녀 결혼 자금, 자녀 대학 교육비 마련 등
노후 생활기	60대	· 제2의 인생기, 노후 생활 시작 · 상속 설계 실행, 사회 봉사 등

2 이른바 '아버지 학교'는 기업, 종교 집단, 학교의 아버지회 등에 의해 주도되기도 하고, 전국 단위로는 건강가정지원센터와 다문화가족지원센터, 한국지역사회교육협의회 등에서 주관하여 꾸준히 확산되고 있다. 「아버지들, 학교에 가다」, 『경향신문』, 2013.4.2; 「'꼴찌 아빠' 탈출법」, 『내일신문』, 2015.11.5; 「논

인식 변화, 일에만 매몰되지 않으려는 의식 확산은 유연근무제 확대의 저변을 형성할 수 있다는 점에서 주목할 필요가 있다. 이러한 변화는 '가정적 책임이 없는 노동자'를 이상적으로 여기는 관념과 실천의 변혁을 추동해낼 수 있다.

하지만 '이상적 노동자' 규범의 균열은 지체되고 있기도 하다. 남성의 생계 부양자 역할을 강조하며 일터에 몰입하는 것을 당연시하는 사회에서 일과 가족을 양립하려 노력하는 '일하는 아버지'들은 역설적으로 더욱 큰 비난의 대상이 되기도 한다. 요컨대 아버지 역할을 하려는 데 따르는 불이익(daddy penalty)(Warner, 2005)을 감수해야 하는 것이다.[3]

산건강가정·다문화가족지원센터, 찾아가는 아버지 교실 등 운영」, 『대전일보』, 2018.5.24; 「"아는 만큼 행복 커져요" 가족 사랑도 과외 시대」, 『세계일보』, 2014.1.18; 「[두란노 전주 아버지 학교] 행복한 가정 만들기, 아버지들 나섰다」, 『전북일보』, 2013.3.21; 「[인터뷰 l '아빠학교' 권오진 교장] 좋은 아빠가 되는 건 떼돈 버는 일」, 『한겨레신문』, 2012.10.29.

인터뷰 참여자인 [사례 16]은 자신의 직장인 외국계 기업[N]에서도 아버지와 관련된 강좌가 개최되고 있다면서, 세대에 따른 변화를 긍정적으로 전망하였다. "저희도 자녀 양육에 대한 강의 같은 거를 한 달에 한 번씩 마련을 하고 있거든요. 그럴 때 주제가 '아버지의 사랑' 이런 게 있었어요. 남성분들도 굉장히 많이 오더라구요. 그러면서 막 반성한다면서 얘기도 하고. (웃음) 요즘에는 되게 달라진 거 많이 느껴요. 주말에 자녀와 같이 할 수 있는 미술 활동 같은 거 하면은 가족이 다 참여해요. 남성 직원들도 신청을 많이 하고. 더 이상 그런 걸 포기하면… 나중에 자식들이 자기를 얼마나 외면하겠어요. 세대가 바뀌면 조금 바뀌지 않을까 하는 희망적인 생각도 좀 들긴 해요."[사례 16]

3　워너(Warner, 2005)는 daddy penalty의 실례로 승진이 늦어지고, 전업주부 아내를 둔 남자 동료보다 소득이 평균 19% 적다는 점을 든다.

[사례 3(남)], [사례 5(남)], [사례 15(남)]는 육아를 이유로 유연근무제를 사용한 경험이 있다. [사례 3(남)]과 [사례 15(남)]는 각각 자녀가 세 명으로 '시차출퇴근형' 유연근무제를 사용하였고, [사례 5(남)]는 외국계 기업[N]에 다닐 때 '재택근무형'과 '시차출퇴근형' 유연근무제를 이용한 적이 있다. 이들은 심층면접 과정에서 육아의 수고뿐 아니라 기쁨과 보람을 언급하였다. 특히 [사례 3(남)]의 경우 유연근무제 이용 경험을 이야기할 때는 불편하고 불쾌한 심경을 내내 드러냈지만, 가정에서 자녀와 보내는 시간을 이야기할 때, 아이들이 엄마와 보내는 시간을 확보해주기 위해 자신이 부엌일을 도맡아 하는 일상을 이야기할 때는 마치 다른 사람처럼 보일 정도로 표정과 어조가 바뀌었다. [사례 15(남)]는 자녀와 함께 하는 시간, 아내와 육아를 공유하는 시간을 "행복"이라는 단어로 거듭 설명하며 현재 삶에 대한 만족감을 표현하였다. 하지만 이들은 한국 사회가 원하는 '이상적 노동자'는 아니다. 첫째, 시간을 조직 중심으로 구성하지 않는다는 점에서, 둘째, 생계 부양자 역할을 충실히 하기 어렵다는 점에서 그렇다.

유연근무제의 사용을 조직의 시간에 반하는 것으로 여기는 관념은 개인의 시간표를 조정한 이들을 별도의 통제 하에 놓이게 한다. 직장에서는 여전히 경력 단절 없는 전일제 근무에 종종 초과 근무를 할 것이 기대된다(Gerson, 2010). 유연근무제의 사용은 경력 단절과 아무 관련이 없음에도 마치 경력 단절과 유사하게 취급되기도 한다.

조직 생활에서는 끝이에요. 더 까놓고 얘길 하면, 사업적인 거나 마케팅이나 뭐나 저는 인정을 받았어요, 최고 수장한테. 무조건 저를 부르고 싶은데 불러올 자리가 없는 거예요. 왜? 9시 반에 출근하는 사람이 있어야 될 곳은 조직에 없는 거예요. 있다고 해서 또 현재 있는 사람을 내몰기도 힘들고. 운영상의 문제점들이죠, 그런 거는. (…) 그 희생을 안 당해본 사람은 그 희생의 크기나 규모를 잘 몰라요. 다~ 해야 돼요. 평상시에 비위를 다~ 맞춰놔야 돼요. 아랫사람들한테도. 일단 자기 꺼는 포기를 해야 돼요, 명백하게. 그러니까 안 쓰는 사람 많겠죠. 그리고 또 해 봐야, 희생을 당해봐야 '아 이건 못할 거구나' 하고 다시 돌아가는 사람도 있을 테고요.

[사례 3(남)] 중앙행정기관

[사례 3(남)]은 유연근무제의 사용이 어떻게 '이상적 노동자' 궤도의 이탈로 의미화되는지를 절절하게 이야기한다. 그는 '대가', '희생', '포기' 등의 언어로 자신의 경험을 설명한다. 그가 치르고 있는 대가와 희생은 "일 더 해야 되고, 남의 일 도와줘야 되고, 윗급으로 못 가고, 현상 유지만 해야 된다"고 정리된다. 그는 이러한 맥락에서 유연근무제를 통한 업무 효율성 제고를 말한다는 것 자체를 터무니없다고 여겼다. 유연근무제가 조직의 시간 규범에 대한 도전이 되고 있지 못한 상황에서 그 실행 효과가 과잉 포장되고 있다는 것이다. 노동자들은 이러한 제도를 지지하는 동시에 상당한 대가를 치러야만 그러한 제도가 제공하는 혜택을 얻을 수 있다는 불행한 현실에 대해 잘 알고 있다(Jacobs and Gerson, 2010).

내가 얻는 이익 대신에, 내가 그런 유연근무제를 사용하는 이득, 이점, 개인적인 필요성, 그거에 대한 대가는 분명히 치러야 되고. 첫 번째로는 여기 같은 경우는 마지막 업무가 하루 업무를 종합하는 건데, 그걸 최종적으로 다 해야 돼요. 남아서 청소도 미리 좀 더 해야 되고. 내가 아침에 와서 청소 못하는 부분만큼 해야 되고. 그 다음에 직원들의 괴리감 같은 거, 같은 동료들 간의 괴리감 같은 게 있으니까 그걸 무마하기 위해서 평상시에도 수시로 적극적으로 그 업무를 좀 도와줘야 되고. (…) 또 예를 들어 차출이 돼서 다른 윗 단위의 조직적인 큰 행사에 참여를 한다든지 이런 것들은 다~ 제가, 제 몫으로 해야지만, 그런 희생들을 해야지만 돼요. 그걸 대가라고 해요. 세 번째로는 쉽게 얘기하면 윗 단위, 상급 기관으로 못 들어가고 있어요. 진급을 하려면 상급 기관으로 가서 거기서 더 높은 사람들하고, 상급자들하고 같이 일하는 게 인정받을 수 있는 좋은 기횐데, 그런 거는 일단은 포기를 해야 돼요.

[사례 3(남)] 중앙행정기관

유연근무제를 통해 시간 유연성을 갖는 것은 소득 감소와 연결되기도 한다. [사례 15(남)]는 현재 월급여가 이전에 대기업에 다닐 때보다 2분의 1가량 적다. 그는 현재의 직장인 민간단체의 급여가 "가장으로서는 일하기 어려운 급여, 나이 많은 남자가 일하기는 어려운 급여"라고 말한다. 이는 남성에게 부여되는 생계 부양의 역할이 이들이 가질 수 있는 유연성을 훼손하는 장치로 작동함을 의미한다. 그런데 [사례 15(남)]는 지금보다 두 배의 급여를 받았던 그 때가 더 행복했다고 말하긴 어렵다고 자부하였다.

그때가 더 행복했다고 말하기 힘들어요, 사실. 물론 내가 사는 물건이라든지 쓰임새 이런 건 조금 더 달랐죠. 그치만 지금은 세 끼 먹는데 그때는 여섯 끼 먹고 그런 거 아니거든요. (웃음) 똑같이 먹으니까. 먹는데 조금 더 맛있는 걸 먹을 수 있고 이런 거지. (…)

유연근무제와 페미니즘

사실 저도 부를 선택할 수도 있어요. 더 많은 급여를 받는 거를 선택할 수도 있고, 거기서 오는 행복이 애들하고 노는 행복보다 더 크다고 생각할 수도 있겠죠. 하지만 저는 다른 선택을 한 것이고. 그거는 어떻게 거부할 수 없어요. 그 유대감에서 오는 행복이라는 거를 거부할 수가 없어요.　　　　　　　　　　[사례 15(남), 민간단체

[사례 15(남)]는 '다른 선택'을 할 수 있었던 배경으로 가족 관계를 중시하는 자신의 가치관을 꼽는다. 하지만 그의 선택이 이러한 가치관만으로 가능했던 것은 아니다. 그는 현재의 직장으로 옮기면서 자신의 부모로부터 경제적 지원을 받기 시작했다. 그의 아내는 과외 등의 아르바이트를 했지만 그의 이직과 함께 전일제로 일하기 시작하였다. 부모의 경제적 지원과 아내의 전일제 취업은 그의 '다른 선택'을 뒷받침하는 강력한 물적 토대이다.

이들의 '열혈 육아'는 이들이 '이상적 노동자' 궤도를 이탈하는 데 결정적인 영향을 미친다. 이들은 노동시장에서 선호되는 노동력이기 어렵다.[4] 이러한 점은 [사례 3(남)]의 경우에서 집약적으로 드러난다. [사례 15(남)]의 경우는 민간단체에 다니고 있기에 '이상적 노동자' 궤도에서의 이탈이 개인의 경력 관리에 상대적으로 그렇게 치명적이지

4　이들은 사회적으로도 '어울리기 좋은' 남성은 아니다. [사례 3(남)]과 [사례 15(남)]는 모두 '늦게까지 술 마시며 남자들끼리 어울리는 문화'를 좋아하지 않는다. "남자친구가 없어요. 별로 그렇게 어울려 다니는 거 안 좋아해서 친구가 없는 편이고."(사례 3), "제가 별로 술자리를 좋아하진 않아서… 친구들 만나도 술값 안 내요. "나보다 (월급) 높은 애들 나한테 술 사. 나 술값 안 낸다" 그러면서."(사례 15).

는 않다. 하지만 현재의 직장 특성상 비교적 '안전'하다고 해도, 그 틀을 벗어나면 전혀 다른 가치 체계에 놓일 가능성이 높다. 그럼에도 이들이 자녀와의 시간에 대단히 높은 만족도를 보이는 또 하나의 이유는 아내와의 관계이다. 이들은 노동시장의 '이상적 노동자' 궤도에서 이탈했지만, 이들의 이탈은 아내와의 협의, 그리고 지지 속에 위치해 있다. 이들의 유연근무제 사용이 아내로부터 지지받지 못하거나, 심지어 아내가 이를 꺼려할 경우 이들이 표현하는 만족도는 상당히 달랐을 것이다.

아내가 남편의 시간 유연성을 기꺼이 받아들이지 못하는 데는 남편의 경제적 능력이 중요하게 영향을 미친다. [사례 5(남)]는 현재 프리랜서로 일하고 있어서 이전에 외국계 기업[N]이나 국내 기업[P]에 다닐 때와는 비교할 수 없을 정도로 재량껏 시간을 사용한다. 그는 자신의 직업 전망과 관련된 공부도 하고 육아와 살림도 적극적으로 하고 있다. 그의 아내는 국내 대기업에서 전일제로 근무한다. [사례 5(남)]는 그동안 가족과 많은 시간을 보내지 못했고, 그의 아내는 그점에 대해 불만을 표하곤 했었다. 그가 시간을 유연하게 사용할 수 있게 된 상황에서 가족 생활은 과연 어떻게 달라졌을까. 그의 아내는 남편과 많은 시간을 공유할 수 있게 된 것에 어떤 반응을 보일까. 남성의 시간과 돌봄의 공유는 경제적 능력을 기반으로 한 것이어야 충분히 환영받고 지지받을 가능성이 높아 보인다.

> 아우~ 난 너무 행복한데요. 와이프는 굉장히 불안해하고 있구요. (…) 저는 절호의 찬스라고 생각해요. 하고 싶은 공부도 하고

삶도 챙기고 아이도 챙기고. 일도, 새로운 일을 자본금 없이 시작을 하고. 원래 제가 와이프하고 같이 있는 시간이 적을 때는 그 시간이 적다는 것 때문에 불만을 저한테 많이 얘기했거든요. 근데 지금은 같이 있는 시간이 많아지니까 불만스러워하는 것 같아요. 애타게 같이 있고 싶어 하질 않는 거 같애. (웃음) 일단 제가 기반을 잡아야지 좀 풀릴 거 같애요. (웃음) 기반이 없는 상태에서 즐겁게만 해주니까 별로 만족도가 반감이 되는 거 같아요.

[사례 5(남)] 국내 기업

[사례 5(남)]는 자신이 이전에 비해 가사 일을 많이 하게 된 건 아내가 좋아하지만, 같이 있는 시간이 많아진 건 불만스러워한다고 이야기한다. 그는 이를 "기반"이라는 언어로 설명한다. [사례 5(남)]는 시간이 많아지면서 경제적 능력이 적어진 자신에 대한 아내의 태도는 "기반을 잡아야지 풀릴 거 같"다고 여긴다.

괜찮은(decent) 삶을 누리려면 오랜 시간 일해야 한다는 압력은 직장을 넘어선 세계에 많은 시간을 허락하지 않는다(Gerson, 2010). 돌봄을 비롯한 사적 생활에 시간을 내려는 남성은 시간과 돈이 반비례 관계로 구성되고 임금노동에 우선성이 부여되는 자본주의 사회에서 여성과는 또 다른 방식의 장벽을 마주한다. 직장에 다니는 어머니에게 관심이 집중되어 있기 때문에 아버지가 부모 노릇을 충분하게 할 수 있도록 지원하는 사회 정책은 시선 끌기나 보조 역할 정도로 제한되는 것이다(Jacobs and Gerson, 2010). 남성의 육아휴직은 이러한 맥락에서 여성의 육아휴직보다 더 부정적으로 여겨지거나 그 배경에 관심이 쏠린다. 이는 육아휴직 사용이 여성과 남성 모두에게 열려 있지만, 실제로 육아휴직을 사용하는 남성이 대단히 적은 현실에서도 엿볼 수 있다.

> 남자들도 육아휴직 하고 나면은 불이익을 많이 당해요. 남잔데 육아휴직을 한 사람이 있었어요. 그 사람이 그 얘길 하더라구요. "아주 비싼 수업료를 치르고 있다"고 그렇게 얘기를 하더라구요. 여자들이 육아휴직을 하는 거에 대해서 어느 정도 인식이 확산돼 있는데, (…) 남자직원이 육아휴직을 한다는 거에 대해서는 아직도 되게 부정적이고, 그리고 복직하고 나서도 인식이 별로 곱지 않고, '너는 육아휴직을 했었기 때문에 그거를 카바할려면 엄~청나게 어렵고 열심히 일을 해야 된다', '어렵고 막 힘든 일을 해야 된다' 그런 게 강하게 있는 거 같에요.   [사례 17] 중앙행정기관

> 남자 직원도 육아휴직 쓴 사람들도 있거든요. 근데 좀 나이 많 으신 남자 차장님들은 좀 이상하게 생각하시는 거 같에요. 확실히, 여자가 쓰는 거보다는 (남자가 쓸 때) '쟤는 도대체 무슨 이유로 쓰 는 건지'…   [사례 10] 외국계 기업

남성의 육아는 한편으론 장려되고 칭송되지만, 노동자로서 그에 대한 평가는 인색해진다. 노동자들은 조직의 시간에 충실한 '이상적 노동자'가 될 것인지, 유연근무제를 사용함으로써 조직의 시간에 반 하는 '시간 일탈자'가 될 것인지 여전히 선택을 강요받는 현실에 놓여 있다. 남성들은 아내와 동등하게 자녀를 돌보고 가족 책임을 나눌 여 지를 주지 않는 조직 구조와 문화적 규범 때문에 곤경에 처하기도 한 다. 남성의 유연근무제 사용은 이러한 맥락에서 '어머니 궤도'로 불릴

수 있다(Jacobs and Gerson, 2010). 연속성과 정규성을 기반으로 한 노동 참여가 선호되고 이를 기반으로 경력이 구성되는 시간 규범은 돌봄을 기꺼이 실천하는 남성을 비켜 가지 않는다.

2. '어머니 궤도'의 갈등적 수용 : 성취의 유예

'어머니 궤도(mommy track)'는 남성들의 빠른 출세 가도를 의미하는 fast track의 반대말로, 직업과 가족을 병행하려는 여성을 관리하는 방법으로 제안되었다. 이는 노동시장에서 완전히 이탈하지는 않지만 직업적 성취를 보류 혹은 포기하고 자녀 양육을 병행하려는 여성들에게 직무 공유, 시간제 근무, 자녀 양육 지원 등을 제공하는 것을 말한다(Schwartz, 2002). 우리나라 여성 고용 정책은 바로 '어머니 궤도'를 지원하는 것으로 집약된다. 정부 자료와 관련 연구들은 시간제 형태가 여성 고용을 높일 수 있다는 점을 강조하면서 기존의 전일제 일자리를 시간제로 바꾸거나 새로운 시간제 일자리를 만들어야 한다는 입장을 견지한다(기획재정부, 2012c; 김혜원, 2009; 노동부, 2008; 배규식, 2010; 양인숙, 2011b; 최숙희, 2010).

여성 노동은 단순히 여성이 하고 있는 노동이나 여성이 집중되어 있는 직종이 아니라 특정한 여성성과 가정 중심성, (이성애) 섹슈얼리티, 문화적 정형(stereotype)으로 나타나는 직업/직무에 관한 이데올로기적 구성물이다(Mohanty, 1997). 유연근무제가 그 실행 과정에서 '어린 자녀가 있는 기혼 여성'의 전유물로 상징화되는 것은 '어머니 궤도'가 여성의 선택적 이탈(opt-out)로 구성되는 것을 드러내준다. 선택적 이탈은 여성들이 노동시장에서 떠나는 것을 노동시장이 밀어내서(push-out)라기보다는 여성 자신의 심리적 또는 생물학적 영향에 의한 결과임을 의미한다.[5]

시간제 근무를 여성과 결부시키는 담론은 '자기 계발'을 전면에 배치시킨다. 이는 여성들의 자발성과 선택권을 강조하는 효과를 낳는다. 또한 이러한 담론은 여성들에게 안정적으로 생계 부양 역할을 해주는 배우자가 있다는 전제를 기반으로 한다. 그렇기에 여성의 노동시장 참여가 얼마든지 '조절'되고 '변동'될 수 있다는 이미지를 재생산해낸다. 공무원인 [사례 19]는 시간제 근무를 통해 근무 이외의 시간을 육아와 자기 계발에 사용할 수 있을 거라는 '홍보'를 거세게 반박한다. 그녀는 "반쪽 노동자" 취급을 받으면서까지 그렇게 자기 계발할 게 뭐가 있냐고 반문한다. '시간제 근무' 이용이 저조한 것은 '시간제 근무'가 "마이너스"가 될 것임을 여성들 스스로 인지하고 있기 때문이라는 것이다.

> 회사 나가서 반 일 하고 집에 가서 반 애 봐라. 근데 그게 어떻게 자기 계발이 되는 거예요? 사실은 그렇게 되면 여성 공무원들 같은 경우는 어쨌든 경력 개발에 문제 생기는 거잖아요. 호봉과 근무연수를 주었다고 한들! 이런 거거든요. 똑같이 근무연수나 호봉이 같아요. 근데 이 여성은 유연근무제를 했거나 휴직을 했어요. 근데 이 남성은 그냥 쭉~ 일했단 말이에요. 근데 승진이 되면 누구 시키

---

5 '선택적 이탈' 관점은 여성들에게 '진정한 선택권'이 있다는 식의 일반화를 가져온다고 비판받는다(Williams, 2010).

겠냐는 거예요. 당연히 여기 시키거든요, 쭉 일한 사람. 경력 개발
의 문제에서 여성들이 집단적으로 뒤처질 수 있는 문제가 있고. 경
제적인 면에서도 '여자는 반만 벌어도 되는 거 아니냐, 남편이 있
으니까~' 이런 식의 의식들이 막 나갈 수 있는 거거든요. (…) 회사
에서 내가 열심히 일해서 자기 계발 하는 게 낫지, 반쪽짜리 노동
을 하면서 반쪽 노동자 취급을 받으면서 자기 계발 할 게 뭐가 그렇
게 있냐는 거예요, 취미 활동 외에. 그거는 여성들 입장에서도 스
스로 마이너스라는 걸 인지하고 있기 때문에 당연히 시간제 근무
에 대해서 접근이 안 되는 거죠.   [사례 19] 지방자치단체

　이러한 진단에는 우리 사회가 규범화해온 경력의 의미에 대한 통
찰이 담겨 있다. 시간/장소의 집단적 공유를 선호하고 경력 단절 없
는 노동자를 우위에 두는 현재의 시간 규범에서 여성에게 시간제 근
무를 장려하는 것은 어떤 결과를 낳게 될까. 여성과 남성의 사회적
격차가 집단적으로 재생산될 위험이 크다.
　인터뷰 참여자들은 유연근무제에 대한 의견, 실제 사용해본 경험
혹은 사용하지 않는, 사용하지 못하는 이유를 설명하는 과정에서 육
아휴직을 판단의 준거로 등장시키곤 하였다. 그것은 한편으로는 육
아휴직이 확대되어왔던 것처럼, 유연근무제도 향후 확대될 거라는
긍정적 전망의 근거로 제시된다. 다른 한편으로는 육아휴직 사용에
부착되는 "딱지"처럼 유연근무제 사용에도 일종의 대가가 지불되는
불행한 현실의 근거로 동원된다. 이는 현재의 조직문화를 떠받치는
시간 규범이 유연근무제나 육아휴직 사용자를 별도의 경로로 분류하
고 있음을 여실히 보여준다. 공공부문의 경우 육아휴직 신청 자체가

묵살되는 경우는 거의 없다. 하지만 육아휴직 사용이 제어되는 실천은 지속되고 있다.

> 육아휴직을 한 사람이 있었는데, 4년이 지나도록 승진 심사를 할 때마다 "걔는 육아휴직을 하지 않았었느냐!" 심사를 할 때 계~속 육아휴직이 좇아다니는 거예요. 근데 그 사람이 어떤 사람이 었냐면, 객관적인 공적이 충분히 다른 사람들을 월등히 능가함에도 불구하고, 매년 우리가 성과 평가를 하거든요. 거기에서 항상 그 직렬에선 1위였어요. 근무 연수도 차이가 분명히 있고 객관적인 공적도 그렇고. 그럼에도 불구하고, "육아휴직을 하지 않았었느냐"라는 그 딱지가 붙는 거예요. (…) 결국은 그래서 그분이 그냥 다 포기하고 강임해서 지방으로 갔잖아요. 이것 저것 더러운 꼴을 좀 많이 봐가지고.   [사례 17] 중앙행정기관

> 육아휴직을 쓴다는 건 그 조직에서는 거의 열외자 취급이 된 거 같애요.   [사례 2] 중앙행정기관

공무원인 [사례 17]은 자신의 근무처인 관공서[D]가 여성과 남성의 비율이 7 대 3 정도로 여성이 다수를 차지한다고 강조한다. 그녀는 여성이 "우위"이기 때문에 직장에서 여성이 많이 배려받는 편이라고 하면서, 그 예로 회식을 점심시간에 한다는 점을 든다. 그런데 이 관공서에서는 육아휴직을 사용한 여성들이 승진이나 업무 배치 등 인사 문제에서 불이익을 당한 경우가 많다. 정작 [사례 17] 자신도 첫 번째 육아휴직을 마치고 복직한 후 조직 내에서 이른바 "블랙홀"이라 불리는 기피 부서에 배치되었던 경험이 있다. 그녀는 휴직에서 복직

한 사람들은 곧장 그 기피 부서로 "던져졌고", 자신도 현재의 두 번째 육아휴직 후 복직하면 어떻게 될지 알 수 없다고 걱정하였다.

임신과 출산은 이러한 맥락에서 그 자체가 이미 직업적 성취의 보류를 의미하게 된다. 임신과 출산, 출산휴가와 육아휴직에 이르는 일련의 과정은 여성 노동자에게 "현상 유지" 혹은 직업적 목표의 '속도 지체'로 표현된다. 이는 유연근무제의 제도적 · 문화적 토양이 비교적 두터운 외국계 기업에서도 예외는 아니었다.

> 임신해서 처음 고비 몇 달, 그거 딱 넘기고 나면 그때부터는 안전 모드로 들어가서 일을 하게 되고, 위에서도 당연히 새로운 challenge를 안 주고요. 물론 저희는 업무를 열심히 해요. 그렇지만 뭔가 새로운, 시작하는 업무를 맡을 수가 없잖아요. 그리고 다른 사람이 그 일을 해줘야 되니까 넘겨줘야 되고. 그니까 계속 현상 유지만 하게 되는 그런 감이 있어요. 출산휴가나 육아휴직 갔다 오면 또 적응하는 기간이 못해도 또 한 달 두 달은 해야 될 거 아니에요. 그러다보니까 출산을 한 번 한다는 게 (출산휴가) 3개월이 아니에요.　　　　　　　　　　　　　　　　　　　　[사례 11] 외국계 기업

> 애가 없을 때는 long-term으로 뭐가 되고 싶다, 뭐가 최종적으로 되고 싶다는 그런 goal을 가지고 그게 되기 위해서는 어떤 것들을 해봐야 된다고 생각했고, 그걸 하기 위해서 내가 부족한 역량이 뭔지 이런 거 생각하면서 했는데, 애가 생기니까 그 속도가 조금 늦어진 건 있죠. 근데 그게 뭐… 저만 언제나 이기적으로 '제가 성공하겠다'라고 할 수 있는 부분은 아니고, 가족을 만든 이상 절충하는 게 필요하니까. 제 업무가 굉장히 바쁠 때는 가족들한테 양해를 구하고 남편이 거기에 신경을 쓴다든지, 남편이 바쁠 때는 조금 조

정을 한다든지. 서로 조정해가지고 하죠.

[사례 16] 외국계 기업

직업적 성취 욕구가 높은 여성에게는 육아휴직뿐 아니라 유연근무제도 기꺼이 이용하고 싶은 제도로 여겨지지는 않는다. 이는 연속성과 정규성을 기반으로 움직이는 현재의 경력 시계가 '다른 시간표'를 사실상 용인하지 않는 데서 비롯된다. 이러한 경력 시계야말로 여성들로 하여금 출산을 주저하거나 포기하게 하고, 결과적으로 출산율 저하에 영향을 미치는 주된 장치이다.

어머니 노릇(mothering)은 비가시적일 뿐 아니라 일하는 여성에게 '핸디캡' 또는 낙인으로 의미화된다. 아이와 함께 보낸 시간이 낭비라는 생각은 전통적인 경제적 사고에 뿌리내리고 있다. '생산적인 것'의 의미는 임금노동과 화폐 소득 중심으로 구성되고, 가정에서 이루어지는 활동에는 비생산적이라는 딱지가 붙여져 왔다. 여성들은 아이를 기르는 일의 경험적·실질적 가치와 그것의 제도적·규범적 무가치 사이에서 분열을 경험한다(이경아, 2009). [사례 2]는 아이에게는 미안한 말이지만, 육아휴직으로 보낸 시간은 자신에게 "버려지는 시간"이었다고 말하였다. 그녀는 육아휴직을 하고 싶지 않았지만 본인이 육아를 전담할 수밖에 없던 상황에서 3년 동안 육아휴직을 하였다. 그녀는 일을 통해 느낄 수 있는 성취감을 상당히 그리워하며 "저도 지금 애가 없다면"이라는 단서를 달면서 일을 통해 인정받고 싶은 욕구를 드러냈다. [사례 12]는 출산 전에 자신은 일 욕심이 많았지만, 지금은 마인드가 바뀌었다고 한다. 여성들은 출산과 그에 따르는 육

　　　　　　　　　　　　　　　　　유연근무제와 페미니즘

아를 하지 않을 수도 없고, "마이너스"임을 알지만 육아휴직이나 유연근무제를 사용하지 않을 수도 없는 상황에서 갈등한다. 하지만 결국 '어머니 궤도'를 수용한다. 다른 대안이 없기 때문이다.

> 저는 사실 육아휴직을 하고 싶진 않았구요. 애를 봐줄 분만 있으면 사실 그냥 일을 하는 게 더 좋았으니까 나와 버리고 싶었는데 (…) 애를 키우는 시간이나 애한테는 너무 좋은 시간이었지만, 내 직장 생활에서는 굉장히 마이너스라는 생각을 지금도 하고 있죠.
>
> [사례 2] 중앙행정기관

> 약간 극단적인 생각인데, 여자가 일을 할려면 애를 낳으면 안 될 거 같애. (웃음) 애 낳기 전에는 저도 욕심 많았어요. 많아가지구 열심히 일 해볼려고 했는데… 아 이게 아닌 거 같애요. 그러니까 점점 내 욕심이 줄어들고, 줄고 줄고… 애한테 아무래도, '내 인생이 뭐야, 애를 잘 키워야지' 이런 마인드로 바뀌면서 '내가 뭐하고 있나' 이런 생각이 들어요.
>
> [사례 12] 외국계 기업

공무원인 [사례 2], [사례 17], [사례 19]는 '육아휴직 1년은 기본'이라는 인식이 이전에 비해 상당히 확대되었다고 여긴다. 이들을 육아휴직을 "지금은 다~ 쓰고", "지금은 자연스럽게 정착이 된 거고", "1년은 다~ 하는 줄 아는" 것으로 이야기한다.

그런데 외국계 기업에 다니는 인터뷰 참여자들은 육아휴직을 1년 사용하는 경우는 많지 않다고 공통적으로 강조하였다. [사례 10]은 자신의 직장인 외국계 기업[T]가 여성이 일하기 좋은 기업임을 심층 면접 내내 강조하였다. 하지만 이곳에서도 육아휴직을 1년 이상 하는 것은 반겨지지 않는다고 하였다. 그녀는 1년 이상 쉴 경우 경력에 불이익이 있어도 감수해야 한다는 인식이 지배적이라고 덧붙였다. 육아휴직을 사용한 사람과 육아휴직을 사용하지 않은 사람에 대한 평가는 당연히 달라야 한다는 것이다. 또 다른 외국계 기업[N]의 [사례 11]은 둘째 자녀 출산을 고민하고 있는데, 자신을 아끼는 관리자로부터 둘째를 낳지 말거나 낳더라도 "딱 3개월만" 쉬라는 조언을 들었다.

법으로 보장된 육아휴직은 1년인데, 1년의 육아휴직은 노동 현장에서 왜 반겨지지 않을까. 이는 사회의 변화 속도와 연관된다. 삶의 속도가 빨라지고 취업 중인 상태에서도 '스펙 쌓기'에 시간을 쏟아야 한다는 사회적 압박이 가해지는 상황에서 1년의 시간은 상당히 긴 경력 단절로 의미화된다.[6]

직업적 성취의 유예는 육아휴직 기간, 딱 그만큼을 의미하지 않는다. 그것은 이후 경력 관리와 직접적으로 연관된다. 일을 제대로 해보고 싶었던 [사례 2]는 육아휴직 후 '목표의 상실'을 깨닫고, 해외 근무를 목표로 외국계 기업에 입사했던 [사례 11]은 육아휴직 후 "여자들 많은" 부서로 옮긴다. 어머니 노릇은 여성을 생산적 노동자, 경쟁력 있는 노동자로서의 경로에서 떼어내는 계기로 작용한다. 생산적 노동자, 경쟁력 있는 노동자를 구성하는 배경에 대한 질문은 제기되지 않는다.

---

6 [사례 4]는 아이 출산 후 3개월을 쉰 적이 있는데, "벽이 딱 하나가 생기면서 내가 다른 세상, 옛날의 내 세상으로 다시 넘어갈 수 있을까"라는 생각에 힘들었다고 토로하였다.

유연근무제와 페미니즘

결혼해서 갑자기 3년 육아휴직을 한 거잖아요. (…) 내가 이렇게 인생이 재미없고 우울해진 게 목표가 없어진 건데, 목표를 뭔가, '내가 뭘 해야 되지? 뭘 해야지? 뭘 하고 싶었지?' 라고 생각을 하는데, 계~속 의욕은 없는 거예요. 의욕은 없고 그런 생각도 드는 거죠. '내가 애가 어린데 뭘~ 뭘 하겠어. 애 하나 제대로, 남는 시간에 애 하나 제대로 키우면서 보내야지' 라는 생각이 또… 그니까 죄책감도 들고.　　　　　　　　　　　　　　[사례 2] 중앙행정기관

1년 정도 육아휴직 하고 돌아오면서 저도 그냥 마케팅이나 HR이나 좀 '여자들 많은 곳에서 일을 하면 아무래도 더 낫지 않을까' 라는 생각으로 지금 부서로 오게 됐어요.　　　[사례 11] 외국계 기업

경력 단절 후의 노동시장 재진입은 노동 조건의 하락을 감수하는 하향 취업으로 나타나는 경향이 있다. [사례 17]은 이러한 맥락에서 공무원은 신분이 보장되기 때문에 육아휴직 사용 후에도 기존과 동일한 직급에 동일한 급여로 복직할 수 있음을 다행으로 여긴다. 그녀는 육아휴직 사용으로 인해 인사상 불이익을 당했던 동료들과 자신의 경험을 힘주어 이야기하면서도 공무원이기 때문에 "그나마" 이전과 같은 조건으로 복귀할 수 있음을 강조하였다. 그녀가 심층면접 내내 가장 많이 사용한 단어는 "배려"와 "신분 보장"이다. 특정 단어의 반복적 사용은 자신의 상황을 정당화하고자 하는 적극적 실천으로 보인다.

생각해보세요. 결혼한 엄마가 쉬었다가 다시 일을 시작할 때 그 금액 그대로 쳐주면서 그 급수대로 (웃음) 그렇게 일할 수 있는 조건이 있는 줄 아세요? 없어요~ 없다니깐요, 진짜. 그리고 나가서

사회에서도 다른 사기업 사람들이 나를 이렇게 동등한 일을 하는 사람으로 취급해주는 거는 공무원이라는 신분을 가졌기 때문이에 요.   [사례 17] 중앙행정기관

여성과 남성에게 각기 다른 삶의 경로를 상정하고 강제하는 것은 '이상적 노동자' 규범의 균열을 지체시키며, '어머니 궤도'를 수용하도록 한다. 인터뷰 참여자들은 동일한 실천을 두고 성별에 따라 다르게 평가하는 관념이 사회 저변에 깔려 있음을 지적하였다. 이들은 어머니 노릇이 모성을 자연화하는 사회적 강제 속에 위치하고 성적 이중규범하에서 재단되고 있음을 간파하고 있다.

> work and life에서 좀 약간 work에 치중을 해야겠죠. 만약에 관리자로 승진하면. (…) 근데 솔직히 사회적으로 약간 그런 게 있을 수밖에 없잖아요. 여자가 애가 아파서 일찍 가면 "쟤는 근무를 소홀히 한다" 이러고, 남자가 일찍 가면 "가정적이다" 그러고. 이거는 저희 회사의 문제가 아니라, 이런 시선이 (우리 회사에) 있는지는 모르겠는데, 그런 시선이 있다면 그건 우리 사회적으로 다 그런 거니까 있는 거죠.   [사례 10] 외국계 기업

> 사례 12 : 애 있으면 애를 좀 가중치를 낮추든지, 양자택일을 해야 될 거 같아요.
> 사례 11 : 남자들도 일에 목숨 걸었으면 가정을 등한시하는데, 여자가 어떻게 애까지 낳으면서…
> 사례 12 : 근데 꼭 여자가 등한시하면은 "뭐 저런 엄마, 여자가 다 있어" 이런 시선으로 보니까… 저는 진짜 애를 낳지 말아야 된다고 생각해. (웃음)

유연근무제와 페미니즘

사례 11 : 나는 모성 DNA가 없더라고, 애 낳아보니까. 여자는
원래 모성이 있다는데, 난 애 낳았는데, 애 보라고 데
려왔는데… 뭐 잘 모르겠고, 내가 힘들고.

많은 여성들은 '이상적 노동자'가 되기 어려운 현실을 파악하고 직업적 성취의 유예를 힘겹게 받아들이며 '어머니 궤도'에 진입한다. 그런데 그 배경에는 여성과 남성의 임금 격차라는 사회 구조적 문제가 결부되어 있는 것으로 보인다. '어머니 궤도'는 여성이 가사 일을 더 많이 하고 임금을 희생하는 성별 노동 분업을 강화한다(Jurzyck, 1998). 인터뷰 참여자 중 남편의 급여가 자신보다 많다는 점을 명시적으로 밝힌 여성은 [사례 8], [사례 10], [사례 12]이다. 그런데 기혼인 여성 인터뷰 참여자들의 배우자 직업은 연구원, 은행원, 재무설계사 등의 전문직이거나 대기업 직원으로, 남편의 급여 수준이 아내보다 높을 가능성은 어렵지 않게 파악된다.

[사례 24(남)]는 자신의 직장인 국내 기업[V]에서 남자 직원들의 육아휴직 사용이 저조한 이유를 임금 수준과 연관시켜 설명한다. 이 기업은 대표적인 가족 친화 기업으로 꼽힌다. 여성의 육아휴직 사용률은 90% 이상이며 복귀율은 100%이다. 그런데 가족 친화적인 기업 문화가 정착되었다는 평가가 지배적임에도 불구하고 남성 육아휴직 사용자는 지금까지 단 한 명이라고 한다. 그 이유는 무엇일까. 바로 "내가 breadwinner다"라는 경제적·도덕적 지위이다.

저희 회사도 육아휴직 같은 경우 남성이 딱 한 명 썼어요, 지금
까지. 근데 제가 사람들한테 물어봤어요. 왜 안 쓰십니까. 근데 그

들의 대답은 뭐였냐면, 대부분 첫 번째 나온 대답이 뭐냐면, 요는 그거예요. 내가 breadwinner다. 그러니까 결국은 내가 돈을 벌어야 된다… 아직 한국 사회는 기본적으로 남성이 돈을 더 많이 벌잖아요. 급여 차이를 봐도 남성이 가장인 경우가, breadwinner인 경우가 많기 때문에 그들이 돈을 안 벌면 타격이 생기는, 그렇잖아요. 그거 때문에 못 쓰게 되는 거죠. (…) 이런 제도를 쓰면 나중에 승진하거나 민감한 시기에는 되게 밉보일 수도 있는 거고, 그런 것도 있겠지만, 오히려 더 큰 부분은 경제적인 그런 것들도 있는 거 같애요.   [사례 24(남)] 국내 기업

현재의 성별 소득 격차는 '어머니 궤도'를 재생산하는 핵심 기제일 수 있다. "내가 breadwinner다"라는 인식은 남성의 임금이 여성보다 높고 그것이 그다지 변화하지 않는 사회 구조에 의해 뒷받침되고 있다.[7] 남편의 임금이 아내보다 높은 가정에서 아내가 육아휴직을 하는

---

7 2016년 여성의 월평균 임금은 186만 9천 원으로 전년보다 8만 8천 원 증가하였으며, 남성 임금의 64.1% 수준이다. 여성 임금근로자의 시간당 임금은 11,507원으로 전년보다 780원 증가하였다. 남성 대비 여성의 시간당 임금 수준은 68.4%로 전년(68.0%)보다 0.4%p 증가하였다(통계청・여성가족부, 2017). 잘 알려져 있다시피, 우리나라의 성별 임금 격차는 OECD 회원국 중 가장 크다. 이러한 성별 임금 격차에 대해서는 교육수준이나 근속기간 등의 인적자본의 영향과 직종/산업이나 고용형태 등 일자리 특성의 영향에 의한 것으로 설명되는 격차와, 이러한 영향을 통제하고 나서도 설명되지 않는 비합리적 격차로 구분되어 분석 결과가 제시된다. 성별 임금 격차에서 이른바 합리적 이유로 설명되지 않는 격차는 연구에 따라 60.6%, 63.0% 등으로 제시되며(김난주, 2017; 김영미, 2017), 청년층의 경우는 74.5%(황광훈, 2017), 과학기술분야의 경우는 41.0%(심정민 외, 2014) 등 세대나 전공 특성에 따라 차이가 있는 것으로 분석되었다.

것, 혹은 아내가 노동시간을 줄여 시간제로 일하는 것은 개별 가구의 경제적 전략으로서 합리적인 선택일 수 있다. 가구 소득을 최대화하려는 선택은 공보육 지원이나 사회 안전망이 부족한 현실에서 불가피한 것이기도 하다. 하지만 그것이 합리적 전략으로 정당화될 수만은 없다. 이러한 논리에서라면 남성과 여성의 소득 격차가 일정한 범위 내에서 지속적으로 순환될 위험을 피할 방법이 없기 때문이다. 성별화된 시간 사용에 대한 문제제기는 이러한 맥락에서 성별 임금 격차를 완화시키려는 현실적인 정책 접근과 결부되어야 한다.

육아를 위해 유연근무제를 사용하거나 직접 육아휴직을 하는 남성의 증가는 '이상적 노동자' 규범이 과거에 비해 완화되고 있음을 의미한다. 이는 남성에게 생계 부양자 역할을 최우선으로 강제하던 가치 체계가 일면 달라지고 있음을 보여준다. 하지만 이들은 연속성과 정규성을 기반으로 한 노동시장 참여가 우위를 점하고 이를 바탕으로 '경력'이 구성되는 사회에서 조직이 선호하는 노동력의 지위를 유지하기는 어렵다. 남성의 육아 참여를 '이상적 노동자' 궤도의 이탈로 바라보고, 여성은 남성과 다른, 별도의 경로인 '어머니 궤도'를 밟게 하는 것은 '이상적 노동자' 규범의 균열을 지체시킨다.

3. 남편이 빠진 '일-가족' 양립

현재의 시간 구조는 고용 관계를 경계로 하여 한쪽의 시간은 생산하는/경제적인 시간으로, 다른 한쪽의 시간은 경제적 원칙에 비켜나 있는 '경제적 시간의 그림자(the shadow of economic time)'로 형성된다(Adam, 2009). 후자의 시간은 전자의 시간을 위해 필수적이며, 전자의 시간은 후자의 시간에 의존함으로써 존재하고 작동할 수 있다. 그럼에도 불구하고 후자의 시간은 감춰지고 평가 절하된다. 이는 고용 관계 내에도 적용된다. 재택근무는 임금노동임이 분명함에도, 그것이 이루어지는 장소가 '집'이라는 점에서 노동하는 시간의 경제성이 폄하된다. 불평등한 사회 관계는 공간적 분화를 통해 표출되고 구성된다. 집을 재생산을 위한 현장으로 보고 집에 대해 다양하게 해석하는 데 무관심한 것은 집을 '사적 영역'으로 한정하는 지배적인 젠더 가정(assumption)을 반영한다(Rose, 2011).

유연근무제는 일-가족 양립 정책과의 관계 속에서 효과적인 정책 수단으로 부상하였다. '일'과 '가족'의 양립은 각 영역의 시간에 대한 지배적 관념이 변화함으로써 실현될 수 있다. 기업이 사업상 이해를 목적으로 유연근무제를 제공하는 경우라 하더라도 여기에는 '노동자'에게 임금노동만이 아닌 다른 삶의 영역들이 있다는 최소한의 인식이 깔려 있다고 보아야 한다. 즉 기업이 노동자의 임금노동 외적인 이해관계를 지지한다는 의미(Hildebrandt, 2006)를 적극적으로 이끌어 낼 필요가 있다.

하지만 유연근무제가 '기혼자' '여성'에게 부착됨으로 인하여 시간 규범의 이원화가 해체되기보다는 다소 수정된 형태로 안정화될 위험이 있다. 유연근무제를 사용하는 노동자에게 일-가족 양립의 책임이 떠넘겨지는 의도하지 않은 결과가 야기되는 것이다. 남성은 전일제의 장시간 노동을 하고 여성은 소득 활동과 돌봄에 시간을 쪼개는 양상은 기혼인 인터뷰 참여자들의 경험에서 공통적으로 발견되었다.

유연근무제와 페미니즘

일과 가족으로 이원화되었던 전체적인 젠더 분화가 부분적인 젠더 분화로 대체된 것이다(Gornick and Meyers, 2009).

남편이 부재한 일-가족 양립의 현실은 크게 두 가지에서 비롯된다. 하나는 남편의 장시간 노동이고, 다른 하나는 집에서 보내는 시간의 성별화이다. 남편들은 많은 시간을 직장에 바친다. 남편의 시간은 야근, 회식, 상사의 주말 등산 동행 등 주로 직장과 관련된 일로 구성된다. 여기에는 급여, 교육 지원 같은 일정한 경제적 보상이 따른다. 남편의 장시간 노동과 이에 대한 높은 경제적 보상은 남성을 생산성 있는 노동자로 떠받치면서 시간의 성별화를 지속시키는 강력한 배경이다. 때문에 일-가족 양립 지원 요구는 제도화에 담겨 있는 외적 평등권을 내적으로 심화시키고 여성의 경험을 반영함으로써 실질적인 평등을 실현하는 방향으로 만들어가야 한다(김경희a·류임량, 2009).

그런데 이러한 제안은 장시간 노동 체제가 유지되는 한 실현되는데 한계가 있다. 장시간 노동 체제는 삶의 다양한 영역이 '일'을 중심으로 재편되는 것을 전제하며, 장시간 노동하는 자와 그 가족의 일상적 재생산을 도맡아주는 전담자를 전제한다. 유연근무제의 제도화는 임금노동과 삶의 다른 영역을 균형 있게 영위하도록 지원하는 목적을 갖지만, 장시간 노동 체제는 임금노동을 중심으로 구성된 삶의 시간표를 순환시킨다. 결국 유연근무제를 사용할 수 있는 노동자의 이중 부담이 지속되는 결과가 나타난다. 유연근무제는 시간 갈등을 완화시키는 데 유의미한 효과가 있다. 하지만 장시간 노동 체제에 도전하지 않는 방식으로 실행되는 유연근무제는 성별화된 일-가족 양립을 강화하는 정책 수단으로 왜곡될 위험이 크다.

외국계 기업에 다니는 [사례 10]과 [사례 12]는 친정어머니와 시어머니의 도움을 받으며 일과 가족을 양립하고 있다. 이들의 어머니들은 전일제로 근무하는 두 사람에게 '가사와 돌봄 전담자인 아내 역할'의 의미가 크다. 그나마 [사례 10]은 평소 '칼퇴근'을 하고 있는데다 '집약근무제'를 사용하여 격주로 하루를 쉬기 때문에 아이를 돌봐주시는 친정어머니, 시어머니와 "교대"가 가능하다. [사례 12]도 '재택근무형'과 '시차출퇴근형'의 유연근무제를 병행하며 친정어머니의 부담을 덜어드린다. 그녀의 친정어머니는 평일에 [사례 12]의 집에 아예 거주하시며 자녀들과 살림을 돌봐주신다.[8] [사례 10]과 [사례 12]의 남편은 장시간 노동으로, '스펙 관리'로 가족과 시간을 나누기 어렵다.

[사례 10]의 남편은 육아휴직을 사용할 수도, 가사와 육아를 함께 나눌 수도 없는 상황이다. 그녀 남편의 직장은 그를 사무실에 오래 붙잡아 두는 대신 경제적으로 높은 수준의 보상을 해준다. 직급이 '차장'인 [사례 10]보다 '대리'인 남편의 연봉이 더 높다.

> (남편도 육아휴직을 사용할 수 있는 회사에 다니냐는 질문에) 절대! 맨날 야근해요~ 그거는 거의 불가능한 얘기라고 보면 돼요. 남

---

8 [사례 12]의 친정어머니는 주말에는 '본가'에 가신다. 그리고 주말 동안 본가의 살림을 챙기신다. [사례 12]는 친정어머니의 '이중 부담'을 염려하고 헤아리며, 평일에도 어머니의 부담을 덜어드리려고 애쓴다. 그녀의 남편은 보통 밤 11시가 넘어야 귀가한다.

편이 재무 쪽인데, 일도 많고… 시간이 없어요. 아니 애기 얼굴도 맨~날, 애기 잔 다음에 오고 이러니까. (…) 근데 남편은 야근하는 만큼 연봉이 높거든요. 제가 차장이고 남편이 대리여도, 남편이 더 높아요, 지금. [거기는 초과 수당이 있어요?] 초과 수당은 신청도 못 하는 분위긴데, 그냥 연봉 자체가 높아요. 근데 생각해보니까 이렇게 사는 게 행복이 아닌 거 같은 거예요. 남편은 맨~날 야근하고 저 혼자 애기 보구…

[사례 10] 외국계 기업

[사례 10]은 남편에게 시간 유연성이 비교적 많이 주어지는 외국계 기업으로 이직할 것을 권유하기도 하였다. 하지만 외국계 기업의 연봉 수준이 남편의 현재 직장보다 높지 않아 남편의 이직이 실현될 가능성은 거의 없어보였다. 그녀의 직장인 외국계 기업[T]에서도 남성의 경우 연봉 문제로 이직하는 경우가 많다고 한다. 외국계 기업에 다니는, 혹은 다녔던 인터뷰 참여자들은 외국계 기업의 연봉 수준이 국내 대기업에 비해 상대적으로 낮다는 점을 공통적으로 지적하였다 (사례 5(남), 사례 10, 사례 11, 사례 12, 사례 23). 노동시간은 화폐로 환산되고 시간 유연성은 화폐와 교환 관계로 주어지고 있다. '시간이 돈이다'라는 익숙한 표현은 계량화를 통해 가치가 매겨지고 임금노동에 우선성이 부여되는 사회에서 높은 경제적 보상이 직장에 오랜 시간을 바치는 것을 기꺼이 감수하도록 해준다는 것을 집약적으로 드러내준다.

[사례 12]의 남편은 공기업 직원이다. 지금은 회사의 연수 프로그램 지원을 받으며 대학원에 다닌다. 남편은 직장에서 학비는 물론 수당을 제외한 3년간의 급여를 제공받는다. [사례 12]는 남편이 회사

다닐 때는 야근과 술자리로 매일 퇴근이 늦었었는데, 대학원에 다니는 지금은 공부한다고 매일 귀가가 늦는 것에 상당한 불만을 표출하였다. [사례 12]와 심층면접을 함께 했던 [사례 11]은 회사의 파격적 지원은 그간 회사에 대한 기여가 있었기 때문일 거라고 단언하였다. "회사가 3년을 배려를 해줄려면 뭘 잘 해서 뽑힌 게 아니겠느냐"는 것이다. [사례 12]는 남편이 평일의 야근과 술자리에도 열심이었을 뿐 아니라 휴가를 신청하고도 출근하거나 상사의 주말 등산길에 동행하는 등 직장 생활에 거의 모든 시간을 바쳐왔다고 토로하였다. 그녀는 자신의 경력 관리에 철저한 남편으로 인해 일-가족 양립을 친정어머니에게 의존하고 있는 상황에 목소리를 높였다.

기혼인 인터뷰 참여자들의 남편은 자신의 시간을 높은 경제적 보상이나 회사의 파격적 지원을 통한 '스펙 관리'에 내어주고 있다. 이런 상황에서 이들의 아내는 회사의 유연근무제를 이용하며 일과 가족에 자신의 시간을 나눈다. 이는 유연근무제가 여성의 경력 단절을 예방하는 데 중요한 역할을 한다는 것을 보여주며, 이러한 맥락에서 여성의 노동시장 참여를 지원하는 제도로서 유의미하다고 할 수 있다.

하지만 이러한 유의미성은 유연근무제를 사용하는 여성에게 가정에 대한 책임이 더 강제됨으로 인하여 일정 정도 퇴색된다. 유연근무제는 여성과 남성 모두 사용할 수 있는 제도이지만, 현실에서 그것은 여성만의 것으로 인식되는 경우가 더 많다. 성별 분업은 단순한 역할 분담을 의미하기보다는 남성과 여성의 지위를 특정한 방식으로 고정시키는 강력한 상징 체계이다(김현미, 2000). 맞벌이를 하는 경우에도 주된 생계 부양자가 남성으로 상정되고 여성은 남성의 노동을 뒷

유연근무제와 페미니즘

받침하는 위치로 자리매김 되는 것은 '생계 부양자'라는 지위가 경제적인 것일 뿐 아니라 도덕적 성격을 갖는다는 것을 함의한다.

여성의 사회적 지위는 가부장적 젠더 관계 속에서 자신이 결혼한 남성의 자본, 소득, 지위의 종속 변수가 되는 경향이 있다. 이 경우 여성은 개별 남성과의 사적인 관계를 통해 여타의 자원에 접근하는 전략을 주로 선택하게 된다. 여성은 아내이자 어머니라는 젠더 역할에 충실하기 위해 직업 경력 같은 다른 역할을 유보하거나 기꺼이 이중 부담을 감수할 수 있게 된다(배은경, 2007). 친정어머니나 시어머니, 친정언니 등 다른 여성의 노동에 기대어 전일제로 일할 수 있는 상황이 아니라면, 여성의 선택은 노동시간을 줄이는 것으로 향하게 된다. 남편의 소득은 기혼 여성의 시간제 노동 결정에 유의한 요인으로, 남편의 소득이 높을수록 기혼 여성이 시간제 노동을 택하는 경향이 있다(안미보·반정호, 2007). 이는 표면상 여성의 선택이다. 하지만 여기에는 그녀의 임금노동을 지원하는 친족 자원의 부재, 남편의 장시간 노동과 높은 임금, 그녀와 남편의 직업 특성 등 여러 여건이 중요한 영향을 미친다.

[사례 8]은 정규직 시간제 노동자로 오후에만 4시간 근무한다. 시간제로 일하는 것은 소득과 연관되어 경제적으로 부담스럽지 않을까. 그녀는 "남편이 많이 번다"고 간명하게 답한다. 그녀 남편의 월급여는 그녀에 비해 약 6~7배 정도 많다.[9] [사례 8]의 직장에서는 그녀

---

9 [사례 8]은 임신·출산을 위해 경력 단절을 경험하였다. 그전까지는 전문성을 요하는 사무직에서 10년 정도 일하였다. 그녀는 그나마 이러한 경력 덕분에 노

에게 언제부터 "정상 근무"가 가능한지를 계속 타진하지만, 그녀는 가사와 육아를 오롯이 혼자 해내야 하기에 당분간 전일제 근무를 할 생각이 없다. 그녀가 오후에만 근무하는 이유는 남편의 출퇴근 시간 때문이다. 남편의 직업은 요리사인데, 오전 9시경에 출근길에 나서고 밤 11시 경에 집에 들어온다. 남편은 늦은 시각에 귀가하여 아이와 놀아주고, 늦게 잠든 아이는 다음날 일찍 일어나지 못한다.

> 저희 신랑은 집에 오면 10시 40분, 막 11시가 다 돼요. 그러니까 너~무 그게 또 저는 힘든 거예요. 저희 신랑은 보통은 9시까지는 출근 안 하고 집에서 한 9시쯤 나가나? 마감 다 치고 이렇게 정리하고 그러면 10시쯤 끝나니까, 레스토랑 자체가. 그러면 집에 오면 11시가 다 되고. 그러면서 아이가 늦게 자기 시작한 거예요. 재울 때쯤~ 되면 아빠가 오니까 막 "아빠!" 이러면서, 이러다보니까 자는 시간이 늦어지고. 그러다보니까 신랑도 하루 종일 서서 일하고, 그 시간에 와서 무슨 집안일을 도와주겠어요. 그리고 쉬는 날은 잠 자기 바쁘고. 얼마나 피곤하겠어. 그러니까 저 같은 경우는 남편도 전~혀 도움을 못 주고 그런 상황이에요.   [사례 8] 민간기업

남편의 장시간 노동과 높은 수준의 경제적 보상은 일-가족 양립의 책임이 아내에게 전가되는 상황을 합리적인 것으로 수용하도록 한다. 이런 남편들의 경우 현실적으로 가사와 육아에 시간을 내기가 정말 어렵기도 하다. 대부분의 시간을 직장과 관련된 일로 보내는 남성

동시장에 재진입하는 과정에서 비교적 임금 수준이 덜 낮아졌다고 강조하였다.

유연근무제와 페미니즘

들은 집에 있는 시간이 적을 수밖에 없다. 그렇기에 더더욱 이들에게 집에 있는 시간은 '휴식 시간'이다. 남편에게 집에서의 시간은 평소 일부러 시간을 내기 어려웠던 본인의 관심사를 해결하는 데 쓰인다. 시간은 집이라는 공간 안에서 공유되지만, 여성과 남성이 시간과 맺는 관계는 전혀 다르다(Hochschild, 2001). 두 개의 시간은 다르게 구성된다.

> 제가 한 번씩 잔소리를 하죠. 도대체 일할 때는 일하니까 그런다 치지만, 주말에 쉬고 시간 있을 때, 여유 있을 때, 그니까 여유 있으면 인터넷 웹서핑하고 노트북 붙잡고 있고 게임하고 아니면 피곤해서 자고 이러니까 정말 미쳐버리는 거죠. 저는 집에 가면 할 일이 머릿속으로, 아 이것도 해야 되고 저것도 해야 되고, 할 일이 되게 많은데, 이 사람은 집에 오면 그냥 뭐 아~무 것도 눈에 안 들어오는 거죠. (…) 남자는 '집에 오면 쉰다' 라는 그런 개념이 있지만, 여자는 없어요, 진짜. 아이가 잠들 때까지. 애 잠 자면 또 살림하죠. [사례 8] 민간기업

> 나도 일찍 가면, flexwork[10]라서 일찍 가면 나는 쉬느냐, 절대 아

---

10 외국계 기업[T]에서 일하고 있는 [사례 23]은 정규직 직원이 아니다. 그녀의 고용형태는 '개인사업자'이다. 때문에 그녀는 외국계 기업[T]가 정규직 직원을 대상으로 실시하는 네 가지 유형의 유연근무제 적용 대상에 포함되지 않는다. 다만 이 기업은 고용형태가 개인사업자로 되어 있는 이들에게는 별도로 '근로시간 저축제'를 실시한다. 정규직의 경우 초과 근무에 대한 별도의 수당이 지급되지 않는데, 개인사업자인 이들에게는 초과 근무에 대해 1.5배의 시간 혹은 수당을 지급한다. [사례 23]은 이를 flexwork이라 표현하였다.

니지. 난 가서 애기 밥을 빨리 해놓는다든가 빨래를 빨리 먼저 돌린다든가 밥을 해놓는다든가, 이렇게 하는 거지.

[사례 23] 외국계 기업

집에서 보내는 시간의 성별화는 집에서의 시간이 여성에게는 일하는 시간, 남성에게는 쉬는 시간을 의미하는 것에 한정되지 않는다. 집에 있지만 일하고 있거나 집에 있지만 '임금노동시간'이라는 점은 고려되지 않는다. [사례 8]의 남편은 가사와 육아를 거의 나누지 않으면서 [사례 8]에게 시간제로 일할 것을 강권한다. "집에서 맨날 뭐 하냐"는 것이다. [사례 12]가 재택근무 하는 날 그녀의 시어머니는 "집에 있지?" 하시며 찾아오신다. '집에 있지만 근무시간'이라는 점은 전혀 인정받지 못한다. 남편의 직장이 일-가족 양립을 지원하지 않는 것, 집에 있는 시간의 성별화가 지속되는 것, 집에서의 시간은 노동하는 시간으로 여겨지지 않는 것은 공간에 따라 이원화된 시간 규범이 지속되고 있음을 보여준다.

4. 성별 분업, '배려'와 '효율성'의 미덕?

유연근무제가 가정 내 성별 역할을 지원함으로써 여성의 시간 갈등을 줄여준다면, 직장에서는 유연근무제를 사용하는 기혼 여성과 그렇지 않은 남성 간의 성별 분업이 순환되며 구조화된다. 여성의 재생산 노동 부담으로 인한 사회적 관계망의 한계와 이를 고려한 업무 선택은 결과적으로 여성들을 더욱 여성적인 직무에 한정시키는 성별

유연근무제와 페미니즘

직무 분리를 강화시킨다(신경아, 1999). 여성의 임금노동은 남성의 노동에 기대어 있는 부차적인 것으로 통용된다. 현재의 노동시간 체제는 임금노동에 몰두하기 어려운 여건의 노동자가 다소 덜 중요하거나 덜 힘들거나 시간을 덜 들여도 괜찮은 일을 담당하도록 합리화한다. 공무원인 [사례 2]는 유연근무제 사용 경험을 이야기하면서 "미안하지만", "미안하더라도" 등의 표현을 유난히 자주 덧붙였다. 평소에 그렇게 마음 불편해하는 그녀에게 남편은 미안해하지 말고 뻔뻔해지라고 말한다.

> 신랑이 그 얘길 했어요. 너무 미안해하지 말고 퇴근하라고. 너가 그러는 대신에 나도 우리 회사에서 아줌마들 대신에 내가 많이 하는 일들 되게 많어~ 이러는 거야. (웃음) 그러니까 남자들이 대부분 회사 차원에서 그렇잖아요. 결혼한 남자고 애 있지만, 육아는 마누라가 한다… 그 회사 안에서 누군가의 마누라들이 있잖아요. 그 마누라들은 애 때문에 가고 이런 게 있으니까. 내 마누라도 회사에서 누군가 남편들이 그렇게 도움을 주고, 우리 마누라는 빠지지만. 나는 대신 또 남의 마누라를 위해서 나는 그만큼 조직에 충성하고 있으니까. 신랑이 "너무 미안해하지 말고 그냥 뻔뻔해져~" 이러는데…   [사례 2] 중앙행정기관

"누군가의 마누라"인 기혼 여성의 공백을 "누군가의 남편"이 대신 메워주는 것, '내 마누라는 일찍 퇴근하지만 대신 내가 남의 마누라를 위해 그만큼 조직에 충성하는 것'은 육아가 개별 가정의 몫으로 여겨지는 사회에서 맞벌이 부부가 취하는 현실적인 대처 방법일 수 있

다. 하지만 유연근무제와 이를 통한 일-가족 양립의 성별화된 프레임은 이러한 연쇄 속에서 지속되고 강화된다. [사례 2]는 자신이 유연근무제를 사용하면서 다른 직원들보다 일찍 퇴근하는 것을 미안해하고, 자신이 육아휴직을 3년 연속 사용하면서 업무에 대해 '후배'들보다 잘 알지 못하는 것을 미안해하였다. 이에 "누나가 선배 노릇을 못해주는 대신에" 다른 대체 역할을 찾았다. "누나"로서 간식이나 소개팅을 챙겨주는 것으로 동료 관계에 자신을 위치 짓는 것이다. 그녀는 직장에서 업무를 통해 동등한 동료가 되려하기보다는 어차피 업무로는 동등한 동료가 될 수 없다고 토로하였다.

유연근무제는 임금노동 중심의 시간 규범이 건재한 상황에 조응하기 어려운 이들을 배려하는 제도로 인식되고 있다. 특히 어린 자녀가 있는 기혼 여성들은 비단 유연근무제의 실행만이 아니라 업무 배치에서도 자신의 가족 상황이 조직에서 배려 받아야 한다는 생각을 표현하였다. 그러한 인식은 기혼 여성이 다른 직원보다 적은 시간 일하는 것, 어려운 일에 차출되지 않는 것을 당연시하는 태도로 연결되기도 한다. 스스로를 보호받아야 할 위치로 인식하는 것이다.

공무원인 [사례 17]은 자신의 근무처인 관공서[D]에서 여성이 '우위'이기에 회식도 점심시간에 하는 등 기혼 여성을 배려하는 분위기가 지배적이라고 강조한 바 있다. 하지만 [사례 17]은 업무 분장에 있어서는 "여성이 다수를 점하고 있음에도 불구하고" 배려 받지 못한다는 점을 토로하였다. 지방자치단체 산하기관의 [사례 4]는 이전 직장 경험을 통해 배려에 대한 관점을 드러낸다. 그녀는 출산을 한 여직원이 상사의 배려로 퇴근 시간을 잘 지킬 수 있었던 점을 '미담'으로 이야기하였다. 그 이전 직장에서는 밤 10시 전의 퇴근은 불가하다는 상사의 방침 하에 부서원 모두가 다 같이 늦게 퇴근하는 게 관행이었다고 한다. 당시 그녀의 상사는 부서에서 '홍일점'이었던 그녀에게 "여자 취급을 받기 위해서 들어왔냐"면서 모든 것을 남자 직원들과 똑같이 할 것을 요구하였다.

여성도 남성과 무조건 똑같은 조건에서 일해야 한다는 것, 혹은 여성이 다수인 직장이라고 해서 여성을 배려해야 한다는 것, 두 가지 중 어떤 것에서도 일터의 시간 규범 변화는 기대할 수 없다. 허라금(2008)은 성평등을 성차를 따지지 않는 것으로 해석하는 것이나 성차를 승인하는 것으로 접근하는 것은 모두 여성의 취약한 경제적·사회적 지위에 위험을 내포한다고 지적한다. 성차를 남성을 기준으로 판단하는 한 관행화되고 체화된 불평등한 성별 관계를 변화시키는 데 한계가 분명하다는 것이다. 즉 '남성과 똑같이 할 것인지' 아니면 '여성이 배려 받아야 할 것인지' 두 가지 중에서 고르라고 선택권을 주는 것은 남성 중심적인 노동시간 체제에 아무런 도전이 되지 못한다. 이는 '이상적 노동자'에 관한 구식(old-fashioned) 규범을 그대로 남겨둔 채 여성에 대한 다른, 교정된 대우를 요구하는 것이며, 결과적으로 역풍을 가속화한다.

특별 대우를 요구하는 여성은 노동의 세계에 어울릴 수 없는, 장애를 가진 것으로 묘사된다(Williams, 2010). [사례 17]은 '배려'에 관해 바로 이러한 의견을 피력하였다. 그녀는 [사례 4]와 마찬가지로 배려라는 단어를 줄곧 사용하였다. 여성이 우위인 조직에서 여성의 입장을 배려한다는 것은 구체적으로 무엇을 어떻게 배려한다는 것일까.

배려 받는 과정의 축적이 혹시 차별의 효과를 가져오지는 않을까.

> 제가 봐서는요, 오래 서 있으면 문제가 되는 사람들, 그런 사람
> 들한테는 순환 보직을 통해서 앉아서 업무를 할 수 있는 곳으로 배
> 치해주는 그런 회사도 있어요. 그런 거랑 일종의 마찬가지라고 봐
> 야 된다고 생각을 해요, 저는.　　　　　　　　[사례 17] 중앙행정기관

오래 서 있을 수 없는 신체 조건에 있는 사람과 어린 자녀가 있는
여성을 비교하는 것이 적절할까. [사례 17]은 '할당제'를 들어 자신이
말하는 배려의 의미를 설명하려 하였다. 하지만 그녀는 이야기를 하
는 과정에서 자신의 논리가 갖는 함정을 스스로 인식한 듯 말끝을 흐
렸다. 그녀의 논리대로라면, 여성과 남성의 비율이 7 대 3인 자신의
일터에서 배려 받아야 할 성(性)은 여성이 아니라 남성이다.

> 제가 얘기하는 그 배려라는 거는요, 정책적으로 예전에 일정 성
> 비율이 안 되면은 그 비율의 인력을 뽑도록 하는 그런 것도 있었
> 죠? 그러면서 여성이 더 많이, 한동안 그 혜택을 좀 본 사람들이
> 있었죠. 근데 지금은 너무나 고학력의 훌륭한 여성들이 많기 때문
> 에, 여성 인력이 많기 때문에 그 제도는 남성 쪽으로 오히려 혜택
> 이 주어지고 있기는 한데. 제가 말한 배려는 그런 차원의 배려가
> 아니라 그… 얼마든지… 그런 배려는 아닌데, 잠깐만요…
> 　　　　　　　　　　　　　　　　　　　　[사례 17] 중앙행정기관

윌리엄즈(Williams, 2010)는 돌봄의 책임을 요구받는 어머니들을
'장애'의 언어로 묘사하는 것은 이상적인 생계 부양자를 숭상하려는

영역 분리에서 비롯된다고 본다. 그는 어머니를 비롯하여 돌봄 제공자들이 필요로 하는 것은 개별화된 협상이 아니라 남성적인 일터의 규범을 근원적으로 변화시키는 것이라고 주장한다. 인터뷰 참여자들이 이야기하는 '배려'에 따르면, 어린 자녀가 있는 기혼 여성은 분리된 영역에서 분리된 기능을 하는 노동자로 구분되는 것에 오히려 안주하게 된다.

유연근무제에 관한 의미 부여는 할당제나 육아휴직과의 연관 속에서 드러나곤 한다. 인터뷰 참여자들은 유연근무제뿐만 아니라 할당제나 육아휴직을 여성 '친화'적인 기업, 여성이 다니기 좋은 회사의 예로 든다. 채용이나 승진에서 일정 비율을 여성으로 채우는 제도로 통용되는 할당제, 제도적으로는 남성도 이용 가능하지만 현실적으로는 주로 여성이 사용하는 육아휴직이 유연근무제에 관한 경험에서 종종 등장하는 것은 어떤 의미일까. 이들에게 여성 '친화'는 여성을 배려하고 여성에게 우선권을 주는 것과 유사한 의미로 이해되고 있다.

> 회사로서는 채워야 되는 글로벌 목표가 있다고 하니까, 여성 인력의 몇 퍼센트를, 매년 그런 것들을 다 발표를 하고 하죠. 되게 '여성 친화적인 기업이다' 이러면서. 정말 여성 친화적이긴 한 거 같아요. 쿼터제도 그렇고, 유연근무제 쓰는 것도 그렇고. 그리고 육아휴직 가는 거. 팀장별로 눈치를 주는 건 다르겠지만, 다른 사람들한테 듣기로는 우리 회사가 초등학교 다음으로 육아휴직 쓰기 자유로운 회사라고 하더라고요.   [사례 23] 외국계 기업

> 채용할 때부터 여기는 할당이 몇 프로 이상 있어요, 무조건. 똑

같이 일을 잘 하면 여직원이 좀 많이 빛나는 그런 분위기에요.

[사례 10] 외국계 기업

언어는 현실을 표현하는 중요한 매개 수단이며, 경험을 드러내고 문제를 구성하는 것으로 직결된다. 이들이 유연근무제나 육아휴직, 할당제를 '배려'와 '친화'의 언어로 말하는 데는 이러한 정책이 인터뷰 참여자들에게 구조적인 성차별을 해소하기 위한 방안으로 여겨지지 않음을 함의한다. 이러한 정책들의 필요가 성차별적인 구조에서 비롯되었다는 인식 자체가 공유되고 있지 못한 것이다. 유연근무제는 직장의 시간 구조와 규범에 대한 공적 접근의 필요에서 비롯된 것으로 인식되지 않는다. 여성 노동자의 시간 부족, 역할 갈등, 이중 부담을 해소시키는 성역할 지원 제도로 받아들여진다. 인터뷰 참여자들 스스로 여성은 가사와 육아 책임으로 업무에 몰입하기 어렵기 때문에 남성이 보다 선호되는 노동력이라고 이야기한다. 이러한 관점은 구조로서의 성별 분업이 은폐된 채 현상으로서의 성별 분업이 지지되는 강력한 힘으로 작용한다. [사례 12]는 "남자가 지배하는 세상"인 이상 자신에게 인사권이 있다면 남성을 뽑을 거라고 말한다.

제가 볼 때 주로 남자들이 고위직으로 승진하는 건 약간 한국 문화인 거 같기도 한데 (…) 제가 만약 매니저면은 여자를 뽑기 꺼려 할 수도 있을 거 같은 게, 육아도 고려해줘야 되고 애가 아프다 그러면은 그때 또 비잖아요, 그 시간이. 그리고 "쟤는 생각이 집에 좀 많이 가 있겠다" 그런 생각도 있고. 특히 출산휴가 3개월 이렇게 쓰니까 그럴 때 누가 해야겠으며, 그런 거를 고려해봤을 때는 좀

유연근무제와 페미니즘

여자를 뽑기 꺼릴 수 있을 거 같애요. (웃음) 저도 여자지만. (…) 야근 같은 거 시킬 때도 남자한테는 미안한 게 좀 덜 하고 그럴 거 같애요. [사례 12] 외국계 기업

유연근무제를 사용하거나 아이 때문에 야근을 하기 어려운 여성은 그 이유로 미안해하고, 직장에서는 가사·육아의 책임이 있는 여성들에게 야근을 시키기 미안해하며 남성 노동력을 선호한다. 이렇게 서로 미안해하면서 여성을 배제하는 데 공모하게 된다. [사례 11]은 똑같은 조건이라면 왜 군이 여자를 뽑느냐고 되묻는다. 그녀는 기업이 남성에게 어울리는 방식으로 구조화되어 있음을 간파하고 있다. 남성 지배 사회에서 업무 자체가 남성에게 유리하거나 익숙한 방식으로 구성되어 있을 가능성이 높기 때문에 여성에게도 남성과 같은 방식으로 일하도록 기대된다는 것이다. 하지만 그녀는 이를 간파하고 있음과 동시에 그것을 자연화된 성차(性差)로 말한다.

기업 구조상 남자한테 어울리는 일이 더 많아요. 더 많다고 생각해요. 지금 현재 매니저도 남자인 거고, 당연히 남자가 dominate했던 사회니까 업무도 남자들이 하는 거 위주로 작성이 되어 있을 거구요. 예를 들어서 세일즈를 한다 그러면 세일즈를 하는 방식도 기존에 남자들이 해왔던 거를 기대할 거잖아요, 고객은. 그런데 구석구석 보다 보면 여자들이 훨씬 더 나은 일들 있잖아요. HR 업무 같은 것들. 그거는 남자들보다 여자들이 더 잘해요. 근데 그건 또 어떻게 보면 또 역차별[11]일 수 있겠으나… HR 업무는 데이터를 갖

11 [사례 11]은 인사부 업무에 남자들보다 여자들이 더 잘할 수 있는 업무가 많다

고 뭔가를 해야 되는데… 쉽게 예를 들어서 엑셀 작업, 그러면 좀 꼼꼼해야지 할 수 있구요. 남자도 하면 잘할 수도 있는데요, 남자들은 그거보다 다른 일을 더 잘해요. 그러니까 "이거 하지 않고 다른 거를 할래"라는 생각이 더 많이 들 수 있다고 생각해요. (…) 그리고 개개인에 대해서 하나하나 전화해서 다~ 설명하고 해야 되는데, 이런 건 일종의 그런 서비스 업무잖아요. 전화해가지고 설명드리고 양해 구하고, 또 좀 친절한 목소리로 얘기해야 되고. 그런 거는 남자보다 여자들이 좀 더 선호하죠.

[사례 11] 외국계 기업

여성은 남성에게 더 적합한 방식으로 짜인 기업 구조에서 선호되는 노동력이기 어렵다. 이는 인터뷰 참여자들의 이야기 속에서 여성의 가사/양육 책임과 그로 인한 업무 제약으로 드러난다. [사례 11]은 노동이 구조적으로 남성적인 방식으로 짜여 있음을 이야기한다. '남자들이 해왔던 방식'이 기대되는 노동의 세계에서 여성이 선호되기 어렵다는 것은 노동시장의 성별 분업이 여성 개인의 문제가 아님을 함의한다. 하지만 그녀는 동시에 성별을 구조가 아닌 성향과 기질로 말한다. 그녀는 남성도 엑셀 작업을 잘 할 수 있지만 다른 일을 더 잘

는 점을 들어 '역차별'이라는 표현을 사용하였다. 하지만 이 경우 '역차별'을 만들어내기 이전의 차별은 [사례 11]이 "기업 구조상 남성에게 어울리는 일이 더 많"다고 말한 부분이므로 인사부에 여자들이 더 잘할 수 있는 업무가 많다는 것은 역차별로 말하기 부적합하다. 역차별은 차별을 시정하기 위해 도입한 정책이 역으로 다른 집단에게 차별적 효과를 발생시키는 경우를 지칭함에도 불구하고, 역차별 주장은 내용을 동반하지 않은 채 기표로 떠다니며 담론적 영향력을 행사한다(유정미, 2011).

유연근무제와 페미니즘

하기 때문에 다른 업무를 하려 하고, 여성들은 꼼꼼하기 때문에 엑셀 작업을 더 잘해보려 한다고 확언한다. 누가 더 효율적으로 잘 할 수 있는 일인지는 성별에 따라 판가름 난다. 성별 분업의 불평등성은 효율성 논리 앞에서 중요한 문제로 제기되기 어렵다. 이러한 효율적 분업 논리 속에서 차이의 구도는 '자녀가 있는 아줌마'와 '자녀가 없는 아줌마 혹은 비아줌마'로 집약된다.

> 남녀 차이는 일적으로 누가 더 잘하고 그런 건 없어요. 근데 (웃음) 결혼한 아줌마는 쪼끔 차이가 있어요. 저도 애가 생기기 전에는 늦게까지 일하고 이런 거에 대해서 전혀 부담이 없었는데, 애가 생기니까 그게 너무 신경이 쓰여요, 사실. 그니까 '아 이래서 결혼한 아줌마들은 조직에서 참~ 참~ 힘든 존재겠구나' 이 생각이 많이 들어요. 그래서 애 있는 아줌마들 나도 별로 안 좋아했고 지금도 사실 별로 안 좋아하죠. 나도 애 있는 엄마지만. 내가 보니까, 아! 이해는 하지만, 아! 조직생활에서는 굉장히 별로 좋은 사람들은 아니구나…
> [사례 2] 중앙행정기관

어린 자녀의 유무는 직장에서 선호되는 노동력이 누구인지를 알려준다. 여성들 스스로 "난 그 일 잘 모르고, 애 때문에 힘들다"면서 수동적이고 방어적인 태도를 보이기도 한다. 이러한 인식은 어린 자녀가 있는 기혼 여성을 특정한 업무에서 '열외'로 다루어달라는 적극적 요구로 나타나기도 한다. [사례 17]은 '격무 부서'로 공인받았던 곳에서 힘들게 근무했던 경험이 있다. 이러한 노동 경험은 그녀에게 특정 부서에 "애기엄마는 배치를 안 해줬으면 좋겠다"는 결론으로 각인되어 있다.

　노동자의 가족 상황에 대한 고려는 어떻게 이루어져야 하는가. '격무 부서'에는 누가 가야 하는가. 노동자들이 처한 여러 차이가 '자녀가 있는 아줌마'와 '자녀가 없는 아줌마 혹은 비아줌마'라는 구도로 집약되는 것은 무엇을 의미하는가. '누군가의 남편이 누군가의 아내'를 대신해 장시간 노동하고 격무 부서에서 일해야 한다면, 그 남편의 아내는 남편이 부재한 가족에서 일-가족 양립의 책임을 떠안게 될 것이다. 하지만 이는 효율성의 이름으로 합리화된다.

　격무는 불가피한가, 업무 대체는 왜 이렇게 어려운가, 기업의 남성 중심적 구조화는 어떻게 해체되어야 하는가 등에 관한 성찰이 이루어지지 못하는 상황에서 성별 분업은 승인되고 지속된다. 이를 뒷받침하는 데는 배려, 친화 등의 언어가 동원된다. 임금노동 중심의 시간 규범, 그로 인해 위계화되는 시간의 성 불평등성은 배려와 친화 등의 언어에 가려진다. 배려와 친화는 노동 중심성이 지배적인 한국 사회에서 좀처럼 찾아보기 어려운 미덕이며, 우리 사회가 지향해야 할 가치이다. 하지만 이것이 노동 중심 사회를 추동해온 구조와 문화에 대한 성찰 없이 여성과 직결될 때, 이러한 미덕과 가치는 사회 전체의 변화를 지지하는 차원이 아니라 여성 개개인의 필요와 욕구에 부응하는 차원에 머물게 된다. '경제적 시간'과 '그림자 시간'의 이원화는 이러한 맥락에서 정당성을 획득하며 재생산된다.

제8장

유연근무제의
재구성 조건

유연근무제의 재구성 조건

1. 노동과 시간의 평등한 공유

유연근무제의 정치성은 임금노동 세계가 재편되어야 한다는 것을 핵심으로 한다. 유연근무제는 그간 시간의 구성과 시간의 조정, 그리고 시간의 경험까지 일터 중심으로 이루어져왔고, 그러한 상태가 그다지 변화하지 않았다는 지점(Rutherford, 2001), 바로 거기에서 출발해야 한다.

유연근무제는 양성평등을 지향하는 제도로 표방되었다. 지난 정부에서는 유연근무제 유형 중 특히 시간제 형태의 노동을 여성에게 적합한 것으로 위치시켰다. '양성평등'과 '여성 중심의 시간제 노동'은 상당한 긴장 관계에 있다. 시간제 노동을 확대해온 외국의 경험도 이러한 맥락에서 자유롭지 못하다. 이 둘 사이의 긴장과 간극을 최소화하기 위해서는 유연근무제에 대한 새로운 접근이 요구된다.

유연근무제는 '일-가족 양립' 정책의 하나로 규정되어왔다. '일-가족 양립' 정책의 범주에는 보육 정책, 휴가 정책, 노동시간 정책, 조세 정책 및 현금 지원 정책 등이 포함된다(홍승아 외, 2008). 일-가족 양립의 문제는 시간, 스트레스, 역할의 차원에서 다루어져왔고, '시간'에 초점을 두는 연구들은 (임금)노동시간, 돌봄 시간, 개인적 시간이라는 세 가지 유형의 시간 사이의 갈등에 주목하였다(신경아, 2009). 유연근무제의 재구성은 현재의 정책 관계 맥락을 고려하여 논의되어야 한다. 즉 유연근무제의 성평등한 재구성은 '일-가족 양립' 정책의 성격에 대한 여성주의적 검토를 요구한다.

'일-가족 양립'은 노동과 복지와 가족이 만나는 지점에 자리 잡은 정책 패러다임이다(장지연, 2012). '일-가족 양립' 정책의 '성별화'는 여러 논자들에 의해 꾸준히 비판되어왔다. '일-가족 양립'이라는 프레임은 일과 가족 생활이라는 주제를 성별에 상관없는 보편적 문제로 규정한다는 점에서 '취업 여성의 이중 부담'이나 '일-가족 갈등'이라는 개념에 비해 진화한 것으로 평가된다. 하지만 개념의 이러한 변화에도 불구하고 '일-가족 양립'은 여성의 문제로 축소되어 다루어지고 있다(이재경·김경희a, 2012; Moen, 2011). 김경희a(2012)는 입법 과정에서 나타난 일-가족 양립 문제의 프레임을 국가 경쟁력 강화와 저출산·고령화 위기 극복을 위한 여성 인력 활용이라고 진단한다. 그리고 그 프레임의 잠재적 성격을 성별화된 일-가족 양립이라고 본다. 이러한 평가는 '일-가족' 구도로 집약되는 정책적 관심과 그 정책 수단으로 유연근무제가 주목받는 것이 바로 젠더와 섹슈얼리티를 매개로 한다는 것을 함의한다.

'일-가족 양립'을 누구의 문제인가(주체), 어떤 사회 정책적 접근이 필요한가(방법), 해결 방향은 어떤 것인가(목표)라는 질문으로 구체화시켜보면, 이는 특히 기혼 여성의 문제로 한정된다(김영옥a, 2011; 신경아, 2009). 즉 '일-가족 양립'이 여성과 남성의 평등한 분담이라는 의미보다는 '여성의 유급 노동과 무급 노동의 양립'이라는 의미로 간주되어온 것이다(Lewis, 2006). 기혼 여성 인터뷰 참여자들은 유연근무제를 통해 일과 가족 사이에서 겪는 시간 갈등을 줄이고 있다. 하지만 이들은 '일-가족 양립'의 책임을 홀로 떠안고 있거나 어머니의 노동에 의존하는 방식으로 대처하고 있다. 유연근무제가 이처럼 성별화된 '일-가족 양립'을 뒷받침하는 정책으로 기능하는 것은 유연근무제의 실행이 장시간 노동 체제에 도전하는 방식으로 이루어지지 못하고 있음을 드러내준다.

유연근무제의 성평등한 재구성을 위해서는 '일-가족 양립' 정책의 성별화를 해체함으로써 노동도, 시간도 충분히 공유할 수 있도록 해야 한다. '일-가족 양립' 정책의 방향은 유급 노동과 무급 노동의 평등한 공유여야 하며, 유연근무제는 이를 가능하게 하는 탈 성별화된 일-가족 양립 지원 정책으로 자리매김 되어야 한다. 나아가 기혼자 중심의 프레임을 벗어나 '일-생활 균형' 정책으로 확장되어야 한다. 1인 가구 비율이 30%에 가까워진 가구구조의 변화 속에서 '결혼한, 어린 자녀가 있는' 이들만을 호명하는 효과를 가진 일-가족 양립은 더이상 동의를 얻기 어렵다.

유급 노동과 무급 노동의 불균등한 분배는 여성의 고용률이 남성과 유사해져온 국가들에서도 정도의 차이는 있지만 공통적으로 지적된다. 그 원인은 남성의 돌봄 참여가 증가하지 않는 데서 비롯된다. 이러한 불균등은 '아버지 역할'에 의해 균형 잡힐 수 있는 것으로 논의된다(Jacobs and Gerson, 2010; Plantenga et al., 1999; Wetzels, 2007).

다른 나라의 경험은 두 가지를 시사한다. 첫째, 일-가족 정책은 여성 고용을 촉진시키는 데 있어 중요하지만, 성 역할에 대한 태도의 변화를 반드시 가져오는 건 아니다. 둘째, 일-가족 정책의 성별화에 대한 비판은 정책적 관심을 유급 노동과 무급 노동의 재분배 문제로 옮겨가도록 하고 있다. 따라서 정책의 관심은 남성의 돌봄 참여를 유인하는 장치를 만드는 것으로 향한다(Motiejunaite and Kravchenko, 2008; Wetzels, 2007).

'일-가족 양립' 정책의 등장 배경에는 여성의 노동시장 참여 확대와, 이와 연관된 성별 분업 모델의 변화가 자리한다. 이러한 변화를 어떻게 유형화하는가는 논자에 따라 차이가 있지만,[1] '1인 생계 부양

---

[1] 세인즈베리(Sainsbury, 1999)는 주류 복지 국가론을 재검토하는 과정에서 새로운 사회 유형론을 제시하는데, 이는 젠더 레짐(regime)으로 불린다. 그는 젠더 레짐을 '남성 생계 부양자 레짐(male-breadwinner regime)', '성 역할 분리 레짐(separate gender role regime)', '성 역할 공유 레짐(individual earner-carer regime)'으로 구분한다. 고닉과 메이어(Gornick and Meyers, 2009)는 성별 노동 분업 모델을 '남성 부양자/여성 돌봄자(male-breadwinner/female-caregiver)', '2인 소득자/여성 시간제 돌봄자(dual-earner/female part-time caregiver)', '2인 소득자/국가(또는 시장화) 돌봄자(dual-earner/state(or marketized)-caregiver)', '2인 소득자/2인 돌봄자(dual-earner/dual-caregiver)' 등 네 가지로 구분한다. 루이스(Lewis, 1992)는 복지 제도의 유형을 젠더를 고려하여 세 가지로 구분하였다. 이

유연근무제와 페미니즘

자'('강한' 남성 가장) 모델이 변화하고 있다는 것은 공통적으로 제기 된다. 주목해야 할 것은 '1인 생계 부양자 모델'의 변화 방향이 어디 를 향하고 있는가, 그러한 방향이 유연근무제와 어떤 관련이 있는가 이다.

2장에서 살펴본 바와 같이, 노동시간에 대한 노동자의 통제권·재 량권은 정부가 주도하는 제도적 여건의 영향력이 큰 국가에서 비교 적 증대되어온 것으로 분석되며, 이러한 국가로는 스웨덴과 네덜란 드를 들 수 있다(Berg et al., 2004). 스웨덴과 네덜란드는 노동시간 문 제와 관련하여 동일한 유형으로 묶이기 어려운 측면이 있다. 스웨덴 의 경우는 전체적인 노동시간 단축을 추구하면서 여성과 남성 모두 전일제 고용 중심으로 노동시장에 참여한다. 네덜란드의 경우는 시 간제 노동에 대한 차별을 해소하면서 여성과 남성 모두에게 질 좋은 시간제 일자리를 제공하는 데 주력해왔다. 또한 스웨덴은 전일제 노 동을 전형으로 하는 노동시장 규범이 문제시되지 않는다는 점에서, 네덜란드는 애초 의도와 달리 시간제 일자리가 주로 여성으로 채워 져 여성의 경제적 독립성이 줄어들었다는 점에서 비판이 제기된다 (신경아, 2009).

는 '강한 남성 생계 부양자 모델(strong male breadwinner model)', '수정된(modi-fied) 남성 생계 부양자 모델', '약한(weak) 남성 생계 부양자 모델'이다. 모테주나 떼와 크라브첸코(Motiejunaite and Kravchenko, 2008)는 루이스가 유형화한 '약 한 남성 생계 부양자 모델'을 두 가지로 세분한다. 하나는 '2인-소득자/국가-여 성 돌봄 제공자(dual-earner/state-female carer)' 모델이며, 다른 하나는 '2인-소 득자/국가-부모 돌봄 제공자(dual-earner/state-dual carer)' 모델이다.

그럼에도 스웨덴과 네덜란드 사례를 유의미하게 검토하는 것은 이들 국가에서는 전반적인 노동시간 단축 및 질 좋은 시간제 일자리 창출과 관련하여 정부의 역할이 중요하게 대두되어왔기 때문이다. '이들 국가의 노동시간 체제가 이상적인 성평등 모델인가'라는 질문에 대해서는 쉽게 답을 하기 어렵다. 하지만 우리나라의 경우 정부의 주도하에 장시간 노동 체제가 형성되고 유지되어왔던 맥락을 고려할 때, 스웨덴과 네덜란드 사례로부터 의미 있는 시사점과 논쟁점을 얻을 수 있다.

스웨덴은 가부장적 지배를 깨뜨린 첫 국가로 꼽힌다.[2] 스웨덴에서 노동 기회와 사회 복지의 제공은 성평등 관념에 의해 뒷받침되었다. 돌봄을 위한 사회 안전망은 남녀 공히 노동자로서의 지위에 기반하여 제공되었다. 이는 돌봄을 할 것인지, 하지 않을 것인지에 대해 개인이 선택할 여지를 제한한다고 지적되기도 하였다. 그럼에도 스웨덴의 정책은 돌봄 책임의 분담을 중요하게 다루고 남성을 양육 과정에 포함시키기 위한 조치들을 마련해왔다(Motiejunaite and Kravchenko, 2008)는 점에서 시사하는 바가 크다. 남성의 돌봄 참여를 늘리기 위한 정책 접근은 '일-가족 양립' 정책의 성별화를 해체하기 위한 가시적이고도 실질적인 조치라는 점에서 유의미하다.

남성의 돌봄 참여를 지원하는 대표적인 예로 성 중립적인 부모휴가법(Parental Leave Act) 제정을 들 수 있다. 스웨덴은 육아휴직을 여

---

2 가부장적 지배를 깨뜨린 첫 국가로는 스웨덴과 함께 러시아가 꼽힌다(Therborn, 2004).

유연근무제와 페미니즘

성에게만 허용하다가 1974년 이 법을 제정하여 부모 휴가를 방식 제한 없이 '부'와 '모'가 나눠서 사용할 수 있게 하였다. 그러다가 1990년대 중반 이후 '일-가족 양립' 정책의 핵심은 남성의 가족 생활 참여와 돌봄 참여라는 인식이 확대되었다. 아버지의 돌봄 참여가 선택 사항이 아니라 책임이자 의무(compulsory fatherhood)임이 강조되기 시작했다는 점에서 그 이전과 차이를 보인다(Klinth, 2008). 아버지 육아휴직 할당제(daddy quota) 도입은 단적인 예라 할 수 있다. 이는 '사용되지 않으면 소멸되는 권리(use-or-loss)'로 규정되었고 의무 기간은 점차 확대되어 왔다. 2008년에는 성평등 보너스(gender equality bonus) 제도가 도입되었다.[3] 이는 아버지의 참여를 유도하기 위해 도입된 것으로, 부부 간에 휴가를 동등하게 분배할수록 보너스가 많아진다(김영미, 2010; 한지영, 2010; 홍승아 외, 2008; Klinth, 2008; Motiejunaite and Kravchenko, 2008). 이러한 방안들은 남성의 돌봄 참여에 관한 정책적 관심이 부족한 한국 사회에 의미 있는 시사점을 제공한다.

　그런데 이처럼 남성의 돌봄을 강제하고 유도하는 '공식적' 정책과

3　성평등 보너스 제도는 부부가 부모 휴가를 절반씩 균등하게 분배, 이용하는 경우 최대 13,500SEK(약 214만 원) 정도의 세금을 감면받는 것이다(한지영, 2010). 성평등 보너스 제도의 도입은 아버지 육아휴직 할당제가 기대만큼 효과를 거두지 못했기 때문에 선택된 대안으로 평가된다. 또한 다른 대안과의 관계에서 볼 때 '보너스' 형태의 제도는 '선택'이나 '인센티브'와 연관된 우파 정치 담론의 우세를 의미하는 것으로 평가되기도 한다. 그럼에도 불구하고 이 제도의 목적이 부모 휴가의 평등한 분할 사용임은 유의미한 것으로 평가된다(홍승아 외, 2008).

달리 '일상적'인 실제 가족 모델에서는 성별 간 불균등이 지속적으로 발견된다. 이는 바로 노동시간에 관한 것이다. 스웨덴에서는 네 가족 중 한 가족이 '1과 2분의 1 소득(one-and-a-half incomes)' 구조를 가진 것으로 나타난다. 이러한 형태의 가족 모델에서 남성은 대체로 전일제로 일하고 여성은 시간제로 일한다. 이는 스웨덴이 부모 모두의 양육에 중점을 두면서도 유연근무의 경우 여성을 위한 형태에 중점을 두기 때문이다(Motiejunaite and Kravchenko, 2008). 이는 시간제 노동 형태와 관련된다. 스웨덴의 시간제 노동은 통상 주당 35시간 미만의 근로를 말하며, 긴 시간제(long part-time work)와 짧은 시간제(short part-time work)로 구분된다. 긴 시간제는 주당 20시간 이상 35시간 미만, 짧은 시간제는 주당 20시간 미만의 노동을 가리킨다(김영미, 2010). 스웨덴의 시간제 노동 비율은 13.8%로 우리나라(13.5%)보다 높지만, 시간제로 일하는 노동자 중 여성의 비율은 62.8%로 우리(56.6%)보다 약간 높다(OECD, 2012).

하지만 스웨덴의 시간제 노동 비율과 시간제 노동자 중 여성 비율이 우리나라와 유사하다고 해서 시간제 노동의 지위도 유사한 것은 아니다. 스웨덴의 시간제 노동은 상용직 전일제 노동자의 단축 근무 형태가 지배적이라는 점에서, 그리고 다시 전일제로 전환할 수 있는 권리가 보장된다는 점에서 우리와는 확연히 다른 조건에 있다. 이는 '시간제 노동 청구권(right to part-time)'으로 불린다. 육아기에 시간제 노동 청구권을 사용하는 노동자의 대부분이 여성이라는 점은 여전히 문제로 지적된다. 이는 스웨덴 역시 전일제 노동을 전형으로 여기고 있는 것과 연관된다(Duncan and Williams, 2002). 하지만 그렇

유연근무제와 페미니즘

다고 해서 시간제 노동이 주변화된 것으로 인식되지는 않는다. 임금, 직업 훈련 기회 등에서 종사상 지위에 기초한 차별이나 불이익이 거의 없으며, 사회 보험의 비례 청구권도 보장되어 있다(김영미, 2010; 홍승아 외, 2008). 시간제 노동에 대한 이러한 제도적 보호는 남성들을 유인할 수 있는 기본적인 장치로서 유의미하게 평가되어야 한다. 이는 남성의 돌봄 참여를 견인해내는 정책적 접근이 지속되고 있다는 점과 맞물리며, '일-가족 양립' 정책의 성별화를 해체하는 데 기여할 수 있다.

네덜란드 역시 유급 노동과 무급 노동의 균등한 시간 분배를 상당히 강조하는 특징을 보인다. 1991년 부모 휴가 제도의 도입으로 8세 미만의 자녀를 둔 '부'와 '모' 각각에게 13주씩의 '무급'휴가가 보장되기 시작하였다. 스웨덴이 주로 노동자의 상황에 따른 일시적인 시간제 노동의 기회를 제공하는 것과 달리 네덜란드는 유일한, 최초의 시간제 노동 경제(the first part-time economy)(Freeman, 1998; Visser, 2002)라 불릴 만큼 시간제 노동이 구조화되어 있다. 또한 시간제 노동자 중 여성의 비율이 매우 높다. 네덜란드의 시간제 노동 비율은 37.2%로 OECD 회원국 중 가장 높고, 시간제로 일하는 노동자 중 여성의 비율은 75.3%로 매우 높다(OECD, 2012). 네덜란드에서는 주당 12시간 이상 35시간 미만의 노동이 시간제 노동으로 구분되며, 12시간 미만의 노동은 초단시간 노동(small part-time job)으로 규정된다. 최근에는 남성의 시간제 노동 선택이 증가하고 고숙련 직종에서도 시간제 노동이 확대되었다(전병유, 2010).

네덜란드에서 시간제 노동의 촉진은 1980년대 일자리 창출과 실업 감소를 위한 수단으로 고안되었다. 1982년의 바세나르 협약(Wassenaar Agreement)은 '임금 인상 자제'와 '노동시간 단축을 통한 고용 창출 및 고용 보장'을 교환한 사회적 합의로 노동 관계의 새로운 시대를 열었다고 평가된다(전병유, 2010; Visser, 2002).[4] 네덜란드는 스웨덴과 같이 제도적 여건의 영향력이 큰 국가로 꼽힌다. 네덜란드가 스웨덴과 다른 점은 노사 간의 타협이 먼저 이루어지고 국가가 정책적으로 보완하고 사후적으로 추인한다는 점이다. 네덜란드 정부는 시간제 노동자에게 전일제 노동자와 같은 사회 보장과 노동법을 적용할 수 있는 정책을 제도화하여 노동자에게 시간제 노동을 선택할 수 있는 권리를 부여하였다. 기업은 특별한 이유 없이 노동자의 권리를 거부하지 못하도록 규제되었다(권형기, 2007; 전병유, 2010). 정부의 이러한 제도적 보호는 노동시간에 대한 노동자의 재량권을 높이는 데 기여하였다.

1990년대 이후 네덜란드의 시간제 노동은 기업에게는 채용할 수 있는 노동자 풀을 확대하는 유연성을 제공하고, 노동자에게는 일과 가족의 양립을 지원하는 유연성을 제공한다는 점에서 유의미하게 평가된다(Berg et al., 2004). 이는 비자발적 시간제 노동의 비중이 유럽연합(EU) 평균인 19.7%에 비해 매우 낮은 데서도 볼 수 있다. 네덜란드에서 비자발적 시간제 노동의 비중은 조사에 따라 5.5%(Eurostat,

---

4 바세나르 협약은 노조의 입장에서는 당시의 경제적 상황을 비롯한 여러 여건에 의한 필요악으로, 기업의 입장에서는 정부의 개입을 방지하기 위한 적절한 수단으로 여겨졌다고 평가되기도 한다(Visser and Hemerijck, 2003).

1998) 혹은 2.3%(Buddlemeyer et al., 2004)에 불과한 것으로 나타났다.

시간제 노동은 네덜란드에서 앞으로도 지속될 것으로 전망된다. 여기에는 복합적인 이유가 결합되어 있다. 네덜란드에서는 생활비가 두 명의 전일제 소득을 필요로 할 정도로 높지 않고, 시간제 근로 일자리를 쉽게 얻을 수 있으며, 보육 시설이 상대적으로 비싸다(전병유, 2010). 게다가 네덜란드에서는 전통적으로 전문적인 공보육보다도 자신이 직접 보육을 하거나 부모의 도움을 받는 방식이 선호된다(배규식·김명중, 2011; 전병유, 2010; 정희정, 2007; Plantenga et al., 1999). 여성의 시간제 노동을 장려하는 네덜란드의 '일-가족 양립' 정책은 네덜란드 기혼 여성들의 경제적 의존도를 증가시켜왔다고 평가된다. 네덜란드는 1.5인 소득자 가족 모델이 정착된 대표적 국가로 꼽힌다(신경아, 2009; Jacobs and Gerson, 2010; Visser, 2002).

스웨덴과 네덜란드가 노동시간의 유연성을 높여온 방법으로는 시간제 외에도 노동시간 계좌제(working time accounts)를 들 수 있다. 노동시간 계좌제는 이들 국가에서 노동자가 시간 유연성을 얻는 대신 기업에게 일정 기간의 휴가 시기 결정권을 위임하는 형태로 사용된다. 혹은 노동자가 시간 유연성을 포기하는 대신 그 기간에 대해 금전으로 보상받는 방식으로 이용되고 있다. '일정 기간'은 정해져 있지 않다. 업종의 특성이나 단체 교섭 결과에 따라 예를 들어 6주가 되는 경우도 있고 8일이 되는 경우도 있다(Berg et al., 2004).

이들 국가의 노동시간 계좌제는 우리나라의 맥락에서 볼 때 사용자에 의해 악용될 수 있다는 비판의 소지가 크다. 이 제도는 회사가 작업 물량이 많을 때 할증 임금의 지급 없이 집중적으로 연장·야간·휴일 근로 등의 초과 근로를 시키고 작업 물량이 적을 때나 회사가 경영상 어려울 때 노동자가 비자발적인 휴가를 강요받을 수 있는 만큼 도입에 신중을 기해야 한다고 평가된다(한국노동조합총연맹, 2013). 하지만 이러한 위험은 1일, 1주, 1년 단위로 초과 노동 한도를 엄격히 규정하고 규제하는 등 여러 방법을 통해 예방될 수 있는 부분이기도 하다.

유급 노동과 무급 노동의 평등한 공유를 지향하는, 탈 성별화된 일과 가족의 양립은 시간의 확보 없이는 충분히 이루어질 수 없다. 현재와 같은 장시간 노동 체제는 일과 가족의 양립을 특정한 이들의 몫으로 남겨두면서 시간의 성별화를 지속시킨다. 이들 국가의 경험은 시간제 노동이 주로 여성에 의해 수행되고 있다는 점에서 여전히 과제를 안겨주고 있다. 그럼에도 불구하고 남성의 돌봄 참여에 대한 관심과 적극적인 정책 실행, 시간제 노동을 주변화된 일자리가 되지 않게 하려는 법·제도적 조치, 여러 이해 관계자들 간의 갈등과 합의의 과정 등은 노동자의 시간 재량권에 대한 사회적 관심이 지속되고 있음을 보여준다. 또한 이들 국가의 경험은 그 유형이 무엇이든 간에 유연근무제의 실행을 위해서는 관행화된 초과 노동이 근절되어야 한다는 점을 드러내준다.

2. 속도? 방향! : '좋은 일자리' 나누기

시간제 노동은 역설적인 위치에 놓여 있다. 한편으로는 여성에게 일과 가족을 양립할 수 있도록 돕는 방안이지만, 유급 노동과 무급

유연근무제와 페미니즘

노동의 평등한 공유를 가로막아 시간의 성별화를 해체하기 어렵게 한다. 하지만 다른 한편으로 시간제 노동의 질(quality)이 보장되어 전일제 노동의 대안으로 제공된다면 남성들의 선택을 받을 수 있을 것으로 기대되기도 한다(Visser, 2002). 시간제 노동의 확대가 장시간 노동 체제에 대한 도전이 되기 위해서, 그리고 유급 노동과 무급 노동의 성평등한 공유를 지원하는 방안이 되기 위해서는 시간제 일자리를 얼마나 많이 늘릴 수 있는지가 아니라 '어떤 시간제 노동을 만들 것인지'에 대한 관심이 선행되어야 한다.

지난 정부가 유연근무제의 유형 중 다른 것보다 시간제에 관심을 가졌던 것은 일자리 창출이 가능한 형태이기 때문이다. 또한 '저출산' 문제에 대응할 수 있는 방안으로 여겼기 때문이다. 유연근무제 확산을 통해 '일과 가정의 양립 지원을 통한 육아기 여성의 노동시장 이탈 방지'와 '다양한 고용형태의 일자리 창출을 통한 여성 고용률 제고'라는 '두 마리 토끼'를 잡을 수 있을 것으로 기대되었다(양인숙, 2012). 이러한 관점은 시간제 형태의 노동이 유연근무제의 핵심으로 부각되어 온 맥락을 보여준다.

그간 우리 사회에서는 여성의 경제활동 참가를 촉진하기 위해 다양한 정책을 실시해왔다. 하지만 정부는 제도적 보완과 정책 지원을 통해 여성의 노동시장 진입을 장려함으로써 성별 분업 약화를 가져오는 듯 하였으나, 노동시장에 들어온 여성들을 주변화시킴으로써 기존의 성별 분업 구도를 재생산하는 모순되고 이중적인 정책을 추진해왔다(박혜경, 2011; 조순경, 1994). 바로 이러한 맥락에서 많은 여성주의 연구자들의 비판이 이어져왔다. 시간제 노동 형태는 가

정의 책임을 지는 여성들이 직업을 유지하면서 경력을 개발하는 데 도움이 될 것이라고 인식되었다. 여성의 고용 기회가 유연화를 전제로 확대되어온 것이다(김현미·손승영, 2003). 유연근무제는 그 핵심이 노동시간 선택권이라는 점에서 긍정적 의미를 갖지만, 정부가 추진하는 시간제 중심의 유연근무제는 오히려 성별 직업 분리를 강화할 위험이 크다고 지적되었다(권혜자, 2010). 하나의 '괜찮은' 일자리가 여러 개의 '나쁜' 일자리로 나누어지거나 비정규직이 양산되거나 여성 일자리가 단시간 노동으로 표준화될 위험이 제기되었다(박은희, 2010; 이수정, 2010; 이주희, 2010; 한국여성민우회, 2010). 성별 분업의 구조화된 불평등을 강조하는 논자들은 여성 노동의 주변화가 유연근무제에 의해 오히려 심화될 가능성을 경계해야 한다고 보았다(김창연, 2010; 민주노총여성위원회 외, 2011; 배진경, 2010; 신경아, 2010; 이주희, 2011). 유연근무제가 여성 집중적으로 사용되거나 여성의 이중 부담을 줄여주는 정책으로 고착화된다면, 유연근무제는 여성을 부차적 노동자로 구성해내면서 성별 분업 이데올로기를 더욱 안정화시키는 물적 토대로 작동할 위험이 크다. 유연근무제는 가부장적 사회에서 강조되어온 여성과 남성의 차이를 지속적으로 재생산해내는 기제로 왜곡될 수 있다.

그런데 성별 분업 고착화의 위험은 성별 분업 문제의 초점을 어디에 두느냐에 따라 매우 다르게 논의되기도 한다. 시간제 형태의 노동은 기혼 여성 공무원의 경력 유지와 '일-가족 양립'에 도움이 될 수 있다는 점에서 그 유용성이 더욱 강조된다(관계부처합동, 2010; 기획재정부, 2010; 여성가족부, 2010b; 여성부, 2009c; 행정안전부,

2010a, 2010c, 2011c). 이러한 접근은 시간제 노동이 더 많은 여성을 노동시장에 진출할 수 있게 하고 여성의 경력 단절을 방지한다는 점을 강조한다(배규식, 2011; 양인숙, 2011a; 황수경, 2011). 요컨대, 어떤 형태로든 더 많은 여성이 노동시장에 나올 수 있도록 하는 것이 성별 분업 해소에 기여한다는 것이다.

이러한 관점은 일면 설득력이 있다. 임신이나 출산 등의 생애 사건, 육아 책임 등은 많은 여성의 경력 단절을 불가피한 것으로 만든다. 또한 경력 단절 후의 노동시장 재진입은 용이하지 않으며 대개의 경우 하향 취업으로 나타난다. 노동시간을 줄이는 방법을 통해 노동시장에 머무는 것은 이러한 상황을 개선하기 위해 취할 수 있는 일시적인 선택일 수 있다. 하지만 이러한 접근은 구조로서의 성별 분업을 해체하려는 관점과 거리가 있다. 여성들이 돌봄에 들이는 시간과 관심에 상응할 만큼 남성들의 변화를 이끌어내지 못한 상태를 개선하는 데 관심을 두지 않은 채 전통적인 성별 노동 분업 가정(assumption)을 유지하기 때문이다(Gornick and Meyers, 2009). 때문에 가족 내의 부부 간 성별 분업도 이러한 접근에서는 합리적인 성역할 분담으로 정당화된다.

시간이 인식되고 구성되는 방식의 하나는 성별 관계를 통해서이며, 성 불평등은 시간의 사회적 구성에 반영되어 있다(Epstein and Kalleberg, 2001; Sirianni and Negrey, 2000). 시간제 형태로라도 일단 여성들의 경제활동 참여가 늘어나는 것이 중요하다는 주장은 이로 인해 시간의 성별적 구성이 더욱 안정화되고 궁극적으로 노동시장의 성별 직종/직무 분리와 가족 내의 성별 분업이 견고해지는 효과를 어떻게 할 것인지 답해야 한다.

한국 사회가 처한 여러 문제에 대한 진단은 대부분 "여성의 경제활동 참여가 증가함에 따라"라는 문구를 앞세우고 있다. 여성의 경제활동 참여 증가는 시간으로 인해 문제를 겪는 사람들과 그 가족의 수를 증가시키는 사회적 배경이다(Hochschild, 2005; Jacobs and Gerson, 2010). 하지만 이는 여성의 경제활동 참여가 문제의 원인임을 의미하는 것은 아니다. 여성의 경제활동 증가 자체를 원인으로 전제하는 것은 여성 노동력이 필요에 따라 조절 대상이 되는 오류를 피할 수 없게 한다. 이는 임금노동 중심의 삶의 방식, 장시간 노동시간 체제가 문제화되지 않는 맥락을 비가시화시킨다. '더 많은 여성이 노동시장에 나올 수 있도록 하는 것' 자체가 정책 목표가 될 경우 그것이 어떠한 일자리인가에 대한 질문은 생략된다.

다시 「로드맵」을 떠올려보자. 당시 정부의 「고용률 70% 로드맵」에 대해 "지금 우리 사회는 일자리가 부족한 것이 아니라 좋은 일자리가 부족한 것"[5]이라거나 "성장 없는 고용은 고용 없는 성장만큼 위험하다"[6]는 등의 비판적 시선은 시간제 일자리 확대에 초점을 둔 정책 기조가 일자리의 질을 하락시킬 것에 대한 우려를 담고 있다. 여성주의 관점에서 유연근무제를 비판적으로 바라보고 특히 시간제 중심의 유연근무제 확대를 우려하는 논의들은 유연성 증대가 여성의 취약성을

---

5 「일자리 나누기 사회적 합의 쉽지 않고 성장률 낮아 일자리 늘리기도 어려워 : 전문가들 "취지엔 공감하지만… 회의적"」, 『한국일보』, 2013.6.4.

6 「고용률 70% 달성… '시간제 일자리' 목매는 정부」, 『이투데이』, 2013.6.4.

유연근무제와 페미니즘

극대화하는 장치로 작동해왔던 역사적 맥락에 서 있다.

이 책은 그러한 논의를 공유하고 그 논지에 동의한다. 그러면서 동시에 현재 장시간 노동 체제의 경직성이 성별 분업을 전제로 유지된다는 점에 주목할 필요를 제기하고자 한다. 시간제 노동은 그것이 어떤 일자리로 구성되느냐에 따라 노동시장의 경직성을 완화하고 노동시간 단축을 견인하며 자신과 타인에 대한 돌봄을 위한 시간을 확보시켜줄 여지가 있다. '시간제'라는 형식을 중심으로 확대 자체를 반대하는 것은 전일제 노동을 표준으로 여기는 시간 규범을 지속시킬 위험을 내재한다. 6장에서 7장에 걸쳐 분석한 바와 같이, 전일제 노동을 전형으로 간주하는 시간 규범은 연속성과 정규성 중심으로 경력이 구성되고 그러한 경력이 우위를 점하는 상황을 지속시킨다.

유연근무제의 재구성을 위한 두 번째 조건은 바로 시간제 형태의 노동에 대한 접근이 '좋은 일자리'를 나누는 것이어야 한다는 것이다. '좋은 일자리(good jobs)'는 임금 및 복리 후생, 업무의 성격, 업무 자율성과 독립성, 승진 가능성, 숙련 향상 가능성 등과 관련하여 직무 만족도가 높은 일자리로 정의된다(Ritter and Anker, 2002). ILO는 '양질의 일자리(decent works)' 개념을 사용한다. 이는 자유, 평등, 안전 그리고 인간적 품위가 보장되는 조건 아래에서 양질의 생산적인 노동을 할 수 있는 기회가 남녀 모두에게 부여된 일자리로 규정된다. ILO는 '양질의 일자리'를 측정하는 지표로 고용 기회, 적정한 노동 강도 및 노동시간, 일-가족 양립, 고용 평등, 안전한 작업 환경, 사회보장 등을 든다(김태홍 외, 2009).

필자는 이러한 규정에 동의하면서 '좋은', '양질의' 일자리를 나누어야 한다는 관심사와 관련하여 두 가지 전제를 제시하고자 한다. 첫째, 시간제 노동 확대의 주요 방법은 '좋은 일자리'의 노동시간 단축을 통한 것이어야 한다. 기존에 장시간 일하는 노동자들의 시간은 그대로 두고 별도의 시간제 일자리를 그 질(quality)과 관계없이 만드는 것은 고용률을 높이는 효과가 있다는 점에서 선호되기 쉽다. 「로드맵」뿐만 아니라 그간 시간제 노동을 확대하고자 했던 정책 접근은 바로 이러한 관점에서 구성되었다. 하지만 시간제로 일하는 노동자의 노동 조건이나 삶의 문제는 간과된다. 경우에 따라 여러 개의 시간제 일자리를 넘나들며 경제적 문제를 해결해야 하고, 자신과 가족을 돌볼 시간은 오히려 빠듯해지고 불안정해질 수 있다. 시간제 노동 확대의 기본 조건은 일자리의 질을 높이고 시간제 노동자들에게 다양한 권리를 부여함으로써 여성과 남성 누구에게나 '일-가족 양립'을 위한 수단으로 활용될 수 있어야 한다는 점이다(Gornick and Heron, 2006).

둘째, 시간제와 전일제 근무의 전환이 가능해야 한다. 스웨덴의 시간제 노동은 이러한 원칙에 기반해 있다. 스웨덴에서 시간제 노동은 애초에 시간제로 만들어진 경우보다 상용직 전일제의 단축 근무 형태로 만들어진 경우가 대부분이다. 시간제 노동은 이러한 맥락에서 '부분 휴직(partial leave of absence)' 개념으로 통용된다. 상용직 전일제 노동자는 '시간제 노동 청구권'을 통해 시간제로 변경하고, 또 다시 전일제로 전환하여 근무할 수 있다. 이러한 '부분 휴직'을 청구할 수 있는 경우는 다음의 네 가지이다. 첫째, 육아휴직 기간 동안 사용할 수 있다. 둘째, 8세 이하의 자녀를 둔 전일제 근로자들이 근로시간을 주당 25% 수준(주당 40시간이 표준인 경우 주당 10시간)까지 줄

일 수 있다. 셋째, 60~65세 사이의 노동자 중에서 45세 이후 10년 이상 일해 온 노동자들이 노동시간을 줄이고 소득 손실분을 일정 부분 보상받고자 할 때 사용할 수 있다. 넷째, 모든 노동자들이 교육, 입법 관련 의무, 노조 활동 등을 위해 노동시간 단축을 청구할 수 있다(김영미, 2010).

이러한 사례는 노동자가 자신의 상황에 따라 노동시간을 조절할 수 있는 재량권이 보장되고 있음을 보여준다. 또한 시간제 노동이 별도의 경로(track)로 굳어져서는 안 된다는 것을 의미한다. 공직사회의 '시간제 근무'는 스웨덴의 경우처럼 전일제 공무원이 시간제 근무로 전환할 수 있고, 본인의 요구에 의해 다시 전일제로 전환할 수 있는 방식을 포함하고 있다. 시간제 근무로의 전환에는 비례 보상 원칙이 적용되며, 고용상 불이익을 금지하는 복무 규정도 마련되어 있다. 하지만 정작 이러한 방식으로 유연근무제를 이용하는 공무원은 극소수에 불과하다. 이에 비해 일반직에서도 '시간제 공무원' 채용이 추진되고 2013년 이후 연간 1,000명 이상이 채용되어왔다. 별도의 공무원 경로를 만든 것이다. 하지만 4년이 지난 지금, 시간제 공무원 제도는 "계륵"으로, "실패"로, "설움 받는" 처지로 평가되고 있다. 시간제와 전일제의 상호 전환이 보장되지 않는 방식의 시간제 공무원 확대가 왜 문제인지 여실히 드러나고 있다.[7]

---

7 2017년 집계된 자료에 따르면, 정부는 2013년 고용률 70% 달성을 위한 공공부문 일자리 나누기 정책의 하나로 시간선택제 공무원 채용 제도 계획을 발표한 후 2014년부터 2016년 사이에 국가직·지방직을 포함해 총 4,356명을 채용하였다(인사혁신처, 2017). 하지만 실제로는 시간을 선택할 수 없는 경직성 문제,

장지연(2012)은 여성의 노동시장 참여가 현재 단계에서 소득 불평등을 줄이는 효과가 있는 것으로 연구되고, 이를 근거로 일각에서 저임금 일자리라도 많이 만들고 이를 여성들이 수용하게 하는 것이 바람직하다는 결론을 유도하는 것을 비판한다. 그의 분석에 따르면, 현재 여성의 노동 공급 패턴을 소득계층별로 살펴본 결과 저소득층 여성은 이미 노동 공급을 최대화하고 있는 것으로 나타난다. 부족한 것은 고학력 여성의 노동시장 참여이다. 이러한 맥락에서 그는 더 좋은 일자리가 아니면 여성의 추가적인 노동 공급은 발생하기 어렵다고 진단한다. 지난 20여 년간 여성의 노동 공급이 제자리걸음을 하고 있는 현상은 이와 맥을 같이하는 것으로 평가된다.

네덜란드의 경우 시간제 노동자에 대하여 전일제 노동자와의 비례 원칙이 확고히 마련되어 있다. 법적 보호와 임금을 비롯한 복리 후생에서 차별받지 않도록 한 것이다. 하지만 네덜란드에서도 시간제 노동의 위험(risk)은 꾸준히 제기되어왔다. 시간제 노동에는 소득, 책임, 권력의 측면에서 지속적인 불평등이 내재해 있다고 비판되며, 많은 시간제 노동자가 여성이라는 점은 여전히 근본적인 문제로 지적된다(Plantenga et al., 1999). 이러한 맥락에서 여성 중심의 시간제 노동이 아니라 삶의 여러 영역을 살아가는 전인적 존재(whole person)에 대한

초과 근무가 다반사여서 시간제 근무가 보장되지 않는 문제, 내부적인 차별과 문화적 시선의 문제 등이 보고되고 있다. 「계륵 신세 된 '점오(.5) 공무원'… 시간선택제의 비애」, 『아시아경제』, 2017.5.12; 「"왜 젊은 친구가 여기 왔어?"… 설움받는 시간선택제 공무원」, 『중앙일보』, 2018.3.21; 「육아와 일 함께 하는 시간제 공무원? 현실은 '실패'」, 〈SBS뉴스〉, 2018.4.13.

유연근무제와 페미니즘

관심에서 노동시간 문제에 접근하는 것이 필요하다.

3. 다양한 삶의 모습, 다양한 노동 생애 고려

유연근무제는 기존의 근무 제도로는 노동자가 일과 가족을 양립하기 어렵다는 현실 인식에 기대고 있다. 다시 말해 유연근무제는 노동자를 '가사와 (자기)돌봄 등의 책임과 권리가 있는 자'로 재규정한다는 의미를 내포한다. 그런데 이러한 의미는 유연근무제가 특히 기혼 여성의 자녀 양육을 지원하는 것으로 이해됨으로써 남성과 비혼자의 유연근무제 사용을 예외적인 것으로 만드는 효과를 낳고 있다.

생애 주기 관점에 입각한 사회 정책은 일반적으로 생애 각 시기마다 개인이 수행해야 하는 과업이 정규성을 가지고 순차적으로 출현한다는 것을 전제로 설계된다(주은선·김영미, 2012). 유연근무제를 기혼 여성 노동자의 생애 주기에 적합한 것으로 여기는 관념은 기혼 여성 노동자의 출산과 양육 책임을 지원할 현실적 필요를 반영한다. 하지만 이러한 접근은 역사적으로 여성과 남성의 직업 이력 간 불균등을 지속시키는 의도하지 않은 결과를 가져오기도 하였다.

그간 우리 사회에서는 고용상의 성차별을 금지하는 법적 개선을 비롯하여 모성 보호 정책, 직업 능력 지원, 보육 시설의 확대 등 여성 고용을 장려하는 노력이 지속적으로 이루어져왔다. 이러한 지원 방안들은 여성의 평생 평등 노동권 주장을 근간으로 하며,[8] 노동시장의

---

8 여성 노동권은 여성이 받는 '성적 차별'을 제거한 1988년 '남녀고용평등법' 시행

누적된 성차별과 여성에게 가족 책임이 더 많이 주어지는 현실을 고려해야 한다는 요구에 의해 추동되었다. 여성은 남성과 달리 결혼이나 임신, 출산 등의 생애 사건으로 인해 취업 중단을 경험하는 경우가 많고, 경력 단절 이후 대부분 고용의 질 저하를 겪는다. 그렇기에 여성의 노동시장 참여를 지원하는 대부분의 정책은 기혼 여성의 고용 유지와 재취업 지원에 초점을 맞추고 있다. 이러한 정책은 '남녀 고용 평등' 이념 하에 추진되어왔다.[9]

하지만 성별화된 사회에서 여성이 직면한 문제가 정책화되는 과정은 임금노동 중심의 '남성적 삶'을 건드리는 것이기보다는 여성의 '현실적 필요'를 충족시키는 방향으로 굴절되어왔다. 정책화 과정은 여

을 통해 진일보했고, 이 법의 시행을 통하여 모집과 채용상의 남녀 차별 금지를 이루어냈다. 또한 가사 노동과 같은 무보수 노동을 경제적 가치로 평가하게 되었으며, 여성으로서의 '차이'를 조건의 평등 개념으로 전환하면서 모성권과 같은 권리를 획득해냈다. 평생 평등 노동권 개념은 1980년대 후반 이후 성취해온 법적 권리 획득의 결과물을 의미하며, 실제로도 성을 매개로 한 직접적 차별을 완화시키는 데 기여해왔다(김현미, 2000).

9 법·제도적 차원의 남녀 고용 평등 원칙이 명문화 자체로 충분한 것은 아니다. 동일 가치 노동 동일 임금 조항은 '남녀고용평등법' 1차 개정(1989)에서 신설되었다. 하지만 개념의 모호함과 평가 기준 및 평가 방법의 어려움 등으로 인해 실천적 의미보다 선언적 의미를 갖는다고 평가된 바 있다(조순경, 1990b). 이러한 평가는 시간이 지나서도 크게 달라지지 않았다. '남녀고용평등법'은 법률적 기반이 상당히 두텁지만, 실효성 면에서 여전히 많은 문제를 안고 있다고 진단되었다(정형옥, 2008). '남녀고용평등법' 시행 20년의 성과와 과제를 살펴본 박선영 외(2009)는 동일 가치 노동 동일 임금 조항을 임금 성평등의 가장 강력한 수단으로 보았다. 하지만 이 조항은 한국 사회에서 아직까지 제대로 정착되지 못하고 있다고 평가되었다.

성을 별도의 노동자로 구성하거나 '남성적 삶'의 규칙에 충실한 여성에게 또 다른 기회를 제공하는 방식에 가까웠다.[10] 생애 주기를 순차성과 정규성 중심으로 파악하는 것은 바로 이러한 문제를 내재한다. 생애 주기 정책(life-course policy)은 한편으로는 쉼 없이 일하는 노동자의 생애 시간을 이상적인 것으로 규범화하면서, 다른 한편으로는 여성의 출산·양육 책임을 고려한 별도의 지원책을 제공하는 방식으로 구성되어왔다.

유연근무제의 재구성을 위한 세 번째 조건은 생애 주기에 대한 접근이 순차성과 정규성을 탈피하고 다양한 삶의 모습, 다양한 노동 생애를 고려해야 한다는 점이다. 생애 주기 관점의 접근은 여성과 남성, 기혼자와 비혼자를 아우르는 방식으로 확장되어야 한다. 이는 모든 노동자에게 노동시간의 유연성을 높이는 정책이 제공되어야 함을 의미한다. 유연근무제는 이러한 접근을 통해 '집단적 삶'과 '개인적 삶'의 균형을 지향하는 제도로 자리매김 되어야 한다.

네덜란드의 결합 모델(Combination model)은 유급의 시장노동과 무급의 돌봄 노동을 여성과 남성이 조화롭게 공유한다는 관념을 기반으로 한다. 이에 결합 모델은 양쪽 부모를 모두 전제하며, 두 사람 모두 시장노동에 참여한다는 것을 전제하고, 소득을 일정 부분 포기한다는 것을 전제한다(Wetzels, 2007). 이 모델은 두 가지로 구체화되었다. 하나는 앞서 언급한 1.5인 소득자 가족 모델이다. 여기서 1.0

---

10 '남성 정규직이 기준이 되는 노동 모델'을 추구한다는 점은 여성 노동 연구가 처한 '난제'의 하나로 제기되었다(조순경, 2007).

은 남성의 소득, 0.5는 여성의 소득으로 구조화되어 있다(박은희 외, 2010). 이는 이전에 지배적이었던 '남성 외벌이 모델'에 비해 긍정적이라 할 수 있다. 피서르와 헤이머레이크(Visser and Hemerijck, 2003)는 네덜란드가 유럽의 복지 국가들 중 고용, 소득, 사회 정책의 근간으로 가장(breadwinner)의 원칙을 유난히 강조해왔던 부정적 유산을 지적하며, 1.5인 소득자 가족의 증가를 긍정적이라고 평가하였다. 남성 가장 1인의 소득에 대한 지나친 의존을 줄이고 빈곤 문제에도 잘 대처할 수 있기 때문이다. 하지만 이는 여성의 노동시장 참여를 증가시키는 데는 기여했지만, 이에 상응할 만큼 남성의 돌봄 참여를 이끌어내지는 못했다는 점에서 유급 노동과 무급 노동의 공유를 도모하는 데 기여하기 어렵다.

이러한 문제의식은 새로운 유형을 추진하는 기반이 되었다. 바로 '2명의 4분의 3 모델(twice-three-quarter model)'이다. 이는 여성과 남성 모두 일시적으로 주당 약 32시간(4일 정도)의 유급 노동을 하고 무급 노동 책임을 분담하도록 하는 것이다. 네덜란드에서는 아동을 주 3일 이상 보육 시설에 맡기지 않는 것을 이상적으로 여긴다(Wetzels, 2007). '2명의 4분의 3 모델'은 여성과 남성의 노동 공유라는 면에서 '1.5인 소득자 가족 모델'에 비해 훨씬 진일보한 것으로 여겨진다. 이 모델은 자녀가 아주 어릴 때 한시적으로 이용할 수 있다는 점에서 제한적이다. 그럼에도 제도의 성패 여부를 떠나 기본 관념에 있어서 유의미한 시사점을 제공한다. 즉 성별과 무관한 전반적인 노동시간 단축을 지향하고, 직장의 요구가 조정될 것을 요구하며, 여성의 공적 영역 진입이 아니라 남성의 사적 영역 진입에 주안점을 두는 관념은

유연근무제와 페미니즘

주목할 만하다.

하지만 이 모델은 임금노동하지 않는 부모, 이미 적은 시간만 일하는 부모, 일부라도 소득을 포기하기 어려운 부모, 그리고 한부모와 단독 생계 부양자 가구는 포괄하지 못한다. 이러한 관점의 생애 주기 정책 접근은 노동자의 필요를 특정 시기별로 순차적으로 배열한다. 이는 정상 가족 중심성을 내재하며, 특정한 생애 주기를 표준화한다.

우리가 살아가는 데 있어 직면하게 되는 여러 요구와 욕망들은 그렇게 순차적으로 발생하지 않는다. 일과 자신에 대한 돌봄, 타인에 대한 돌봄, 여가를 통한 재충전, 온전한 쉼은 필요한 시기가 따로 있지 않다. 이러한 필요와 요구는 동시에 발생하는 경우가 많다. 또한 현재의 노동시간 규범은 일과 돌봄을 적정하게 수행하는 것을 불가능하게 할 뿐 아니라 정작 자신을 돌보는 시간을 희생하도록 한다(김창연, 2012). 돌봄을 육아 중심으로, 가족 간호 중심으로 강조하는 것은 맞벌이 부부들이 자신을 돌보는 데 얼마만큼의 시간을 투여하고 있는가에 무관심하다. 인터뷰 참여자인 여러 여성 노동자들, 그리고 소수이지만 유연근무제를 사용하며 돌봄을 실천하는 남성들은 오로지 자신만을 위한 휴식 시간을 갖지 못하고 있다. 또한 현재의 생애 주기 관점은 대부분의 정책에서 주요 대상이 되지 못하는 비혼자의 삶의 문제를 충분히 고려하기 어렵다.

스웨덴의 시간제 노동 청구권은 생애 주기를 고려하지만 네덜란드와 같이 어린 자녀를 둔 부부 노동자만을 중심에 두지 않는다. 스웨덴에서 8세 이하의 자녀가 있는 노동자는 성별에 관계없이 노동시간을 기존의 25%까지 줄이는 것이 가능하다. 하지만 노동시간 청구권은 60세에서 65세 사이의 노동자에게, 나아가 모든 노동자에게 보장되고 있다. 좋은 노동자란 일과 가족 사이에서 효과적이고 만족스러운 방식으로 자신의 다중적 역할을 조화롭게 해낼 수 있는 사람으로 재정의될 필요가 있다. 인간의 수명이 늘어나고 가족 규모는 줄어들고 있기 때문에 노동 참여를 장기적 관점에서 바라보아야 한다(Jacobs and Gerson, 2010).[11]

생애 주기에 대한 이해가 순차성과 정규성을 탈피하고 다양한 삶의 모습과 다양한 노동 생애를 고려하는 방식으로 확장되게 되면 자녀 돌봄을 중심으로 실행되는 시간제 유형만이 아니라 다른 유형의 사용 가능성도 높아질 수 있다. 즉 생애 주기에 대한 확장적 접근은 유연근무제가 결혼 여부나 자녀 유무, 성별 등에 따라 분절적으로 적용되는 배타적 제도가 아니라 모든 노동자의 삶의 권리와 기회를 보장하는 것으로 확대될 수 있게 한다.

4. 노동자의 '시간 주권' 보장

한국 사회에서 비정규직은 열악한 노동 조건을 정당화하는 명목으로, 사회적 배제의 메커니즘으로 작동하고 있다(장지연, 2007). 한국

---

11 김창연(2012)은 한국 사회가 '100세 시대'에 돌입했다고 진단되지만 장시간 노동이 이에 대한 준비를 어렵게 만든다고 지적하였다. 이에 100세 시대를 준비하는 생애 시간표에 대한 논의가 필요하며, 변화하는 생활상에 맞춰 하루의 노동시간을 넘어 노동자의 생애 전반에 걸친 노동시간을 고민할 필요가 있다고 제언하였다.

유연근무제와 페미니즘

과 일본의 비정규직 상황을 비교 분석한 요코타 노부코(2007)는 양국 간의 가장 뚜렷한 차이를 노동시간이라 지적하였다. 일본의 경우 비정규 노동자의 과반수가 단시간 파트타임인 데 비해, 한국 비정규 노동자의 평균 노동시간은 정규 노동자의 평균 노동시간과 같거나 오히려 길다는 것이다. 이에 그는 한국 비정규 노동자의 특징을 '저임금 · 장시간 노동'이라 규정한다. 즉 비정규직은 명목적 또는 신분제적 성격을 띤다(이영자, 2004; 조순경, 2011).

신경아(2009)는 일-가족 양립 지원 제도의 사용 가능성이나 실제 효과가 높지 않은 이유의 하나로 비정규직이 대다수인 한국 여성 노동시장의 특성과 사용자에 대한 낙인 효과를 든다. 비정규직은 이 제도를 사용하고 싶어도 사용할 수가 없어 결과적으로 제도의 수혜층은 정규직에 한정된다. 또 정규직 안에서도 그것을 사용하면 할수록 불이익이 커질 것이라는 부정적인 예측이 지배적이다.

고용 안정 요구는 한국 사회의 맥락에서 '비정규직의 정규직화'로 집약되어 표출된다. 정규직과 비정규직이 배타적 신분으로 작동하는 맥락에서 이러한 요구는 필연적이다. 비정규직 노동자의 낮은 조직률, 정규직 노동조합과 비정규직 노동조합의 연대의 어려움은 비정규직 문제의 해결을 더욱 어렵게 한다. 비정규직의 정규직화 주장은 고용 불안정이 갈수록 심화되는 현실에서 일정한 사회적 동의를 획득하고 있다. 하지만 이러한 주장은 정규직 노동의 정상성 또한 내재하게 된다. 정규직에 포함되지 못하는 비정규직을 언제나, 늘 전제하게 되는 것이다.

유연근무제의 재구성을 위한 네 번째 조건은 노동자의 '시간 주권'

이 보장되어야 한다는 점이다. 시간 주권(time sovereignty)은 노동자의 시간 선호와 관련된 개념으로, 노동시간의 길이, 조건, 분배를 개인적 선호에 맞추어 결정할 수 있는 자율성의 정도를 말한다(강신준, 2010). 여기서 '선호'에 대한 해석은 자유주의적 개인에 기반한 것이 아니라 선호를 구성하는 문화적 표준, 법률적·규제적 조치(Plantenga et al., 1999)를 고려하여 이루어져야 한다.

힐데브란트(Hildebrandt, 2006)는 노동자를 위한 시간 선택(option) 제도가 개인에게 보다 큰 시간 주권을 제공하는지, 이를 통해 삶의 질이 향상되는지에 관해 독일 사례를 중심으로 논의를 전개하였다. 그는 기업과 시장 논리가 우세하면서 시간 유형의 복수화가 노동자를 통제하고 정상적 시간 유형의 붕괴를 촉진했다고 지적하였다. 유연근무제를 통한 시간 유연성의 증대는 이런 의미에서 노동자들이 기업의 통제 논리, 이윤 추구 논리에 더욱 심하게 종속된다고 볼 수 있다. 하지만 그는 유연근무제에 대한 긍정적 경험에 주목하였다. 시간 주권 개념의 보급은 노동자들이 유연근무제를 통해 자신의 필요와 바램을 충족시키도록 노동시간을 조직할 수 있다는 희망을 높여주기도 한다. 시간 주권은 기업과 시장의 이윤 추구 논리에 종속되거나 이에 좌우되지 않는, 성별이나 고용형태에 따른 배타적이고 분절적인 권리가 아니라 모든 노동자에게 보편적으로 주어지는 권리로서 구성되어야 한다.

따라서 시간 주권은 정규직이나 비정규직이라는 고용형태에 따라 주어지는 것이 아니라 노동자라는 존재를 기반으로 보장되는 것이어야 한다. 노동자는 그가 정규직이든 비정규직이든 돌봄을 위한 시간,

유연근무제와 페미니즘

자기 계발을 위한 시간, 자원 봉사와 시민 자치 활동 등 사회적 활동을 위한 시간을 적절히 누릴 수 있어야 한다(Supiot, 1999). 이를 위해서는 현재 비정규직의 고용 불안정 문제를 해결할 수 있는 다양한 방안이 모색되어야 한다.

시간 주권의 보장에는 두 가지가 전제되어야 한다. 하나는 고용 안정이며, 이와 관련하여 노동자의 선택을 보장하고 불이익을 방지하는 법·제도적 접근이 요구된다. 유럽연합의 1993년 Directive on working time은 노동시간 유연성 증대를 장려하면서 연간 유급 휴가와 주당 평균 노동시간의 기준 등을 확립하였다. 노동시간 유연성 증대가 고용주의 이해를 중심으로 하여 휴일 근로나 연장 근로를 확대하는 데 오용될 가능성을 차단하기 위함이다. 1997년 Directive on part-time work는 전일제와 시간제의 동등한 대우 기준을 마련하였다. 유럽연합 국가들은 비유럽 국가와 달리 이해 당사자로서 노동자의 역할을 존중하는 가치를 공유하고 있다. 높은 노조 가입률과 단체교섭의 폭넓은 적용 범위가 이를 보여준다(Berg et al., 2004).

시간 주권의 보장을 위해서는 노동자의 동의 또한 전제되어야 한다. 노동 과정에서 노동자들을 완전히 통제하는 것이 현실적으로 가능하지 않다는 것은 인간 노동의 역사를 통해 확인된다(조순경, 2011). '대면'과 '양화' 중심의 시간 규범은 노동자에 대한 통제와 감시를 관행화해온 조직문화와 관련된다. 정시 퇴근이 보장되지 않고 초과 근무가 일상화된 환경에서 유연근무제가 폭넓게 실행되기는 원천적으로 불가능하다. 노동자의 동의를 산출하기 위해 필요한 것은 정보이다. 유연근무제가 조직 내에서 비공식적으로 통용되거나 특정한 노동자를 위한 특혜의 관점에서 사고되는 것은 노동자들 간의 분절을 야기하고 있다. 정보의 공유, 동의의 산출 등 일련의 과정을 통한 유연근무제의 공론화·가시화는 유연근무제가 조직 내에서 무엇을 목적으로, 무엇을 지향하며 실행되는지를 공유해나가기 위해 적극적으로 추진되어야 한다. 유연근무제를 노동자의 시간 주권을 보장하는 정책으로 구성하기 위해서는 노동자의 의식 변화, 노동조합의 관심과 참여가 필수적이다.

한국의 노동시간 체제를 관통하는 것은 가족 책임이 임금노동을 방해하지 않고 전일제로, 연속적으로 일할 수 있는 남성중심적인 선형적 노동자 모델이다. 현대 산업 사회에 내재된 일-가족 갈등은 삶의 영역에 대한 배타적 구분과 실제 삶의 모습이 부정합한 데서 비롯되었다(Gornick and Meyer, 2009). 인간은 '임금노동자'라는 정체성으로만 구성되지 않는다. 노동자에게는 임금노동만이 아니라 다른 영역의 삶이 있으며, 임금노동을 위한 시간만이 아니라 다른 시간들이 필요하다는 것이다. 노동시간에 대한 관심은 노동자의 '임금노동 시간'만이 아니라 '노동자의 시간'에 대한 관심으로 확장되어야 하며, 이는 노동자가 삶의 여러 영역들을 살아내고 있는 전인적 존재(Hildebrandt, 2006)라는 전제를 기반으로 해야 한다.

특정한 정책의 목적은 연관되어 있는 여러 정책들과의 관계 속에서 수정되기도 하고 때로는 왜곡되기도 한다. 외국의 유연근무제 실행 경험은 유연근무제가 전반적인 노동시간 단축 문제와 연계되어 이루어져왔음을 보여준다. 우리나라의 경우 법정 노동시간은 법 개정을 통해 감소되어 왔다. 하지만 야근이나 휴일 노동을 통해 실 노

유연근무제와 페미니즘

동시간이 유지되는 양상을 보인다. 유연근무제를 위한 전제 조건이 정시 퇴근 보장, 관행화된 초과 노동의 축소라는 점은 유연근무제가 실 노동시간을 줄이는 정책과 결부되어야 그 취지가 왜곡되지 않을 수 있음을 의미한다. 예컨대, 노동시간 계좌제에 대한 노동계의 반대는 이 제도가 노동자의 상황과 무관하게 기업의 요구에 의해 좌우될 가능성이 크기 때문이다. 일정한 기간을 정하여 최대 노동시간을 규제하는 것은 실 노동시간을 단축시키면서 기업의 일방적인 재량권 행사를 예방할 수 있는 방법이 될 수 있다. 또한 초과 노동 유인 요건을 완화하는 차원에서 시간 외 노동에 대한 할증률을 변경할 필요가 있다. 법과 제도는 많은 부분을 개선시킬 수 있다. 하지만 그러한 법과 제도의 실효성은 관련 주체들의 참여와 실천을 통해 보장된다. 법과 제도를 구현하는 것은 결국 노동자이다.

장시간 노동의 문제는 다양한 이해 당사자들의 인식과 가치 변화와 함께 해결될 수 있다. 유연근무제의 제도화가 갖는 유의미성은 많은 노동자들이 삶의 균형을 자신의 과제로 여기고 이를 실천하고자 하는 가치의 전환을 통해 파급력을 가질 수 있다. 남성중심적 노동운동은 성별 분업에 의해 뒷받침되고 있는 장시간 노동의 현실을 정면으로 마주해야 한다. 유연근무제의 성평등한 재구성과 장시간 노동체제의 변화는 노동운동과 여성운동의 주요 의제로 다루어져야 한다.

1. 국내 문헌

강내희, 「시간의 경제와 문화 사회론」, 『마르크스주의연구』 제8권 4호, 2011, 196~225
    쪽.

강수돌, 「장시간 노동 체제, 문제의 뿌리와 극복의 전망」, 『노동사회』 제159권, 2011,
    14~33쪽.

강신준, 「주간 연속 2교대제 논의와 노동시간 교섭 정책의 새로운 모색 : 현대자동차의
    사례를 중심으로」, 『동향과 전망』 제82호, 2010, 212~243쪽.

강연자, 「주40시간 법정 노동시간 단축 투쟁과 노동운동의 과제」, 『진보평론』 제46호,
    2010, 93~131쪽.

강정석 · 신동면, 「공무원 제도의 유연화 : 시간제 근로의 도입을 중심으로」, 한국행정
    학회 주최 2000년도 추계학술대회 〈관료제의 반성과 대안〉, 2000.

강정애, 「탄력근로제 도입에 따른 근로자 만족도에 관한 연구」, 『인사조직연구』 제4권 1
    호, 1996, 41~69쪽.

강현아, 「대기업 노동조합에서 비정규 여성 노동자의 배제 양상」, 『한국여성학』 제19권
    1호, 2003, 81~111쪽.

권순원 · 윤기설, 「교대제 개편과 노동시간 단축의 효과에 관한 연구 : 현대자동차 사
    례」, 『산업관계연구』 제22권 4호, 2012, 93~116쪽.

권태희, 「유연근로가 여성 관리자의 직장─가정 양립에 미치는 효과」, 『여성연구』 제78
    권 1호, 2010, 5~30쪽.

권형기, 「노동시장 유연성의 다양한 전략 : 영국, 덴마크, 네덜란드의 비교 분석」, 『국제
    지역연구』 제11권 3호, 2007, 31~60쪽.

권혜자, 「Purple Job과 '정규직' 유연근무제」, 민주당 정책 위원회 주최 토론회 〈유연근
    무제(Purple Job), 여성 일자리의 대안이 될 수 있나〉, 2010.

김경숙 외, 『그러나 이제는 어제의 우리가 아니다』, 편집부 편, 돌베개, 1986.

김경희a, 「성 평등의 정의와 정책 목표」, 한국여성정책연구원 주최 미래 여성정책 포럼 연속 토론회 〈여성정책 환경 변화와 미래 정책 패러다임 : 쟁점과 의제 - 제1차 여성정책 패러다임 전환을 위한 새로운 접근〉, 2012.

김경희a · 류임량, 「여성 운동과 일-가족 양립 제도화」, 강이수 편, 『일 · 가족 · 젠더 : 한국의 산업화와 일-가족 딜레마』, 한울, 2009.

김경희b · 반정호 · 이정훈, 「가족 친화 고용 정책의 기업 수용성 분석 : 유연근로 제도를 중심으로」, 『산업노동연구』 제14권 2호, 2008, 23~59쪽.

김난도 · 이준영 · 이향은 · 전미영 · 김서영 · 최지혜 · 서유현 · 이수진, 『트렌드코리아 2018』, 미래의창, 2017.

김난주, 「세대별 성별 임금 격차 현황과 시사점」, 『이화젠더법학』 제9권 2호, 2017, 69~124쪽.

김대환 외, 『이촌 여성의 도시 생활 적응 및 직업 이동에 관한 연구』, 이화여자대학교 농촌문제연구소, 1974.

김성국 · 박경희 · 이용주, 「근로 조건의 유연화에 따른 여성 인력의 전략적 활용 및 개발 : 원격근무의 국제 비교를 중심으로」, 『조직과 인사관리 연구』 제23권 1호, 1999, 163~188쪽.

김영미, 「스웨덴의 시간제 근로자 실태」, 『여성 고용률 제고를 위한 선진국 시간제 근로자 실태 연구』, 노사발전재단, 2010.

김영미, 「성별임금격차라는 스캔들」, 『일하는 여성』 제103호, 2017, 2~4쪽.

김영옥a, 「1970년대 근대화의 전개와 여성의 몸」, 한국여성연구원 편, 『한국의 근대성과 가부장제의 변형』, 이화여자대학교출판부, 2003.

─────, 「여성의 시민권 확장과 시민 노동자의 삶의 질 관점에서 본 일-생활 통합」, 생생여성노동행동 주최 모성 보호 관련법 개정 10주년 기념 토론회 〈일 · 생활 균형, 이제는 보편적 권리입니다 : 10년 간의 일 · 가정 양립 정책 문제점과 대안 모색〉, 2011.

김영옥b · 김종숙 · 이선행, 『일 · 가정 양립 실태조사』, 고용노동부, 2017.

김유선, 「비정규직 규모와 실태 : 통계청, '경제활동인구조사 부가조사'(2017. 8) 결과」, 한국노동사회연구소, 2017.

김재민, 「한국 유통 서비스업의 유연화와 노동 계급의 분절화 연구」, 이화여자대학교

대학원 박사학위논문(미간행), 2012.

김정한 · 김동배 · 이인재 · 문무기, 『여성 취업 촉진을 위한 양질의 단시간 근로 모델 개발』, 여성가족부, 2007.

김창연, 「고용 양극화와 여성 고용」, 『2010 서울시 여성 · 가족의 현황과 이슈』, 서울시 여성가족재단, 2010.

———, 「노동시간 재구성으로 쉼표 있는 사회 만들기」, 한국여성민우회 · 국회의원 남윤인순 주최 토론회 〈성 평등 복지로 한국 사회의 다음을 기획하다〉, 2012.

김태홍, 「일 · 가정 양립을 위한 유연근무제 현황과 과제」, 국회의원 김금래 · 여성가족부 주최 토론회 〈일 · 가정 양립을 위한 유연근무제 확산 방안〉, 2010.

김태홍 · 권태희 · 이호근 · 최숙희 · 강민정, 『퍼플 잡 창출 · 확산 기본 계획 수립 및 추진 방향 연구』, 여성부, 2009.

김태홍 · 홍승아 · 주재선 · 이강성 · 이상은 · 조준모, 『근무 유형별 근로 실태에 관한 조사 및 분석 연구』, 고용노동부, 2010.

김현미, 「한국의 근대성과 여성의 노동권」, 『한국여성학』 제16권 1호, 2000, 38~64쪽.

김현미 · 손승영, 「성별화된 시공간적 노동 개념과 한국 여성 노동의 '유연화'」, 『한국여성학』 제19권 2호, 2003, 63~96쪽.

김형기, 「노동자 계급의 성장 및 내부 구성의 변화와 주체 형성」, 박현채 외, 『한국 자본주의와 노동 문제』, 돌베개, 1985.

김형민, 『근로시간 단축을 위한 과제 : 특별법 제정을 중심으로』, 한국노총 중앙연구원, 2008.

김혜숙 · 조순경, 「'진보적' 운동권의 뿌리 깊은 성차별」, 『사회평론 길』 제95권 8호, 1995, 142~150쪽.

김혜원, 『저출산 극복을 위한 일 · 가정 양립 방안 연구』, 노동부, 2009.

류승호, 「유동 근무 시간제와 한국의 노동 환경」, 『월간 사회평론』 제92권 4호, 1992, 138~142쪽.

민주노총여성위원회 외, 「정부는 「시간제 노동자 확산에 관한 법률안」을 즉각 폐기하라」, 2011. 7. 25, 성명 논평, 2011.

박선영 · 박복순 · 권혜자 · 김원정, 『남녀고용평등법 시행 20년의 성과와 과제』, 한국여성정책연구원, 2009.

박명희 · 박미혜, 「재택근무의 고찰과 가정경영에 미치는 영향에 관한 연구」, 『한국가정관리학회지』 제15권 3호, 1997, 1~13쪽.

박성준, 「파견 근로의 경제적 당위성과 사용 업체의 실태 조사」, 『경영계』 11월호, 한국 경영자총협회, 1993.

박세정, 「일과 삶의 조화를 위한 자치단체의 유연근무제 도입 : 현황과 향후 과제」, 『한 국지방자치연구』 제14권 1호, 2012, 49~75쪽.

박은희, 「공직사회 유연근무제 도입의 문제점과 과제」, 민주노총 여성위원회 · 민주노 동당 여성위원회 · 진보신당 여성위원회 · 민주노동당 곽정숙 의원실 주최 토 론회 〈이명박 정부 여성 고용 정책 진단 및 대안 모색〉, 2010.

박은희 외, 『공직사회 유연근무제 도입 대응 방안 연구』, 전국공무원노동조합, 2010.

박정희, 「대통령 각하 치하 : 제13회 근로자의 날을 맞아」, 『산업과 노동』 제5권 1호, 1971.

박찬일, 「60년대 한국의 공업화와 실질 임금 수준」, 김윤환 외, 『한국 노동 문제의 인 식』, 동녘, 1983.

박태주, 「현대자동차 주간 연속 2교대제, 어디까지 왔나」, 『노동리뷰』 제77호, 2011, 63~74쪽.

─────, 「현대자동차 주간 연속 2교대제의 합의 내용과 평가」, 『노동리뷰』 제92호, 2012, 66~78쪽.

박현채, 「노동 문제를 보는 시각」, 박현채 외, 『한국 자본주의와 노동 문제』, 돌베개, 1985.

박혜경, 「신자유주의적 주부 주체의 담론적 구성과 한국 중산층 가족의 성격 : 미디어 담론분석 및 면접 조사를 바탕으로」, 이화여자대학교 대학원 박사학위논문(미 간행), 2008.

─────, 「경제 위기시 가족주의 담론의 재구성과 성평등 담론의 한계」, 『한국여성학』 제 27권 3호, 2011, 71~106쪽.

배규식, 「시간제 근로의 촉진 : 정규직 시간제 근로를 중심으로」, 『노동리뷰』 제68호, 2010, 17~32쪽.

─────, 「공공부문에서 정규직 시간제 일자리의 모델을 만들자」, 『노동리뷰』 제72호, 2011, 7~14쪽.

─────, 「한국 장시간 노동 체제의 지속 요인」, 『경제와 사회』 제95호, 2012, 128~162 쪽.

유연근무제와 페미니즘

배규식 · 김명중, 『외국의 시간제 노동 사례에 비추어 본 한국의 시간제 노동』, 한국노동연구원, 2011.

배규식 · 이상민 · 권현지, 『노동시간의 유연성과 개선 방안』, 한국노동연구원, 2011.

배규식 · 조성재 · 홍민기 · 김기민 · 전인 · 이영호 · 권현지 · 진숙경 · 이문범, 『장시간 노동과 노동시간 단축[Ⅰ] : 장시간 노동 실태와 과제』, 한국노동연구원, 2011.

배귀희, 「공직사회 유연근무제의 발전 방안 : 시간제근무를 중심으로」, 한국인사행정학회 주최 2010 춘계학술대회 〈정부의 인사 개혁 – 성찰과 전망〉, 2010.

배귀희 · 양건모, 「공무원 유연근무제 정착에 관한 실증적 연구 : 탄력근무, 시간제근무 및 재택근무를 중심으로」, 『한국지방자치학회보』 제23권 4호, 2011, 125~153쪽.

배성오, 「비정규 인력의 활용과 인사 관리 방안」, 『임금연구』 제15권 1호, 2007, 118~132쪽.

배은경, 「경제 위기와 젠더 관계의 재편」, 정운찬 · 조흥식 편, 『외환 위기 10년, 한국 사회 얼마나 달라졌나』, 서울대학교출판부, 2007.

배진경, 「여성 일자리, 유연이 아니라 안정이 필요하다」, 민주당 정책위원회 주최 토론회 〈유연근무제(Purple Job), 여성 일자리의 대안이 될 수 있나〉, 2010.

석정남, 「불타는 눈물」, 『대화』 12월호, 1976, 198~243쪽.

선민정, 「일 · 가정 양립을 위한 근로시간 관련 법제 연구」, 이화여자대학교 대학원 석사학위논문(미간행), 2009.

선한승, 「인적 자원 부족 · 저출산, 유연근무제가 해법」, 대한민국 정책 포털 '공감 코리아', 2010. 10. 15.

성빛나, 「퍼플 잡, 피플 잡으로 나아가길 기대한다」, 여성가족부 플러그, 2010. 6. 24.

성욱준 · 이민상, 「공공부문 스마트워크센터 사용자의 정책 수용 요인에 대한 연구」, 한국정책학회 춘계학술대회 자료, 2012, 343~367쪽.

손점순, 『8시간 노동을 위하여 : 해태제과 여성 노동자들의 투쟁 기록』, 풀빛, 1984.

송효순, 『서울로 가는 길』, 형성사, 1982.

신경아, 「한국의 수출 지향적 공업화와 여성 노동」, 서울대학교 대학원 석사학위논문(미간행), 1985.

———, 「노동시간과 여성의 노동 경험」, 『문화과학』 제20호, 1999, 68~88쪽.

———, 「일–삶의 균형(work–life balance)과 노동시간」, 『민주사회와 정책연구』 제16호,

2009, 176~211쪽.

─────, 「일-가족 양립 지원 정책의 현실화를 위한 과제」, 국회의원 김금래 · 여성가족
　　　부 주최 토론회 〈일 · 가정 양립을 위한 유연근무제 확산 방안〉, 2010.

─────, 「산업화 세대의 일 중심적 삶 : 남성 노동자의 구술 생애사 연구」, 『산업노동연
　　　구』 제17권 2호, 2011, 239~276쪽.

신광영 · 김현희, 「여성과 노동운동 : 70년대 여성 노동운동을 중심으로」, 한국 사회학
　　　회 후기 사회학 대회, 1996.

신동면 · 강정석, 「시간제 공무원 제도에 관한 연구 : 도입의 의의와 제도 설계를 중심
　　　으로」, 『행정논총』 제41권 1호, 2003, 1~22쪽.

신병현, 「사라진 노동자의 시간들」, 『문화과학』 제69호, 2012, 50~59쪽.

신인령, 「한국의 여성 노동 문제」, 박현채 외, 『한국 자본주의와 노동 문제』, 돌베개,
　　　1985.

심정민 · 박진우 · 조근태, 「과학기술인력의 성별임금격차에 관한 연구」, 『기술혁신연
　　　구』, 제22권 1호, 2014, 89~117쪽.

안미보 · 반정호, 「여성의 단시간 근로 : 그 선택과 동기」, 『노동리뷰』 제35호, 2007,
　　　27~47쪽.

안정환, 「노동시간 단축, 지속 가능한 경제 발전을 위한 필요 충분 조건 : 패러다임의
　　　전환이 필요하다」, 『노동리뷰』 제84호, 2012, 14~26쪽.

양건모, 「유연근무제도의 평가에 관한 연구 : 공무원 인식 조사를 중심으로」, 서울행정
　　　학회 동계학술대회, 2010.

양인숙, 「행정기관 시간제근무 제도의 확산 전망과 과제」, 『노동리뷰』 제72호, 2011a,
　　　15~20쪽.

─────, 「행정기관의 시간제근무 실태와 과제 : 시간제 전환 제도를 중심으로」, 고용노
　　　동부 주최 · 한국여성정책연구원 주관 2011 남녀고용평등 정책 세미나 〈유연
　　　근무제와 여성 일자리 정책 방향〉, 2011b.

─────, 「일과 가정의 양립 및 여성 일자리 창출을 위한 유연근무제 활성화 방안」, 한국
　　　여성정책연구원, 2012.

양인숙 · 문미경 · 정세정, 『기업의 유연근무제 도입 실태 및 활성화 방안』, 한국여성정
　　　책연구원, 2011.

양인숙 · 김태홍 · 김승연 · 진종순 · 조경욱 · 이창익 · 최청락, 『행정기관의 시간제근

무 시범 운영 실태 조사 및 적합 모델 발굴 연구』, 여성가족부, 2010.

어수봉, 「국가 경쟁력 강화를 위한 인적 자원 개발 전략」, 『국가 경쟁력 강화를 위한 신 인력 정책 방향』, 한국노동연구원, 1993.

오문완, 『노동 보호법의 쟁점과 과제』, 울산대학교출판부, 2007.

오사와 마리, 『회사 인간 사회의 성(性)』, 정진성·장화경 역, 나남, 1995.

요코타 노부코, 「1990년대 이후 한국 취업 체제의 변화와 노동력의 비정규직화 : 일본 과의 비교 분석을 중심으로」, 장지연·요코타 노부코 편, 『글로벌화와 아시아 여성 : 노동과 삶』, 한울, 2007.

유계숙·한지숙·오아림, 「한국과 미국의 유연근무 제도 비교 및 제도 활성화 방안에 관한 연구」, 『창조와 혁신』 제2권 2호, 2006, 105~142쪽.

유정미, 「적극적 조치 제도화 담론 분석」, 이화여자대학교 대학원 박사학위논문(미간 행), 2011.

윤명분, 「먹구름 뒤에 찬란한 햇살이」, 『노동』 9월호, 1978.

윤자영, 『시간선택제 일자리 지원사업 고용영향평가 현장점검 보고서』, 고용노동부· 한국노동연구원, 2015.

이경묵·조동성·이기영·김효선·김선미·장은미·노영주·김옥선, 『기업의 유연근 무제 도입·확산 지원 방안 연구』, 여성가족부, 2010.

이경아, 「모성과 자본주의 생산성의 경합에 관한 연구 : 한국 중산층 어머니의 자녀 교 육 지원을 중심으로」, 이화여자대학교 대학원 박사학위논문(미간행), 2009.

이상윤·박흥식, 「플렉스 타임제의 도입 : 기대 효과 및 적용 한계에 관하여」, 『한국행 정학보』 제29권 3호, 1995, 585~600쪽.

이상호, 「장시간 노동 체제와 노동 운동의 대응」, 『노동사회』 제159권, 2011, 34~41쪽.

이선영·김은숙, 『손에 손을 잡고 : 노동자 소모임 활동 사례』, 풀빛, 1985.

이수정, 「정부의 일자리 정책과 청년 여성의 일자리」, 『페미니즘 연구』 제10권 1호, 2010, 335~349쪽.

이영자, 「신자유주의 노동 시장과 여성 노동자성 : 노동의 유연화에 따른 여성 노동자 성의 변화」, 『한국여성학』 제20권 3호, 2004, 99~138쪽.

이옥지, 『한국여성노동자운동사 Ⅰ』, 한국여성노동자회협의회 기획, 한울, 2001.

이원형, 「기업 '가족 친화' 제도의 성별성과 여성주의적 대안 모색」, 이화여자대학교 대 학원 석사학위논문(미간행), 2006.

이임하, 『계집은 어떻게 여성이 되었나 : 한국 근현대사 속의 여성 이야기』, 서해문집, 2004.

이재경 · 김경희a, 「여성주의 정책 패러다임 모색과 '성 평등'」, 『한국여성학』 제23권 3호, 2012, 1~33쪽.

이재인, 「가사 노동 참여에 관한 한국 대기업 남성들의 경험과 인식 : S재벌 직장인을 중심으로」, 『한국가족자원경영학회지』 제14권 1호, 2010, 119~134쪽.

이주희, 「일과 가족의 양립은 어떻게 가능한가? : 기업의 조직 문화와 여성 관리직 모성 보호」, 『가족과 문화』 제15집 3호, 2003a, 37~61쪽.

───, 『고용차별 개선을 위한 적극적 시정 조치 도입 방안』, 한국노동연구원, 2003b.

───, 「적극적 조치와 여성 노동 : 사회 경제적 효과를 중심으로」, 『한국여성학』 제23권 3호, 2004, 139~170쪽.

───, 「이명박 정부의 여성 고용 정책」, 민주노총 여성위원회 · 민주노동당 여성위원회 · 진보신당 여성위원회 · 민주노동당 곽정숙의원실 주최 토론회 〈이명박 정부 여성 고용 정책 진단 및 대안 모색〉, 2010.

───, 「정규직 시간제 일자리 도입의 전제 조건과 정책 과제」, 『노동리뷰』 제72호, 2011, 21~26쪽.

이태호, 『불꽃이여 이 어둠을 밝혀라 : 70년대 여성 노동자의 투쟁』, 돌베개, 1984.

이현아 · 김선미 · 이승미, 「근로자들의 근무 유연성에 대한 요구 분석 : 한 가족친화 인증기업 근로자들의 사례」, 『한국가족자원경영학회지』 제15권 2호, 2011, 63~84쪽.

장지연, 「한국 노동 시장의 젠더 구조와 사회적 배제」, 장지연 · 요코타 노부코 편, 『글로벌화와 아시아 여성 : 노동과 삶』, 한울, 2007.

───, 「성 평등을 위한 노동-복지-가족 정책 연계 패러다임 : 일 · 가족 양립 정책을 중심으로」, 한국노동조합총연맹 주최 여성정책 토론회 〈일과 생활 균형 제도 활용 실태와 실효성 제고 방안〉, 2012.

장현주 · 최무현, 「참여정부의 가족 친화적 근무 제도에 대한 평가 : 재택 및 탄력근무제에 대한 공무원 인식을 중심으로」, 『한국인사행정학회보』 제8권 3호, 2009, 121~154쪽.

전기택, 「여성 임시 · 일용직화의 구조적 요인들」, 『젠더와 사회』 제4호, 2005, 123~157쪽.

전기택 · 김종숙 · 임희정 · 강민정, 『여성 단시간 근로 활성화를 위한 단시간 근로자 활용 실태 조사 연구』, 노동부, 2008.

전병유, 「네덜란드의 시간제 근로자 실태」, 『여성 고용률 제고를 위한 선진국 시간제 근로자 실태 연구』, 노사발전재단, 2010.

전순옥, 『끝나지 않은 시다의 노래 : 1970년대 한국 여성 노동 운동에 대한 새로운 자리 매김』, 한겨레신문사, 2004.

전희경, 「'젠더-나이 체제'와 여성의 나이 : 시간의 서사성을 통해 본 나이 경험의 정치적 함의에 관한 연구」, 이화여자대학교 대학원 박사학위논문(미간행), 2012.

정미숙, 「70년대 여성 노동 운동의 활성화에 관한 경험세계적 연구 : 섬유업을 중심으로」, 이화여자대학교 대학원 석사학위논문(미간행), 1993.

정부혁신지방분권위원회, 『참여 정부의 인사 개혁』, 2008.

정성미, 「여성 시간제 근로자의 현황 및 특징」, 『노동리뷰』 제69호, 2011, 73~86쪽.

정영애, 「'생산 중심적' 조직 내의 성별 관계 : 공식 부문 경력 여성을 중심으로」, 이화여자대학교 대학원 박사학위논문(미간행), 1997.

정지은, 「창조 경영과 유연근무제」, 『SERI 경영노트』 제25호, 2009, 1~10쪽.

정현백, 『노동 운동과 노동자 문화』, 한길사, 1991.

정형옥, 「'남녀 고용 평등'의 법적 실효성 고찰」, 이화여자대학교 대학원 박사학위논문(미간행), 2008.

정희정, 「네덜란드의 일과 육아의 양립 : 노동시간 유연성을 통한 삶의 균형」, 『국제노동동향』 제5권 2호, 2007, 66~73쪽.

조순경, 「산업의 재편성과 여성 노동 운동 : 한국과 대만의 비교 연구」, 『아시아문화』 제6호, 1990a, 127~154쪽.

─────, 「남녀고용평등법의 한계와 과제 : 동일노동 동일임금 조항을 중심으로」, 『한국여성학』 제6집, 1990b, 105~127쪽.

─────, 「고용과 평등의 딜레마?」, 『한국여성학』 제10집, 1994, 181~209쪽.

─────, 「민주적 시장 경제와 유교적 가부장제」, 『경제와 사회』 제38권, 1998, 169~188쪽.

─────, 「경제 위기와 고용 평등의 조건」, 조순경 편, 『노동과 페미니즘』, 이화여자대학교출판부, 2000.

─────, 「시장 노동을 넘어서 : 여성노동 연구의 유기적 접근을 위한 방법론적 시론」,

제3회 이화 여성학 포럼, 2007.

───, 『노동의 유연화와 가부장제』, 푸른사상, 2011.

조영래, 『전태일 평전』, 돌베개, 1991.

조주은, 「중간 계급 유배우 취업 여성의 압축적 시간 경험에 관한 연구」, 이화여자대학교 대학원 박사학위논문(미간행), 2009.

주은선 · 김영미, 「사회적 시간 체제의 재구축 : 노동 세계와 생활 세계의 변화를 위하여」, 『비판사회정책』 제34호, 2012, 237~289쪽.

진종순, 「공직사회 유연근무제의 발전 방향 : 민간 기업과 외국 사례를 중심으로」, 행정안전부 주최 공청회 〈공직 생산성 향상을 위한 유연근무제 활성화〉, 2010a.

───, 「공직사회 유연근무제의 발전 방안 : 시간제 근무를 중심으로」, 국회의원 김금래 · 여성가족부 주최 토론회 〈일 · 가정 양립을 위한 유연근무제 확산 방안〉, 2010b.

진종순 · 장용진, 「공직사회 유연근무제의 발전 방안에 관한 연구」, 『한국인사행정학회보』 제9권 3호, 2010, 29~55쪽.

채창균, 「'회사 인간' 만들어내는 일본식 경영」, 『월간 길을 찾는 사람들』 제92권 5호, 1992, 160~163쪽.

최성애, 「노동조합과 성의 정치학」, 조순경 편, 『노동과 페미니즘』, 이화여자대학교출판부, 2000.

최숙희, 「퍼플잡 추진을 위한 과제」, 『젠더리뷰』 제16호, 2010, 32~38쪽.

태완선, 「치하 : 제15회 근로자의 날」, 『산업과 노동』 제7권 1호, 1973.

하갑래, 「근로시간 제도의 변천과 발전 방향」, 『임금연구』 제18권 2호, 2010, 40~55쪽.

하세정, 「영국 유연근로 제도의 현황」, 『국제노동브리프』 제4권 9호, 2006, 76~82쪽.

한국노동조합총연맹, 「실 근로시간 단축 위원회 논의에 대한 한국노총 입장」, 2013. 4. 4, 논평.

한국여성민우회, 「여성부가 제안한 단시간 근로 '퍼플 잡'은 여성 노동자를 위한 대책이 될 수 없습니다」, 2010. 1. 6, 성명 논평.

한국은행, 『경제통계연보』, 1972.

───, 『경제통계연보』, 1981.

한인수 · 양인숙, 「텔레워크를 통한 여성 인력 활성화 방안에 관한 연구」, 『경영논집』 제14권 2호, 1998, 169~190쪽.

한지영, 「일 가정 양립 제도의 성 주류화 실현을 위한 노동 관계법의 입법 과제」, 이화
여자대학교 대학원 박사학위논문(미간행), 2010.

허라금, 「성 주류화 정책 패러다임의 모색 : '발전'에서 '보살핌'으로」, 『한국여성학』 제21
권 1호, 2005, 199~231쪽.

─────, 「여성주의 성평등 개념을 통해 본 성 주류화」, 『여성학논집』 제25집 2호, 2008,
45~79쪽.

형성사 편집부 편, 『노동시간의 역사 : 8시간 노동제의 실현』, 형성사, 1984.

홍승아, 「유연근무제의 도입과 발전 과제」, 『젠더리뷰』 제16호, 2010, 31~40쪽.

홍승아 · 류연규 · 김수정 · 정희정 · 이진숙 외, 『일 가족 양립 정책의 국가별 심층 사
례 연구』, 한국여성정책연구원, 2008.

홍승아 · 이미화 · 김동기, 『유연근무제와 가족생활의 변화』, 한국여성정책연구원,
2011.

홍영표, 「새마을 현장에서 온 농민의 소리 : 농촌은 이대로 좋은가」, 『대화』 8월호, 1977,
106~117쪽.

황광훈, 「청년 취업자의 성별임금격차 분석」, 『고용이슈』, 제10권 1호, 2017, 22~38쪽.

황수경, 『여성의 직업 선택과 고용 구조』, 한국노동연구원, 2003.

─────, 「여성 노동 시장의 변화와 유연근무제 정책 과제」, 고용노동부 주최 · 한국여
성정책연구원 주관 2011 남녀고용평등 정책 세미나 〈유연근무제와 여성 일자
리 정책 방향〉, 2011.

황수경 · 김훈 · 김인선 · 성지미 · 유계숙, 『파트타임 등 일 · 가정 양립형 일자리 확대
를 위한 정책 대안 연구』, 노동부, 2008.

황정미, 「적극적 조치와 여성 : 미국과 스웨덴의 사례를 중심으로」, 『경제와 사회』 제55
권, 2002, 119~141쪽.

2. 국외 문헌

Adam, Barbara, 『타임 워치 : 시간의 사회적 분석』, 박형신 · 정수남 역, 일신사, 2009.

Ahola, Kirsi, Ari Väänänen, Aki Koskinena, Anne Kouvonen and Arie Shirom, "Burnout
as a Predictor of All-Cause Mortality among Industrial Employees: A 10-Year
Prospective Register-Linkage Study", *Journal of Psychosomatic Research* 69, 2010,

pp.51~57.

Bailyn, Lotte, *Breaking the Mold: Redesigning Work for Productive and Satisfying Lives*, Ithaca, N.Y.: ILR Press, 2006.

Berg, Peter, Eileen Appelbaum, Tom Bailey and Arne L. Kalleberg, "Contesting Time: International Comparisons of Employee Control of Working Time", *Industrial and Labor Relations Review* 57(3), 2004, pp.331~349.

Blair-Loy, Mary and Amy S. Wharton, "Employees' Use of Work-Family Policies and the Workplace Social Context", *Social Forces* 80(3), 2002, pp.813~845.

Blyton, Paul, John Hassard, Stephen Hill and Kenneth Starkey, *Time, Work, and Organization*, London: Routledge, 1989.

Broadbent, Kaye, *Women's Employment in Japan: the Experience of Part-Time Workers*, New York: RoutledgeCurzon, 2003.

Ciulla, Joanne B, 『일의 발견』, 안재진 역, 다우, 2005.

Collins, Hugh, "Is There a Third Way in Labour Law?", in Joanne Conaghan, Richard M. Fischl and Karl Klare(eds.), *Labour Law in an Era of Globalization: Transformative Practices and Possibilities*, Oxford; New York: Oxford University Press, 2004.

Crompton, Rosemary and Clare Lyonette, "The Gender Essentialism: Domestic and Family 'Choice'and their Relation to Attitude", *British Journal of Sociology* 56(4), 2005, pp.601~620.

Dalton, Dan R. and Debra J. Mesch, "The Impact of Flexible Scheduling on Employee Attendance and Turnover", *Administrative Science Quarterly* 35(2), 1990, pp.370~387.

Dörre, Klaus, "Capitalism, Landnahme and Social Time Régimes: An Outline", *Time & Society* 20(1), 2011, pp.69~93.

Dooley, Barbara, "At Work Away From Work", *The Psychologist* 9(4), 1996, pp.155~158.

Duncan, Simon and Fiona Williams, "Introduction", *Critical Social Policy* 22(1), 2002, pp.5~11.

Eaton, Susan C., "If You Can Use Them: Flexibility Policies, Organizational Commitment, and Perceived Performance", *Industrial Relations* 42(2), 2003, pp.145~167.

Edwards, Linda N. and Elizabeth Field-Hendrey, "Home-Based Work and Women's La-

유연근무제와 페미니즘

bor Force Decisions", *Journal of Labor Economics* 20(1), 2002, pp.170~200.

EFILWC, *Working Time and Work-Life Balance in European Companies*, Dublin: European Foundation, 2006.

Elias, Norbert, *Time: an Essay*, Oxford: Blackwell, 1992.

Epstein, Cynthia F., Carroll Seron Bonnie Oglensky, and Robert Sauté, *The Part-Time Paradox: Time Norms, Professional Lives, Family, and Gender*, New York: Routledge, 1999.

Epstein, Cynthia F. and Arne L. Kalleberg, "Time and the Sociology of Work", *Work and Occupations* 28(1), 2001, pp.5~16.

Erickson, Karla and Jennifer L. Pierce, "Farewell to the Organization Man: The Feminization of Loyalty in High−End and Low−End Service Jobs", *Ethnography* 6(3), 2005, pp.283~313.

Estes, Sarah B, "Work−Family Arrangements and Parenting: Are 'Family−Friendly' Arrangements Related to Mothers' Involvement in Children's Lives?", *Sociological Perspectives* 48(3), 2005, pp.293~371.

Eurostat, *Reconciliation between Work, Private and Family Life in the European Union*, 2009.

Facer, Rex L. and Lori Wadsworth, "Alternative Work Schedules and Work−Family Balance", *Review of Public Personnel Administration* 28(2), 2008, pp.166~177.

Felstead, Alan, Nick Jewson and Sally Walters, "Managerial Control of Employees Working at Home", *British Journal of Industrial Relations* 41(2), 2003, pp.241~264.

Folbre, Nancy, "Valuing Care: A Feminist Critique of Global Capitalism", draft notes for presentation at Invited Session, Women's Worlds 2005 International Conference, Seoul Korea, June 20−24th, 2005

Freeman, Richard B., "War of the Models: Which Labour Market Institutions for the 21st Century?", *Labour Economics* 5(1), 1998, pp.1~24.

Fudge, Judy, "Working−Time Regimes, Flexibility, and Work−Life Balance: Gender Equality and Families", in Catherine Krull and Justyna Sempruch(eds.), *A Life in Balance?: Reopening the Family-Work Debate*, University of British Columbia Press, 2011.

Gerson, Kathleen, *The Unfinished Revolution: How a New Generation is Reshaping Family, Work, and Gender in America*, Oxford; New York: Oxford University Press, 2010.

Gini, Al, 『일이란 무엇인가』, 공보경 역, 들녘, 2007.

Golembiewski, Robert T. and Carl W. Proehl, Jr., "A Survey of the Empirical Literature on Flexible Workhours: Character and Consequences of a Major Innovation", *Academy of Management Review* 3(4), 1978, pp.837~853.

Golembiewski, Robert T., Samuel Yeager and Rick Hilles, "Factor Analysis of Some Flexitime Effects: Attitudinal and Behavioral Consequences of a Structural Intervention", *Academy Management Journal* 18(3), 1975, pp.500~509.

Gornick, Janet C. and Alexandra Heron, "The Regulation of Working Time as Work-Family Reconciliation Policy: Comparing Europe, Japan, and the United States", *Journal of Comparative Policy Analysis* 8(2), 2006, pp.149~166.

Gomez-Mejia, Luis R. et al., "Implementation and Evaluation of Flexible Work Hours: a Case Study", *Personnel Administrator* 23(1), 1978, pp.39~41.

Gornick, Janet C. and Marcia K. Meyers, *Gender Equality: Transforming Family Divisions of Labor*, London; New York: Verso, 2009.

Grandey, Alicia A., "Family Friendly Policies: Organizational Justice Perceptions of Need-Based Allocations", in Russell Cropanzano(ed.), *Justice in the Workplace: from Theory to Practice*(Volume 2), Mahwah, N.J.: Lawrence Erlbaum Associates, 2001, pp.192~208.

Greenberg, Danna and Elaine M. Landry, "Negotiating a Flexible Work Arrangement: How Women Navigate the Influence of Power and Organizational Context", *Journal of Organizational Behavior* 32, 2011, pp.1163~1188.

Greenhaus, Jeffrey H. and Gary N. Powell, "When Work and Family are Allies: a Theory of Work-Family Enrichment", *Academy of Management Review* 31, 2006, pp.72~92.

Haddon, Leslie and Roger Silverstone, *Teleworking in the 1990s: a View from the Home*, Brighton and Hove: University of Sussex, 1993.

Hakim, Catherine, "Five Feminist Myths about Women's Employment", *British Journal of*

Sociology 46, 1995, pp.429~455.

────, "The Sexual Division of Labour and Women's Heterogeneity", British Journal of Sociology 47(1), 1996a, pp.178~188.

────, Key Issues in Women's Work: Female Heterogeneity and the Polarisation of Women's Employment, London: Athlone Press, 1996b.

────, Work-Lifestyle Choices in the 21st Century: Preference Theory, Oxford University Press, 2000.

Halpern, Diane F. and Susan E. Murphy, "From Balance to Interaction: Why the Metaphor is Important", in Diane F. Halpern and Susan E. Murphy(eds.), From Work-Family Balance to Work-Family Interaction: Changing the Metaphor, Mahwah, NJ: Lawrence Erlbaum, 2005.

Hayman, Jeremy R., "Flexible Work Arrangements: Exploring the Linkages between Perceived Usability of Flexible Work Schedules and Work/Life Balance", Community, Work & Family 12(3), 2009, pp.327~338.

Heide, Holger, 『노동사회에서 벗어나기』, 강수돌 외 역, 박종철출판사, 2000.

Held, Virginia, "Care as Practice and Value", The Ethics of Care: Personal, Political, and Global, Oxford; New York: Oxford University Press, 2006.

Hildebrandt, Eckart, "Balance between Work and Life: New Corporate Impositions through Flexible Working Time or Opportunity for Time Sovereignty?", European Societies 8(2), 2006, pp.251~271.

Hill, E. Jeffrey, Joseph G. Grzywacz, Sarah Allen, Victoria L. Blanchard, Christina Matz-Costa, Sandee Shulkin and Marcie Pitt-Catsouphes, "Defining and Conceptualizing Workplace Flexibility", Community, Work & Family 11(2), 2008, pp.149~163.

Hochschild, Arlie Russel, 『돈 잘 버는 여자, 밥 잘 하는 남자』, 백영미 역, 아침이슬, 2001.

────, The Time Bind: When Work Becomes Homes and Homes Becomes Work, New York: Henry Holt and Company, 1997.

────, Commercialization of Intimate Life: Notes from Home and Work, Berkeley: University of California Press, 2003.

――――, "On the Edge of the Time Bind: Time and Market Culture", *Social Research* 72(2), 2005, pp.339~354.

Hogarth, Terence, Chris Hasluck and Gaelle Pierre, *Work-Life Balance 2000: Summary report*, Warwick: Institute for Employment Research, 2000.

Iwasaki, Kenji, Masaya Takahashi and Akinori Nakata, "Health Problems Due to Long Working Hours in Japan: Working Hours, Workers' Compensation(Karoshi), and Preventive Measures", *Industrial Health* 44, 2006, pp.537~540.

Jacobs, Jerry A. and Kathleen Gerson, 『시간을 묻다: 노동사회와 젠더』, 국미애·김창연·나성은 역, 한울, 2010.

Jurczyk, Karin, "Time in Women's Everyday Lives: Between Self-Determination and Conflicting Demands", *Time & Society* 7(2), 1998, pp.283~308.

Kelliher, Clare and Deirdre Anderson, "For Better or For Worse? An Analysis of How Flexible Working Practices Influence Employees' Perceptions of Job Quality", *The International Journal of Human Resource Management* 19(3), 2008, pp.419~431.

Klinth, Roger, "The Best of Both Worlds? Fatherhood and Gender Equality in Swedish Paternity Leave Campaigns, 1976-2006", *Fathering* 6(1), 2008, pp.20~38.

Lasswell, Harold D., "The Emerging Conception of the Policy Sciences", *Policy Sciences* 1(1), 1970, pp.3~14.

Lewis, Jane, "Gender and the Development of Welfare Regime", *Journal of European Social Policy* 2(3), 1992, pp.159~173.

――――, "Work/Family Reconciliation, Equal Opportunities and Social Policies: the Interpretation of Policy Trajectories at the EU Level and the Meaning of Gender Equality", *Journal of European Public Policy* 13(3), 2006, pp.420~437.

Lewis, Jane and Mary Campbell, "UK Work/Family Balance Policies and Gender Equality, 1997~2005", *Social Politics: International Studies in Gender, State & Society* 14(1), 2007, pp.4~30.

McKee, Lorna, Natasha Mauthner and Catherine Maclean, "'Family Friendly' Policies and Practices in the Oil and Gas Industry: Employers' Perspectives", *Work, Employment & Society* 14(3), 2000, pp.557~571.

McNall, Laurel A., Aline D. Masuda and Jessica M. Nicklin, "Flexible Work Arrangements, Job Satisfaction, and Turnover Intentions: The Mediating Role of Work-to-Family Enrichment", *Journal of Psychology* 144(1), 2010, pp.61~81.

Moen, Phyllis, "From 'Work-Family' to the 'Gendered Life Course'and 'Fit': Five Challenges to the Field", *Community, Work & Family* 14(1), 2011, pp.81~96.

Mohanty, Chandra T., "Women Workers and Capitalist Scripts: Ideologies of Domination, Common Interests, and the Politics of Solidarity", in M. Jacqui Alexander and Chandra Talpade Mohanty(eds.), *Feminist Genealogies, Colonial Legacies, Democratic Futures*, New York: Routledge, 1997.

Motiejunaite, Akvile and Zhanna Kravchenko, "Family Policy, Employment and Gender-Role Attitudes: a Comparative Analysis of Russia and Sweden", *Journal of European Social Policy* 18(1), 2008, pp.38~49.

OECD, *OECD Employment Outlook 2012*, Paris: OECD, 2012.

OECD, "Employment: Time spent in paid and unpaid work, by Sex", https://stats.oecd.org/index.aspx?queryid=54757, 2018.

Orpen, Christopher, "Effect of Flexible Working Hours on Employee Satisfaction and Performance: A Field Experiment", *Journal of Applied Psychology* 66(1), 1981, pp.113~115.

Osterman, Paul, "How Common Is Workplace Transformation and Who Adopts It?", *Industrial and Labor Relations Review* 47(2), 1994, pp.173~187.

————, "Work Reorganization in an Era of Restructuring: Trends in Diffusion and Effects on Employee Welfare", *Industrial and Labor Relations Review* 53(2), 2000, pp.176~196.

Papalexandris, Nancy and Robin Kramar, "Flexible Working Patterns: Towards Reconciliation of Family and Work", *Employee Relations* 19(6), 1997, pp.581~595.

Parboteeah, K. Praveen and John B. Cullen, "Social Institutions and Work Centrality: Exploration beyond National Culture", *Organization Science* 14(2), 2003, pp.137~148.

Perlow, Leslie A., *Finding Time: How Corporations, Individuals, and Families Can Benefit from New Work Practices*, Ithaca, NY: ILR Press, 1997.

Plantenga, Janneke, Joop Schippers and Jacques Siegers, "Toward an Equal Division of Paid and Unpaid Work: the Case of the Netherlands", *Journal of European Social Policy* 9(2), 1999, pp.99~110.

Poelmans, Steven and Khatera Sahibzada, "A Multi-Level Model for Studying the Context and Impact of Work-Family Policies and Culture in Organizations", *Human Resource Management Review* 14(4), 2004, pp.409~431.

Possenriede, Daniel and Janneke Plantenga, "Access to Flexible Work Arrangements, Working-Time Fit and Job Satisfaction", *Utrecht School of Economics Tjalling C. Koopmans Research Institute Discussion Paper Series* 11-22, 2011, pp.1~24.

Presser, Harriet B., "Embracing Complexity: Work Schedules and Family Life in a 24/7 Economy", in Suzanne M. Bianchi, Lynne M. Casper and Rosalind B. King(Eds), *Work, Family, Health and Well-being*, Mahwah, NJ: Lawrence Erlbaum, 2005.

Pujol, Michèle, "Into the Margin!", in Edith Kuiper and Jolande Sap(eds.), *Out of the Margin: Feminist Perspectives on Economics*, London; New York: Routledge, 1995.

Raghuram, Sumita and Batia Wiesenfeld, "Work-Nonwork Conflict and Job Stress among Virtual Workers", *Human Resource Management* 43(2-3), 2004, pp.259~277.

Rainey Jr., Glenn W. and Lawrence Wolf, "The Organizationally Dysfunctional Consequences of Flexible Work Hours: A General Overview", *Public Personnel Management* 11(2), 1982, pp.165~175.

Reilly, Peter A., *Flexibility at Work: Balancing the Interests of Employer and Employee*, Gower, 2001.

Reinharz, Schulamit, *Feminist Methods in Social Research*, New York: Oxford University Press, 1992.

Ritter, Joseph A. and Richard Anker, "Good Jobs, Bad Jobs: Workers' Evaluations in Five Countries", *International Labour Review* 141(4), 2002, pp.331~358.

Rose, Gillian, 『페미니즘과 지리학: 지리학적 지식의 한계』, 정현주 역, 한길사, 2011.

Rubin, Richard S., "Flextime: Its Implementation in the Public Sector", *Public Administrative Review* 39(3), 1979, pp.277~282.

Rubery, Jill, Mark Smith and Colette Fagan, "National Working-Time Regimes and Equal Opportunities", *Feminist Economics* 4(1), 1998, pp.71~101.

Rubery, Jill and Damian Grimshaw, "The State, the Family and Gender: From Domestic

Work to Wage Employment", *The Organization of Employment: An International Perspective*, London: Palgrave Macmillan, 2003.

Rutherford, Sarah, "'Are You Going Home Already?': The Long Hours Culture, Women Managers, and Patriarchal Closure", *Time & Society* 10(2−3), 2001, pp.259~276.

Sainsbury, Diane, *Gender and Welfare State Regimes*, New York: Oxford University Press, 1999.

Schein, Virginia E., Elizabeth H. Maurer and Jan F. Novak, "Impact of Flexible Working Hours on Productivity", *Journal of Applied Psychology* 62(4), 1977, pp.463~465.

Schwartz, Felice N., 『회사와 개인 생활의 조화』, 이상욱 역, 북21, 2002.

Scott, Joan W., "Gender: A Useful Category of Historical Analysis", *Gender and the Politics of History*, New York: Columbia University Press, 1998.

──, 「젠더와 정치에 대한 몇 가지 성찰」, 배은경 역, 『여성과 사회』 제13호, 한국여성연구소, 2001, 210~249쪽.

Shockley, Kristen M. and Tammy D. Allen, "Investigating the Missing Link in Flexible Work Arrangement Utilization: An Individual Difference Perspective", *Journal of Vocational Behavior* 76(1), 2010, pp.131~142.

Sirianni, Carmen and Cynthia Negrey, "Working Time as Gendered Time", *Feminist Economics* 6(1), 2000, pp.56~76.

Smithson, Janet and Elizabeth H. Stokoe, "Discourses of Work−Life Balances: Negotiating 'Genderblind' Terms in Organization", *Gender, Work and Organisation* 12(2), 2005, pp.147~168.

Sokejima, Shigeru and Sadanobu Kagamimori, "Working Hours as a Risk Factor for Acute Myocardial Infarction in Japan: Case−Control Study", *BMJ* 317, 1998, pp.775~780.

Steers, Richard M. and Susan R. Rhodes, "Major Influences on Employee Attendance: A Process Model", *Journal of Applied Psychology* 63(4), 1978, pp.391~407.

Stier, Haya and Noah Lewin−Epstein, "Women's Part−Time Employment and Gender Inequality in the Family", *Journal of Family Issues* 21(3), 2000, pp.390~410.

Sullivan, Cath and Suzan Lewis, "Home−Based Telework, Gender and the Synchronization of Work and Family: Perspectives of Teleworkers and their Co-residents", *Gender, Work and Organization* 8(2), 2001, pp.123~145.

Swanberg, Jennifer E., Marcie Pitt-Catsouphes and Krista Drescher-Burke, "A Question of Justice: Disparities in Employees' Access to Flexible Schedule Arrangements", *Journal of Family Issues* 16(6), 2005, pp.866~895.

Swart, J. Carroll, "Clerical Workers on Flexitime: A Survey of Three Industries", *Personnel* 62, 1985, pp.42~44.

Therborn, Göran, *Between Sex and Power: Family in the World, 1900-2000*, London: Routledge, 2004.

Thompson, Edward P., "Time, Work-Discipline, and Industrial Capitalism", 이성일 역, 『학회평론』 제8호, 1994.

Valk, Reimara and Vasanthi Srinivasan, "Work-Family Balance of Indian Women Software Professionals: A Qualitative Study", *Management Review* 23, 2011, pp.39~50.

Vandeweyer, Jessie and Ignace Glorieux, "Men Taking Up Career Leave: an Opportunity for a Better Work and Family Life Balance?", *Journal of Social Policy* 37(3), 2008, pp.271~294.

Visser, Jelle, "The First Part-Time Economy in the World: a Model to be Followed?", *Journal of European Social Policy* 12(1), 2002, pp.23~42.

Visser, Jelle and Anton Hemerijck, 『네덜란드의 기적 : 일자리 창출, 복지 개혁, 노사 관계와 조합주의』, 최남호 · 최연우 역, 따님, 2003.

Warner, Judith, 『엄마는 미친 짓이다』, 임경현 역, 프리즘하우스, 2005.

Wetzels, Cecile, "First Time Parents' Paid Work Patterns in Amsterdam: Father's Part-Time Work, Family's Immigrant Background and Mother's Work for Pay When the Infants Is Very Young", *IZA Discussion Paper* No.2853, 2007, 1~37쪽.

Williams, Christine L., "Gendered Job and Gendered Workers", in Paula J. Dubeck and Dana Dunn(eds.), *Workplace/Women's Place: an Anthology*, Los Angeles, California: Roxbury, 2002.

Williams, Joan C., *Unbending Gender: Why Family and Work Conflict and What to Do about It*, Oxford; New York: Oxford University Press, 2000.

———, *Reshaping the Work-Family Debate: Why Men and Class Matter*, Cambridge,

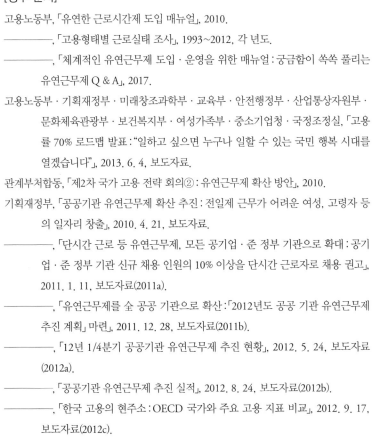

Mass.: Harvard University Press, 2010.

Workplace Flexibility, *Flexible Work Arrangements: A Definition and Examples*, George-town University Law Center, 2010.

Zeytinoglu, Isik U., Gordon B. Cooke and Sara L. Mann, "Flexibility: Whose Choice Is It Anyway?", *Industrial Relations* 64(4), 2009, pp.555~573.

3. 기타자료

[정부 문서]

고용노동부, 「유연한 근로시간제 도입 매뉴얼」, 2010.

──────, 「고용형태별 근로실태 조사」, 1993~2012, 각 년도.

──────, 「체계적인 유연근무제 도입 · 운영을 위한 매뉴얼 : 궁금함이 쏙쏙 풀리는 유연근무제 Q & A」, 2017.

고용노동부 · 기획재정부 · 미래창조과학부 · 교육부 · 안전행정부 · 산업통상자원부 · 문화체육관광부 · 보건복지부 · 여성가족부 · 중소기업청 · 국정조정실, 「고용률 70% 로드맵 발표: "일하고 싶으면 누구나 일할 수 있는 국민 행복 시대를 열겠습니다"」, 2013. 6. 4, 보도자료.

관계부처합동, 「제2차 국가 고용 전략 회의② : 유연근무제 확산 방안」, 2010.

기획재정부, 「공공기관 유연근무제 확산 추진 : 전일제 근무가 어려운 여성, 고령자 등의 일자리 창출」, 2010. 4. 21, 보도자료.

──────, 「단시간 근로 등 유연근무제, 모든 공기업 · 준 정부 기관으로 확대 : 공기업 · 준 정부 기관 신규 채용 인원의 10% 이상을 단시간 근로자로 채용 권고」, 2011. 1. 11, 보도자료(2011a).

──────, 「유연근무제를 全 공공 기관으로 확산 : 「2012년도 공공 기관 유연근무제 추진 계획」 마련」, 2011. 12. 28, 보도자료(2011b).

──────, 「12년 1/4분기 공공기관 유연근무제 추진 현황」, 2012. 5. 24, 보도자료(2012a).

──────, 「공공기관 유연근무제 추진 실적」, 2012. 8. 24, 보도자료(2012b).

──────, 「한국 고용의 현주소 : OECD 국가와 주요 고용 지표 비교」, 2012. 9. 17, 보도자료(2012c).

노동부, 「제4차 남녀 고용 평등과 일·가정 양립 기본 계획 2008~2012」, 2008.

———, 「매월 노동 통계 조사 보고서」, 1981~1992, 각 년도.

노동청, 「근로자 임금 실태 조사 보고서」, 1971.

———, 「근로 여성 자료 : 제1권 근로 여성의 현황」, 1972.

———, 「여성 근로자 실태조사 보고서」, 1973.

———, 「매월 노동 통계 조사 보고서」, 1974~1980, 각 년도.

대통령실, 「여성의 경제활동 돕는 사회 환경을 만들겠습니다」, 『청와대 정책소식』 제34
호, 2009. 12. 7.

여성가족부, 「가족 친화 제도 도입, 겨우 '걸음마' 수준 : 여성가족부, 「가족 친화 지수」
개발, 705개 기관·기업 등 평가」, 2006. 12. 27, 보도자료.

———, 「시간제 공무원 제도 여성가족부 등 20개 기관에서 시범 실시 : 여성가족
부와 총리실·행안부는 부산, 경기도 등 20개 기관과 「시간제 근무 시범 실시」
업무 협약(MOU) 체결」, 2010. 3. 22, 보도자료(2010a).

———, 「사회 각 부문에서 유연근무제 활성화되어야 : 16일, 공공 및 민간 대상
'유연근무제 확산 설명회' 개최」, 2010. 6. 14, 보도자료(2010b).

여성부, 「여성부와 KT, 여성 친화 기업 문화 확산 협약 체결」, 2009. 11. 10, 보도자료
(2009a).

———, 「중소기업 CEO와 함께 여성 인력 활용의 필요성에 대해 논하다 : 여성부, 중소
기업 CEO 초청 포럼 개최」, 2009. 11. 11, 보도자료(2009b).

———, 「여성의 시각으로 도시 미래의 가능성을 디자인한다 : 여성부, 「여성 친화 도
시」 조성·확산을 위한 워크숍 개최」, 2009. 12. 17, 보도자료(2009c).

통계청, 「2012년 유연근무제 활용 현황 집계 자료」, 2012. 8. 30, 보도자료.

———, 「2016년 혼인·이혼 통계」, 2017. 3. 22, 보도자료(2017a).

———, 「2016 인구주택총조사 전수집계 결과」, 2017. 8. 30, 보도자료(2017b).

———, 「경제활동인구조사 근로형태별 부가조사표」, 2017. 8(2017c).

———, 「2017년 8월 경제활동인구조사 근로형태별 부가조사 결과」, 2017. 11.
3(2017d).

통계청·여성가족부, 「2017 통계로 보는 여성의 삶」, 2017. 6. 27, 보도자료.

행정안전부, 「유연근무제 운영 지침」, 2010. 7(2010a).

———, 「정부, 유연근무제 본격 도입, 적극 추진키로 : 재택근무 등 5개 분야 9개

유형 도입 활성화 추진」, 2010. 2. 16, 보도자료(2010b).

─────, 「유연근무제로 공직 생산성 높이고 대국민 서비스도 향상 : 유연근무제는 정부 경쟁력을 높이기 위한 전략」, 2010. 3. 23, 보도자료(2010c).

─────, 「유연근무제 실시 후 이렇게 달라졌다! : 직원들 근무 만족도 대폭 높아져」, 2010. 7. 13, 보도자료(2010d).

─────, 「공직사회 유연근무제, 전 중앙 · 지방 본격 실시 : 행안부, 「유연근무제 운영 지침」 전달」, 2010. 7. 26, 보도자료(2010e).

─────, 「일하는 방식 선진화를 위한 스마트워크 추진 계획(안)」, 2010. 7(2010f).

─────, 「공직 내 맞춤형 시간제 근무 운영, 첫걸음을 내딛다 : 총리실 · 행안부 · 여성부 · 부산시 등 전국 20개 기관『시간제 근무 시범 실시』 업무 협약(MOU) 체결」, 2010. 3. 23, 보도자료(2010g).

─────, 「유연근무제」 활성화 기본 계획(안)」, 행정안전부 주최 공청회 〈공직 생산성 향상을 위한 유연근무제 활성화〉(2010h).

─────, 「유연근무제 운영 실태 분석(2010년)」, 2011. 6(2011a).

─────, 「일과 가정의 양립을 위한 유연근무제 근거 규정 마련 : '유연근무제'를 「국가공무원복무규정」에 명문화」, 2011. 7. 4, 보도자료(2011b).

─────, 「조직 생산성 향상 및 공무원 사기 앙양을 위한 유연근무제 운영 지침」, 2011. 6(2011c).

─────, 「유연근무제 이용 현황(2011년)」, 2012. 7(2012a).

─────, 「스마트 워크 활성화를 위한 관계관 회의 개최」, 2012. 9. 3, 보도자료(2012b).

─────, 「2012 행정안전 통계연보」(2012c).

─────, 「중앙행정기관 유연근무제 이용 현황(2012년)」, 2013. 3(2013a).

─────, 「지방자치단체 유연근무제 이용 현황(2012년)」, 2013. 3(2013b).

[기사]

경향신문, 「울산공무원노조, 사회복지직 노동 조건 개선 요구」, 2013. 3. 21.

경향신문, 「아버지들, 학교에 가다」, 2013. 4 2.

공무원저널, 「현직의 삶, '꿀'일까 '술'일까 : 과로 · 감정노동 "공직이라고 예외는 아니죠"」, 2018. 6. 1.

내일신문, 「'꼴찌 아빠' 탈출법」, 2015. 11. 5.

노컷뉴스, 「스펙 필요없다! 누가 그래 : 기업 '열정과 끼' 등 채용 기준 다양화… 서류 전형엔 여전히 중요?」, 2013. 3. 7.

뉴시스, 「백희영 장관 "여성 탄력 근무 '퍼플 컬러' 직종 확산"」, 2009. 10. 14.

뉴시스, 「100大기업 여성 임원, 100명 벽 넘었다 : 사무실 휘감는 여성 파워」, 2013. 2. 20.

뉴시스, 「KAI, 워라밸 확 높인다… 휴가 활성화, 유연근무 정착」, 2018. 5. 4.

대전일보, 「논산건강가정 · 다문화가족지원센터, 찾아가는 아버지 교실 등 운영」, 2018. 5. 24.

동아일보, 「유한킴벌리… 지속 가능 경영의 새로운 길, 가족 친화와 스마트워크」, 2012. 10. 25.

동아일보, 「현대 · 기아차 인재 철학은 가능성 지닌 열정」, 2013. 2. 13.

동아일보, 「기업 81% 유연근무제 실시 안 해… "협업 어렵고, 업무 많아 여력 없다"」, 2017. 11. 27.

매경이코노미, 「가족 친화 기업이 는다… '家和萬事成 기업' 경쟁력도 높다」, 2012. 2. 6.

매일경제, 「호반건설, 임직원 '워라밸' 위한 유연근무제 시행」, 2018. 5. 18.

매일경제, 「氣UP'하면 '기업'도 산다… 직원 기 살려주는 회사들」, 2018. 5. 30.

문화일보, 「워라밸 확산 위해 손잡은 정부와 재계」, 2018. 5. 24.

문화일보, 「단축근로 · 조기퇴근… 가족친화기업 생산성 19% 높았다」, 2016. 5. 18.

서울경제, 「경력단절여성 고용시장 유인… 양질의 파트타임 늘린다」, 2013. 6. 4.

서울신문, 「지방공무원도 '유연근무제' 꺼린다」, 2011. 9. 15.

서울신문, 「죽도록 일하다간 진짜 일찍 죽어요」, 2013. 6. 7.

서울신문, 「100대 기업 여성 임원 2.3%에 그쳐」, 2016. 7. 28.

세계일보, 「양질의 일자리? 또 다른 비정규직?」, 2013. 6. 4.

세계일보, 「"아는 만큼 행복 커져요" 가족 사랑도 과외 시대」, 2014. 1. 18.

세계일보, 「전 계열사 유연근무제 · 모성보호책 권장 '가족친화경영'」, 2017. 1. 24.

아시아경제, 「계륵 신세 된 '점오(.5) 공무원'… 시간선택제의 비애」, 2017. 5. 12.

여성신문, 「"유연근무제 성공해야 경력 단절 없어지죠"」, 2011. 1. 7.

연합뉴스, 「격무 복지 전담 공무원 자살 올 들어 벌써 3명」, 2013. 3. 21.

연합뉴스, 「죽도록 일하다간 정말 죽는다」, 2013. 6. 6.

연합뉴스, 「대전시에 부는 워라밸… 유연근무 · 남성 육아휴직 참여↑」, 2018. 4. 8.

이투데이, 「고용률 70% 달성… '시간제 일자리' 목매는 정부」, 2013. 6. 4.

이코노믹리뷰, 「진화하는 홈퍼니(Home+Company) 가족 친화 경영이 생산성을 높인
　　다」, 2010. 2. 1.

전북일보, 「[두란노 전주 아버지 학교] 행복한 가정 만들기, 아버지들 나섰다」, 2013. 3.
　　21.

중앙일보, 「"왜 젊은 친구가 여기 왔어?"… 설움 받는 시간선택제 공무원」, 2018. 3. 21.

중앙일보, 「공무원 유연근무제 참여율 뚝, 왜」, 2018. 5. 30.

파이낸셜뉴스, 「공무원부터 시간제 채용… 기업엔 稅 혜택 늘려 동참 유도」, 2013. 6.
　　4.

한겨레신문, 「일 · 육아 보듬는 경영 : 육아휴직 뒤 '100% 복직'… '재택근무'의 놀라운
　　힘」, 2010. 11. 24.

한겨레신문, 「가족 친화 기업들 생산성도 쑥쑥」, 2012. 4. 18.

한겨레신문, 「좋은 아빠가 되는 건 떼돈 버는 일」, 2012. 10. 29.

한국경제, 「대기업 인재상의 변화… 2010년 글로벌 → 2018년 도전정신」, 2018. 5. 11.

한국일보, 「일자리 나누기 사회적 합의 쉽지 않고 성장률 낮아 일자리 늘리기도 어려
　　워 : 전문가들 "취지엔 공감하지만… 회의적"」, 2013. 6. 4.

헤럴드경제, 「육아 등 유연근무 지원 '퍼플 잡' 도입」, 2009. 12. 14.

SBS 뉴스, 「육아와 일 함께 하는 시간제 공무원? 현실은 '실패'」, 2018. 4. 13.

찾아보기

유연근무제와 페미니즘

유연근무제와 페미니즘